지리로 보는 세계정세

지리로 보는 세계정세

초판 1쇄 발행 2021년 8월 27일

지은이 아이만 라쉬단 웡
옮긴이 정상천
펴낸이 강수걸
편집장 권경옥
기획실장 이수현
편집 강나래 김리연 신지은 윤소희
디자인 권문경 조은비
경영지원 공여진
펴낸곳 산지니
등록 2005년 2월 7일 제333-3370000251002005000001호
주소 부산시 해운대구 수영강변대로 140 BCC 613호
전화 051-504-7070 | 팩스 051-507-7543
홈페이지 www.sanzinibook.com
전자우편 sanzini@sanzinibook.com
블로그 sanzinibook.tistory.com

ISBN 978-89-6545-741-1 03300

* 책값은 뒤표지에 있습니다.
* 잘못된 책은 구입하신 곳에서 교환해드립니다.

17만 SNS 팔로워를 가진 인플루언서 지정학자,
통찰력 있는 제3세계의 눈으로 세계정세를 분석하다

지리로 보는 세계정세

아이만 라쉬단 웡 지음 | 정상천 옮김

산지니

일러두기

- 본서의 원제는 DUNIA TANPA TEMBOK Ⅲ(2020)이며, DUNIA TANPA TEMBOK Ⅱ가 『벽이 없는 세계』(2020, 산지니)로 출간된 바 있다.
- 모든 각주는 독자의 이해를 돕기 위해 역자가 표기한 것이다.

한국어판 서문

『지리로 보는 세계정세』는 2020년에 한국어로 번역된 『벽이 없는 세계』의 후속작이다.

전작이 지정학의 원칙에 기초하여 국제정치를 설명하려고 하였다면, 이번 책은 "정체성"을 국제관계를 이해하는 핵심 "열쇠"로 제시하였다.

나는 지정학적, 경제적 이익과는 별개로, 국가는 언어, 민족성, 종교, 가치 및 과거 역사와 같은 비 물질적 요인에 의해 동기가 부여된다고 본다. 이러한 모든 요인이 국가의 정체성을 형성했으며, 이는 국가가 생각하고 행동하는 방식에 영향을 미쳤다. 미국, 유럽, 중동, 아프리카 및 아시아의 국가들이 현재 겪고 있는 갈등 상황에 대한 정체성의 영향은 책 전체에 설명되어 있다.

이 책이 한국어로 출판되어 기쁘다. 나는 이 책에 설명되어 있는 한국의 역사와 오늘날 한국의 발전 사이의 연관성에 특별히

깊은 감명을 받았다. 나는 한국의 독자들이 이 책을 애독하고, 여러분들이 중요하게 생각하는 문제들에 대해 새로운 시각을 갖게 되기를 바란다.

2021년 5월

아이만 라쉬단 웡

서문

A.R.W. 약자로 더 잘 알려진 아이만 라쉬단 웡은 영국이 브렉시트로 한창 열을 올리고 있던 2016년 12월부터 온라인 플랫폼을 통해 국제문제에 대해 글을 쓰고 논평하기를 시작하였다. 트럼프는 여러 공약 중에서도 특히 미국의 남쪽 국경과 멕시코 사이에 장벽을 건설하겠다는 공약으로 대통령에 당선되었다. 아이만 라쉬단 웡의 논평은 말레이시아 국민들 사이에 광범위하게 읽히고, 추종되고, 토론되었다. 그가 페이스북 계정에 올린 코멘트는 언제나 수천 개의 댓글과 좋아요, 그리고 공유하기가 이어졌다.

저자가 발간한 두 권의 저서, 즉 『벽이 없는 세계 I』(2017)과 『벽이 없는 세계 II』(2019)는 현재의 정치적 전통성에 도전을 제기하였다. 따라서 출판계의 인기가 곤두박질치고 있는 디지털 시대에, 떠오르는 작가인 그가 쓴 두 권의 책이 만 권 이상 팔린 것은 놀라운 일이 아니다. 2019년 4월 전 국무총리였던 나집 라작(Najib Razak)이 법정에서 재판이 진행되는 동안 휴회 시간에 『벽이 없는 세계 I』을 읽었다고 한다. 같은 달 『벽이 없는 세계 II』는 일반 픽션 분야(지정학)에서 2019 말레이시아 우수도서상을 수상하였다. 『벽이 없는 세계 III』의 출간으로 우리들은 지정학에 대한 저자의 평론서 삼부작을 가지게 되었다.

국제문제에 대한 저자의 분석은 경계 밖을 바라보면서도 정확하고 합리적이다. 특정문제에 대한 성격과 모습뿐만 아니라, 문제의 근본적인 원인에 대해서도 탐구한다.

물론 모든 정치적 문제와 마찬가지로, 저자가 만든 정체성 개념과 아세안 국가를 분류하는 데 사용한 '친미' 및 '친중국' 꼬리표가 붙은 결과물은 논쟁거리가 될 수 있다. 그럼에도 복잡한 문제를 보다 광범위한 지정학 측면으로 끌어올린 저자의 노력은 칭찬받아 마땅하다. 저자의 화려한 글쓰기 스타일과 때로는 비꼬는 어조에는 말레이시아의 젊은 세대가 쉽게 이해할 수 있는 비유가 종종 포함되어 있다. 광범위한 저술 범위는 모든 지역의 국가를 대상으로 하는데, 여기에는 하이폴리틱스(high politics: 전쟁과 분쟁, 국가안보, 군사력, 강대국 간 경쟁, 육상 및 해상 분쟁)에서 로폴리틱스(low politics: 무역 및 투자, 인프라와 연계성, 사상과 문화, 대중문화와 소프트파워, 인권과 개인의 안전)까지 모두 포함되어 있다.

이 책에서 저자는 국제관계에서 영원한 주제인 '권력정치의 영향, 국민국가의 생존 논리, 힘의 균형의 원칙'에 계속 집중하는 한편, '자유주의적 국제질서, 세계화와 포퓰리즘-민족주의 사이의 긴장관계, 그리고 강력한 지도자의 부상'과 같은 새로운 트렌드에 대해 논의를 확장해 나간다. 그는 세계화, 민주화 및 기타 다원주의 과정에도 불구하고 독립된 국민국가들이 지정학, 정체성 정치 및 권력 균형과 같은 영원한 외부 요인 덕분에 국제 정치를 지배할 것이라고 단호히 주장한다.

이 최신판에서 독자들은 국제문제에서 새롭게 대두되는 사이버 정치학, 환경 정치학, 우주 정치학, 증오 정치학과 같은 문제에 접하게 될 것이다. 이러한 현상들은 새롭게 떠오르는 현실의 발현이며, 영원히 확장되는 국제문제의 모습이다. 이러한 주제는 증가하는 비전통적 안보 문제의 대두, 비국가 행위자의 행동주의(non-state actor activism), 하위 국가 및 증가하는 탈국경 문제를 조명하기 위해 작성되었다.

저자는 비타협적인 현실주의자이며, 말레이시아의 애국자이다. 현실주의적 사고와 질문을 강조하며, 자유주의적 제도주의자들(liberal institutionalists)의 암묵적인 추정을 거부한다. 말레이시아와 같은 소규모 국가의 생존 가능성을 높이기 위해서, 그의 현실주의는 말레이시아인들이 직면한 도전과 장애물, 그리고 무정부 상태의 국제 시스템에 그들이 적용해야 하는 행동과 실용적인 접근 방식을 제시한다. 저자의 글을 통해 진정한 애국자는 우리가 가진 약점을 부정하고, 국제사회에 있어서 '영향력 있는' 행위자가 되려는 비현실적인 태도를 보인다거나, 우리가 성취한 것들의 '위대함'을 맹목적으로 칭찬하지 않는다는 것을 알게 된다. 오히려, 자신이 태어난 국가의 제한된 능력을 인정하고, 그렇게 하는 것이 말레이시아에 대한 정확한 평가의 토대가 된다는 것을 알게 된다.

현실주의적인 말레이시아 애국자는 항상 적극적으로 해결책을 찾고, 힘을 키우며, 그리고 용감하게 말레이시아와 이 지역을 위한 기능적 차이를 만들고자 한다. 또한 그는 우리 앞에 놓인 도전에 대해 자각하고 있다는 점을 덧붙이고자 한다. 잠재적으로 제시하는 그러한 관점이 그의 삼부작 안에 들어 있다. 본질적으로 애국적이 된다는 것은 말레이시아의 장점들을 변화의 잠재적 자산으로 잘 활용하는 가운데, 권력, 지리, 정체성의 경계를 넘어 상황을 주시하는 것이라는 저자의 관점에 동의한다. 나의 견해로는, 말레이시아 지리의 중심성, 인구 변동의 다양성, 그리고 외교적 적극주의는 모두 활용할 수 있는 말레이시아의 자산이다.

『벽이 없는 세계 III』의 발간은 영어로 된 첫 번째 말레이시아 국방백서의 출간과 함께 이루어졌다. 그의 삼부작에 있는 세 가지 주요 주제인 권력, 지리, 그리고 정체성은 몇 가지 중요한 문제에 대한 국방백서의 중심 주제들과 다음과 같은 점에서 겹친다: (a) 작은 국가들의 실용적 관점, (b) 방위태세에 대한 명확한 강조, 즉 말레이시아인들은 평화와 안보가 공짜로 주어지는 것이 아니라는 점을 인식하고 있다는 것, (c) 잠재력을 극대화하고, 내부 회복력을 구축하며, 양자 파트너십을 강화함으로써 국익과 국운을 달성하기 위해 지역 및 국제 수준에서 기대 이상의 활동을 하고자 하는 말레이시아의 적극적인 열망.

'힘(권력)'이라는 중심 주제와 관련하여 백서가 중견국가로서 말레이시아의 적극적인 역할을 구체적으로 명시한 시기에, 말레이시아의 안보와 주권, 번영을 증진시켜야 하며, 작고 약한 국가로서의 말레이시아의 취약성을 암묵적으로 인정하는 것이 좋을 것이다. "전략적 관점" 장에서 논의된 도전들은 앞으로 더욱 불확실하고 복잡해질 것이며, 말레이시아에 지대한 영향을 줄 것이다. 미중 간의 점증하는 패권경쟁과 이와 관련된 역학관계는 직, 간접적으로 말레이시아 외부환경의 거의 모든 측면에 영향을 미칠 것이다.

저자의 삼부작과 마찬가지로 첫 번째 백서는, 말레이시아의 전략적 위치와 자원은 축복이자 저주가 되고 있다는 것을 언급하면서, "지리는 운명이다"라는 점을 강조하였다. 현재 말레이시아는 외교, 개발, 국방 분야에서 일부 주도권을 가지고 동남아에서의 지리적 중심성을 적극적으로 활용하고 있다. 말레이시아는 인도양과 태평양 사이의 수평적 중심성뿐만 아니라, 북부 대륙과 남쪽 해양지역 간의 수직적 중심성도 향유하고 있다. 말레이시아의 지리적 위치는 발전하는 연결성 시대에 독특한 공간과 선택지를 제공하고 있다.

정체성 문제와 관련, 백서는 말레이시아가 아시아태평양과 인도양 사이의 핵심가교(bridging linchpin)로서의 중요한 역할을 하는 것을 비전으로 하며, 대륙에 뿌리를 가진 해양국가로 보고 있다. 핵심가교의 세 가지 구체적인 기능은 '연결, 건설, 그리고 결속'이다. 말레이시아의 가교역할은 외교관계, 번영, 안보를 증진하면서 동남아시아와 동북아시아 국가들을 연결하려는 끊임없는 노력으로 증명되고 있다.

'건설' 역할은 말레이시아의 다양한 국제기구, 즉 세계식량계획(WFD) 및 유엔인도주의대응센터(UNHRD), 아세안재난긴급보

급시스템(DELSA) 등에서의 활동으로 요약될 수 있다. 말레이시아의 '결속' 역할은 지역 및 소지역 파트너십 수립, ASEAN+3(동남아국가연합+한 · 중 · 일)의 제도화, 동아시아 정상회의, 말라카 해협 순찰(Malacca Straits Patrol), 3국 협력 협정(Trilateral Cooperation Arrangement) 등의 노력을 통해 확인할 수 있다. 앞으로도 말레이시아는 국익과 아세안 중심성, 그리고 지역의 안정을 달성할 수 있는 수단을 통해 지역적, 국제적 역할을 계속 강화해나갈 것이다.

저자와 말레이시아 젊은 분석가들의 글을 더 읽어보고 싶은 마음이 간절하다.

쳉취 쿽(Kuik Cheng-Chwee,
말레이시아 국립대학교 교수, 말레이시아 및 국제문제 연구원)

차례

베를린 장벽 붕괴 이후 30년 1

이제 세상은 더 평화로워졌는가? 아니면 더욱 혼란스러워져 파멸의 길로 가고 있는가?

스웨덴 웁살라 분쟁 데이터 프로그램(UCDP)에 따르면, 2010년대에 세계 분쟁은 2009년 81건에서 2018년 165건으로 증가하였다. 사람들이 예전보다 세상이 혼란스럽다고 느끼는 것에 근거가 없지는 않다.

그러나 동시에, 분쟁상태에 있는 국가들의 숫자는 감소하였다. 2019년에 수천 명의 목숨을 앗아간 분쟁상태에 있었던 국가는 단지 7개국이어서, 2014년에 14개국이었던 것과 비교된다. 총 사상자는 2014년 143,409명에서 2018년 77,392명으로 줄어들었다.

이는 분쟁의 강도가 감소하였다는 것을 나타내고 있다. 2018년에 기록된 165건의 갈등 가운데 두 국가 간에 발생한 갈등은 한 건도 없다. 그것은 모두 내전의 형태로, 테러리스트 그룹과 국경을 넘는 범죄 조직에서부터 민간인에 이르기까지 국가 또는 비국가 행위자가 일으킨 테러에 의한 것이었다.

자유주의의 전통에 흠뻑 젖어 있는 미디어와 학자들은 1989년 베를린 장벽 붕괴 이후 민주화와 세계화로 인해 국가 간 갈등이 감소 추세를 나타내고 있다고 보고 있다.

정치에서의 자유주의는 많은 사람들이 생각하는 것처럼 '표준적인 삶'의 스타일에서 벗어나는 것을 의미하지 않는다. 그것은 자유주의적 정치사상이나 자유시장경제를 지지하는 것과 관련된다. 이 이데올로기를 국제정치에 적용한 사람들을 자유주의적 국제주의자라고 한다.

지구상에서 일어나는 대부분의 분쟁은 경제적 자원에 대한 각축 때문에 발생한다고 보는 것이 그들의 견해이다.

그래서 개방경제 체제와 자유무역은 국가 간의 분쟁을 줄일 수 있다고 본다. 만일 여러분이 원하는 것을 무역을 통해 얻을 수 있다면, 왜 성가시게 전쟁을 하려고 할까? 또한 민주주의와 자유시장경제는 국가 내부의 부(富)를 보다 평등하게 분배하고,

2014

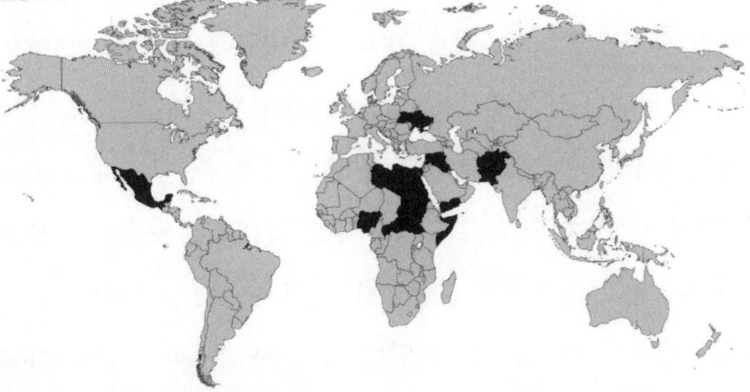

2019

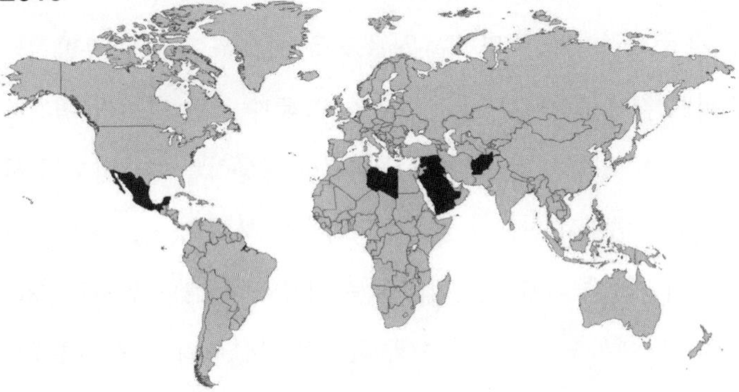

2014년과 2019년도에 1,000명 이상의 목숨을 앗아간
분쟁이 있었던 국가들 간의 비교

사회적 이동성을 장려하고, 계층 간의 긴장을 줄이는 역할을 한다고 본다.

자유주의적 국제주의자들은 반자유주의적 파시즘을 2차 세계대전의 원인으로 인식하고 있다. 전쟁이 끝나고 나서 미국의 정치를 지배하고 있던 자유주의적 국제주의자들은 자유주의적 가치에 기초하여 새로운 국제질서를 수립하고자 하였다. 1944년부터 1948년까지 UN, IMF 그리고 세계인권선언의 규정들과 같은 제도적 장치들이 탄생되었고, 대부분의 국가에 의해 수용되었으며, 이를 통해 소위 자유주의적 국제질서가 형성되었다.

자유주의적 국제질서에 대한 도전은 국제공산주의 운동이었다. 15개 공산주의 국가로 구성된 주요 강대국인 소련은 공산주의에 기초한 세계건설을 꿈꾸었다. 소련은 모든 국가의 공산주의 운동을 적극적으로 지원하였다. 공산주의자들이 정부를 전복시키는 데 성공한 이후에는 소련의 보호국인 위성국가가 되었다.

자유주의적 국제주의자들은 소련을 새로운 독재를 촉발시키는 어떤 것으로 보았다. 그 결과가 미국과 소련 사이의 냉전이다. 각자 대리 국가를 통해 더 광범위한 영향력을 행사하고자 하였다. 한반도에서 친소련 공산주의자들은 북한 정권을 수립하였고, 친미 자유주의자들은 남한을 수립하였다. 그와 동일한 형태는 베트남에서도 볼 수 있는데, 친소련 공산주의자들은 북베트남을 수립하였고, 군주제 지지자들은 미국의 동맹인 남베트남을 수립하였다.

2차 세계대전에 패배한 독일은 유사한 분할에 직면하였고, 동·서독으로 분단되었다. 서독은 민주국가였고, 동독은 공산국가였다. 심지어 수도조차도 베를린 장벽에 의해 서베를린과 동베를린으로 분할되었다. 베를린 장벽은 자본주의와 공산주의, 민주주의와 독재주의, 자유와 폭압을 구분하는 상징이 되었다.

1989년 국민혁명이 동유럽 공산주의 국가들을 휩쓸었다. 국민들의 압력으로 동독이 베를린 검문소를 개방한 날인 1989년 11

월 9일 베를린 장벽도 마침내 무너졌고, 독일은 다시 통일이 되었다. 45년간 철의 장막 너머에 있던 국가를 통치하던 공산정권은 붕괴되었다. 나아가 그들은 민주주의 체제와 자유시장 제도를 채택하였고, 법치를 원칙으로 하고 있는 유럽연합에 가입하였다. 냉전은 자유세계의 승리로 끝났다.

인류역사에 처음으로 세계는 단일한 사회 · 정치 체제로 통합되었다. "국경 없는 세계"와 "세계화" 같은 용어들이 학계와 언론 토론에서 전파되기 시작하였다. 자유민주주의와 자본주의가 분쟁과 퇴보에 대한 해결책이다. 여전히 혼란스러운 국가들은 성숙한 민주주의 체제와 자본주의 경제를 발전시키지 못한 국가들이었다.

그러나 최근에 포퓰리즘의 부상은 세계화와 민주화에 대한 장애물이 되고 있다. 포퓰리즘의 물결은 제3세계에서만 파도치는

1977

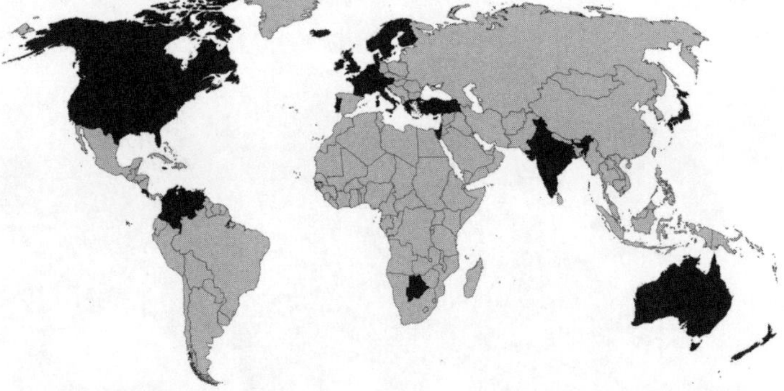

2017

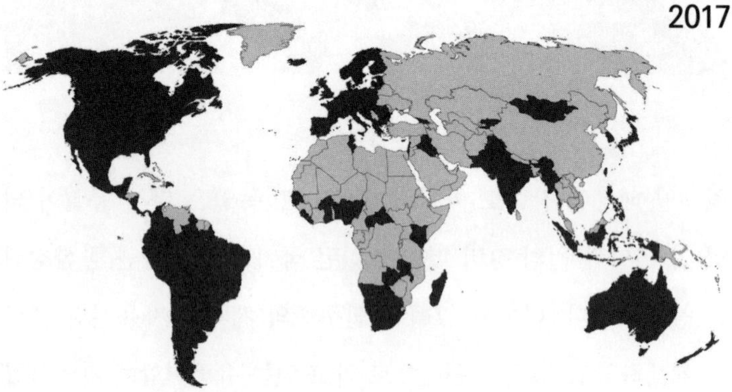

1977년과 2017년에 민주국가로 분류된 국가들 간의 비교

것이 아니고, 북미나 서유럽과 같이 성숙한 민주주의와 경제체제를 가진 국가에서도 요동치고 있다. 미국 대통령 도널드 트럼프와 같은 지도자들이 대중 영합주의자들이다. 영국의 총리 보리스 존슨도 때로는 그렇게 보인다.

포퓰리즘은 무엇을 의미하는가? 그리고 왜 그것이 나쁜 것으로 간주되는가?

포퓰리즘은 민중의 소리를 절대적으로 지지하는 이데올로기이다. 여기에 정의된 사람들은 노동계급과 저소득층 집단, 보통사람들, 그리고 가진 것이 없는 자들이다. 그들은 자유 민주주의 엘리트들에게 등한시되었다고 느끼고 있다. 따라서 포퓰리스트 정치인들은 소외된 목소리를 반영하기 위해 나타났다.

포퓰리즘은 '좌'와 '우' 모두에서 생성된다. 좌파 포퓰리즘은 사회주의를 신봉하고, 대중들의 목소리를 대변하기 위해 투쟁하며, 평등한 부의 분배를 주장한다. 반면에, 우파 포퓰리즘은 민족주의자들이고 보수적이며, 주권을 강조하며, 개방에 반대하는 입장이다.

지금 떠오르고 있는 포퓰리즘은 민족주의적 포퓰리즘이다. 민족주의자들은 주권을 내세우며 자유무역과 이민자들의 유입에 반대한다. 그리고 자유주의적 엘리트들과 세계화 추종자들이 국익과 국가 정체성을 희생시키고 있다고 보고 있다. 따라서 민족주의적 포퓰리즘은 신민족주의의 한 형태로 볼 수 있다.

미국과 유럽 이외에도, 민족주의의 물결은 러시아, 터키, 중국, 일본, 필리핀, 그리고 인도네시아를 강타하였다. 이전에 서방국가들을 지향하였던 터키와 필리핀은 이제 그들에 대한 확고한 비평가가 되었다. 인도네시아에서 신민족주의는 2014년과 2019년 대통령 후보였던 위대한 인도네시아 운동당(Gerinda, 게린드라)의 프라보워 수비안토(Prabowo Subianto)에 의해 촉발되었다.

자유주의적 국제주의자들은 극단적인 민족주의가 세상을 2차 세계대전의 원인이 된 파시즘의 시대로 이끌 것으로 보고 있으며, 이러한 이유로 민족주의, 특히 포퓰리스트적 민족주의를 막으려고 한다. 대신에 그들은 국가는 물론이고 국가의 정체성에 우쭐해하지 않는 다문화주의를 앞세우고 있다. 그들에게 민족주의적 포퓰리즘의 부상은 1945년 또는 1989년 이후 세계에 평화와 발전을 가져온 국제질서를 위협하는 '역행 트렌드(inverse trend)'이다.

사실 포퓰리즘과 신민족주의의 부상은 세계화와 민주화에 뿌리를 두고 있다.

대중들은 2010년대 이래로 세계경제의 침체를 탈피하는 데 전혀 도움을 주지 못한 자유주의 정책에 희망을 잃었다. 자유주의적 국제주의자들은 벽에 낙서된 글을 보지 못하였다. 타임, 이코노미스트, CNN에서 국제주의자들이 어떻게 포퓰리스트와 신민족주의자들을 조롱하는지 볼 수 있다.

그러한 태도는 국제주의 엘리트들에 대한 대중의 인식을 강화할 뿐이다. 그것이 바로 2016년 대선에서 힐러리 클린턴이 트럼프에게 패배한 이유이다.

자유주의적 국제주의자들의 문제는 자유주의 자체의 세계관에서 나온다고 본다. 국제 정치학 연구에서 자유주의는 이상주의와 연결되어 있다. 이상주의자들은 민주주의나 자유와 같은 가치들을 매우 강조하며, 세상을 색깔이 없는 세상으로 바꿀 수 있다고 생각한다. 색깔이 없는 세상에서는 정체성 문제가 존재하지 않으며, 국익은 보편적 가치에 자리를 내주어야 한다.

그에 반해서, 현실주의는 있는 그대로의 세상을 강조한다. 그 세상은 검지도 희지도 않다. 거기에는 사람들의 행동에 영향을 미치며, 인간성과 자연법에 기초한 변하지 않는 요인들이 있다.

현실주의자들은 세상의 분쟁을 이해하기 위해 '권력, 지리 그리고 정체성'이라는 변수에 기초한 세 가지 열쇠를 제시한다. 각각의 열쇠는 다음의 세 개 장에서 논의할 것이다.

권력 2

자유주의적 국제주의자들은 인간성을 완성될 수 있는 어떤 것으로 본다. 민주적 시스템과 자유시장 같은 올바른 장치를 통해 폭력의 사용은 근절될 수 있으며, 사람들 사이의 불신은 인류애의 정신으로 대체될 수 있다.

반면에, 현실주의자들은 그 생각에 동조할 수 없다. 현실주의자에게 국가들 사이의 분쟁과 전쟁은 그것이 인간의 본성에서 비롯된 것이기 때문에 영원할 수밖에 없다. 인간의 본성은 아무리 기술이 발전하고 물질적인 측면에서 성취가 이루어진다고 하더라도 결코 변하지 않을 것이다.

비록 국가 간 파트너십이 절대적인 이익을 가져올 수 있지만, 국가는 상대적 이익을 고려할 것이다. 따라서 트럼프는 미·중 간의 무역 관계에 의구심을 가지고 있다. 왜냐하면 이론상으로는 양국이 모두 이득을 얻지만, 그가 생각하기에 중국이 더 많은 이익을 얻기 때문이다.

예를 들어, 미중 무역관계에 있어서, 미국의 경제는 3% 성장하지만 중국은 자그마치 10%나 성장한다. 미국은 여전히 중국과의 관계에서 손실을 보게 된다.

경제가 국가의 힘을 나타내는 지표라면 더욱 그러하다. 중국은 군사력을 강화하고 세계에서 유일한 초강대국으로서 미국의 지위를 위협할 때까지 영향력을 확대하기 위해 경제적 이득을 취하는 것으로 보인다.

사실 1980년대에 대부분의 미국인들이 인지했던 위협은 중국이 아니라 일본이었다. 일본의 경제력은 1970년대에 독일을 추월하였고, 1980년대에는 소련을 추월함으로서, 미국 다음으로 세계 2위의 경제대국이 되었다.

그것은 미국인들 사이에 일본에 대한 경멸과 공포증을 유발하였고, 일본 상품을 불매하도록 만들었다. 그렇게 함으로써 그들은 일본 경제가 더 이상 미국의 지위를 위협하지 않게 되기를 바랐다.

왜 국가들은 권력에 그렇게 많은 관심을 쏟는가?

모든 국가의 행동은 인간의 본성 그 자체에서 나온 것이다. 국가는 개인들의 집합체여서 어떤 국가의 행동은 인간성을 반영한다. 그리고 인간의 본성 중 부인할 수 없는 한 가지는 권력에 대한 욕구이다.

1651년에 발간한 『리바이어던』에서 토마스 홉스는 인간의 본성은 무한한 권력에 대한 탐욕을 의미하는 표현인 "죽음으로서만 끝이 나는, 권력에 대한 무한하면서도 쉼 없는 갈망"을 내재하고 있다고 설명하였다.

권력의 필요성에 대한 홉스의 설명은 무정부 상태인 인간의 본성에서 나온 것이다. 그리스어에서 'An'은 존재하지 않는 것을 의미하고, 'arki' 또는 'ankhia'는 정부를 의미한다.

이것이 그의 원시적 인간 상태에 대한 설명이다. '법률은 정부 없이 존재할 수 없다. 남아 있는 것은 정글의 법칙이다. 강자는 약자를 지배하고 해를 끼칠 수 있다. 어떤 사람도 다른 사람의 의도가 무엇인지 정확히 알 수 없다. 누구도 다른 사람의 위협으로부터 자신이 안전하다고 보장할 수 없다'.

불안정성은 사람들로 하여금 자신의 보존을 목적으로 권력을 추구하도록 동기를 부여한다. 그것은 선악의 문제가 아니다. 성인(聖人)조차도 무정부 상태에서는 자신을 보호할 필요가 있다.

이와 같은 상황은 사람들이 사회 계약을 맺고, 폭력을 사용할 권리를 최고 권위인 정부에 넘겨야만 바뀔 수 있다. 국가는 국방 업무를 수행하고, 범죄를 처벌할 권한을 가지고 있는 폭력의 독점자이다. 이 방법을 통해서만 사람들은 서로 전쟁을 하지 않을 것이다.

국가들 간의 관계는 초기 무정부 상태의 사람들 간의 관계와 유사한 점이 있다. 다른 나라의 행동을 감시하는 세계정부라는 것이 존재하지 않기 때문에, 어떤 나라는 다른 나라를 자유롭게 공격할 수 있다. 이것은 국가들 사이에 불안정을 초래하였다.

"국제법"은 국내법과 동일하지 않다. 국내법은 이를 집행할 권한이 하나뿐이기 때문에 작동한다. 만약 어떤 사람이 법을 위반한다면, 폭력을 독점하는 당국자, 즉 정부에 의하여 벌을 받게 된다. 그러나 그런 일이 국제정치학에서는 일어나지 않았다. 국제법은 본질적으로 규범적인 것으로서, 반드시 지켜야 할 사항을 준수하지 않으면 비난은 받게 되지만, 처벌 받지는 않는다.

그렇게 할 수 있는 기회가 주어지면 모든 국가는 확장주의 정책에 의해 권력을 최대한 확대하려고 할 것이다. 무정부 상태의 세계에서 국가들은 서로를 의심하기 때문에 안전에 대한 유일한 보장은 최강자가 되는 것이다.

반면에, 강자가 되는 데 실패한 국가들은 그들의 안전을 지키기 위해 최소한 힘의 균형에 의지할 것이다. 강대국이 약소국가에 대해서만 총을 겨누는 것이 일반적이기 때문에, 괴롭힘을 피하기 위해서 국가는 강해져야 한다.

힘의 균형은 그들 자신의 힘을 기르거나 다른 나라와 힘을 합침으로써 달성할 수 있다. 국력의 상승은 군사력과 경제력을 발전시킴으로써 달성할 수 있다. 따라서 북한은 핵무장한 강대국들과 힘의 균형을 유지하기 위해 집요하게 핵무기를 개발하려고 하고 있다. 그러나 북한이 핵무기를 보유하는 것은 자신을 위대하게 만드는 것은 아니며, 힘의 투사 대신 자신의 생존을 위한 것이다.

힘을 증가시키는 것 이외에, 약소국가들은 보다 강하고 위협적인 국가에 대응하기 위해 동맹을 형성한다.

국력은 수시로 변화하기 때문에 국제정치에 있어서 동맹은 불변하는 것이 아니다. "영원한 동맹도 영원한 적도 없다. 오늘의 친구가 내일에는 적이 될 수 있다, 내 적의 적은 내 친구이다."

예를 들어, 19세기가 시작되면서 영국과 프랑스는 나폴레옹 치하의 프랑스가 엄청나게 강력했기 때문에 적대적 관계였다. 그러나 같은 세기말에, 부상하는 독일과 균형을 맞출 필요가 있었기 때문에 양국은 동맹국이 되었다.

힘의 균형은 어떤 국가가 안전과 생존을 확보하기 위해서 달성해야 하는 가장 중요한 임무이다. 합리적 파트너십에 등을 돌리는 이기주의적인 국가들은 재앙을 맞이하게 될 것이다. 생존보다 가치를 우선시하는 것은 재앙을 가져올 것이다.

덜 강력한 국가의 경우, 그들은 강대국과 동맹을 선택하거나, 다른 소규모 국가 간의 자체 블록으로 동맹을 형성한다. 비동맹과 중립성은 그 중립성이 강대국에 유리한 경우에만 성공한다. 성공은 지도자의 외교적 재능과 28장에 설명된 「오만」의 경우에서처럼, 지도자가 강대국과의 관계에 영향을 미칠 수 있는지에 크게 좌우된다.

패권국과 패권국이 되려고 하는 국가들은 다른 나라들과의 힘의 격차를 더욱 넓히려고 할 것이다. 왜냐하면 힘의 격차가 너무 좁으면 패권국을 노리는 국가들이 패권국의 위치를 차지할 인센티브를 찾을 수 있기 때문이다. 이와 같은 상황은 1894년경에서 1914년 사이에 일어났는데, 이때 독일은 영국의 지위에 도전하였다. 1차 세계대전과 2차 세계대전은 영국/프랑스, 그리고 독일 사이의 힘의 격차가 좁혀졌기 때문에 발생하였다.

패권국의 존재는 보다 번영하고 안정적인 시대 또는 평화를 보장하였다. 팍스 브리태니카(Pax Britanica)는 국제 정치에서 영국이 지배했던 시대로, 영국의 경쟁국가인 러시아가 크림 전쟁(1853~1856)에서 패한 이후 남쪽으로 갔던 1850년대부터 1890년까지, 그리고 독일이 영국에 도전할 때까지의 시기이다.

팍스 아메리카나(Pax Americana)는 냉전(1945~1989)이 종식된 이후 미국과 다른 나라들 사이의 국력에 엄청난 격차가 생기면서

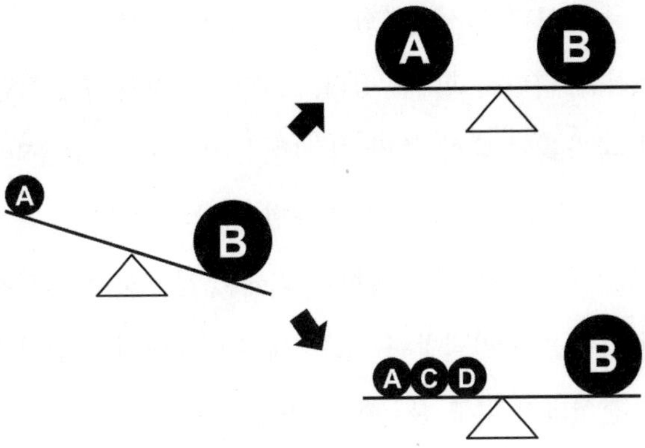

세력 균형

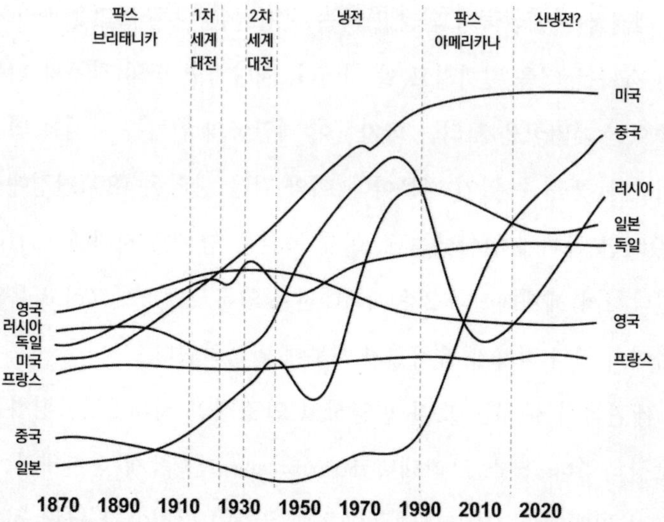

시작되었다. 1990년대부터 2000년대 초기까지 미국에 도전할 다른 강대국은 없었다.

이것의 긍정적인 측면은 강대국들 간의 전쟁이 무익할 것이기 때문에, 전쟁에 대한 두려움으로 잠 못 이룰 일은 없다는 것이다. 패권국은 보다 질서정연한 세상을 만드는 것, 즉 "세계 질서"를 창조하는 역할을 할 수 있다. 그러나 이것의 부정적인 측면은 다른 국가들에 대한 주권 침해이다. 1999년 유고슬라비아의 베오그라드 주재 중국 대사관에 대한 미국의 '실수'로 인한 공격과 2003년 국제 사회의 격렬한 반대에도 불구하고 개시된 미국의 이라크 침공은 필적할 수 없는 패권이 얼마나 위험한지를 보여준다. 견제되지 않고 불균형한 미국의 힘에 대한 불안감은 중국과 러시아 간의 조약처럼 경쟁국가들 사이의 조약을 체결하게 만들었다.

결론적으로, 오늘날의 세상은 과거 10년간의 세상과 비교하여 더욱 혼란스러운데, 이는 미국과 중국-러시아 간 국력의 격차가 좁아지고 경쟁이 더욱 치열해지고 있기 때문이다. 그러나 미국은 여전히 여러 측면에서 우위를 점하고 있기 때문에, 경쟁은 전면전이 아닌 "냉전"의 형태를 보이고 있다. 1차 세계대전과 2차 세계대전의 화염과 분노는 패권에 도전한 힘이 패권과 동등한 지위에 있게 되었을 때 촉발되었다.

오늘날 우리가 보고 있는 신민족주의는 미국 이외의 다른 강대국의 부상과 함께 떠오르고 있다. 패권국과 다른 나라들 사이의 격차가 좁아지게 되면, 다른 나라들은 패권국가에 의해 수립된 질서를 따르지 않게 된다.

만일 무정부 상태가 국가들 사이에 존재한다면, 힘의 경쟁이 이러한 관계를 형성하게 될 것이다.

지리 3

자유주의적 국제주의자들에게 국경의 개념은 더 이상 의미가 없다. 세상은 둥글거나 평평하며, 기술이 인류를 연결했기 때문에 지리는 더 이상 걸림돌이 아니다.

그러나 모든 국가가 육지와 수역(水域)을 포함하는 영토로 구성되어 있기 때문에 벽이 없는 세상에서도 지리학은 아직 무시할 수 없다. 모든 국가에 수역이 있는 것은 아니지만, 모든 국가에는 영토가 있어야 한다.

땅은 고지대이거나 평평하거나, 비옥하거나 건조하거나, 넓거나 작을 수 있다. 이것들은 어떤 국가에 대한 관심과 위협을 정의할 지리의 모든 측면이다.

만일 어떤 국가가 광대하고 비옥한 토지를 소유하고 있다면, 그 국가는 생산에만 신경을 쓰면 된다. 반면에 그러한 토지를 소유하고 있지 않은 국가는 남는 땅을 차지하거나 다른 사람의 땅을 통제해야 한다.

평지가 있고 고지대로 보호되지 않는 국가는 고원에 둘러싸여 있거나 고지대에 위치한 국가보다 다른 국가의 위협에 더 많이 노출된다.

예를 들면, 스위스와 오스트리아는 유럽의 산맥 중 가장 높은 알프스산맥에 위치하는 덕분에 많은 병력을 필요로 하지 않는다. 정신이 제대로 된 사람이라면 어떤 누구도 두 나라를 정복하기 위해 3,000미터나 되는 높은 곳에 오르려고 하지 않을 것이다. 반면에 우크라이나와 폴란드는 러시아 다음으로 유럽에서 가장 많은 규모의 병력을 보유하고 있는데, 이는 그들의 평평한 땅 때문에 더욱 위협을 느끼기 때문이다.

그것보다 더, 지리적 구성은 국가건설 능력에 영향을 미친다. 스페인(10장)과 아프가니스탄(29장) 같은 산맥을 가진 국가는 국가의 정체성을 형성하는 데 있어 힘든 문제에 직면한다. 멕시코(6장)와 같이 외곽에서 너무 멀리 떨어진 중심부를 가진 국가들은 효율적인 행정을 하기 위해 똑같은 문제를 안고 있다.

유럽의 지리

따라서 "지리는 운명이다"라고 말하는 것은 지나친 말이 아니다. 그럼에도 불구하고 인간이 노력으로 운명을 바꿀 수 있는 만큼, 국가도 올바른 전략과 외교 정책으로 똑같이 할 수 있다.

운명을 바꾼다는 것은 운명을 거슬러 간다는 것과 같지는 않다. 국가는 외교 정책과 관계를 계산하는 데 있어 지리적 한계를 인정해야 한다.

만약 '권력(힘)'이 '국가 간에는 영원한 친구도, 적도 없고 지속적인 이익만 있다'고 가르친다면, '지리'는 국가 이익이 의미하는 바가 무엇인지, 어떤 국가가 동맹이 되어야 하며, 어떤 국가가 적이 되어야 하는지를 보여준다.

지리가 알려주는 정치역학은 '지정학'이라고 불린다.

지리는 어떤 국가가 둘러싼 위험이 무엇인지에 대한 힌트를 준다. 프랑스는 사방이 천연장벽으로 보호받는 축복받는 땅으로 간주될 수 있다: 남쪽으로는 피레네산맥에 의해 스페인과, 남동쪽으로는 알프스산맥에 의해 이탈리아와, 북쪽으로는 영국해협에 의해 영국과 분리되어 있다.

프랑스의 문제는 동쪽에 있다. 광활한 평원 외에는 산맥과 바다 또는 빠르게 흐르는 강들과 같은 천연 장벽이 없다. 따라서 프랑스는 독일로부터의 잠재적 위협, 특히 16세기 합스부르크 왕조 시기에 독일이 발흥하던 이래로 그 위협에 직접 노출되었다.

프랑스는 지리로부터 발생하는 위협을 어떻게 극복할 수 있을까?

기본적인 물리적 방어 이외에, 완충지대나 영향권을 만들어낼 수 있다. 완충지대는 국경에 있는 중립적인 국가들이 위협에 직면하는 최전방으로서 기능할 때 만들어진다. 만약 독일이 프랑스를 침공하고자 한다면 네덜란드나 벨기에를 먼저 통과해야 하는데, 이는 프랑스에게 충분히 준비할 시간을 벌어주게 된다.

안전을 더 도모하기 위해 한 국가는 마치 영향력의 영역 아래에 있는 것처럼 완충지대에 있는 다른 국가를 동맹국으로 만들 수 있다. 완충지대는 수동적인 전략이고, 영향권은 능동적인 전략이다.

이를 위해 한 국가는 다른 국가에 분열을 일으키거나, 적대적인 정부를 우호적인 정부로 대체함으로써 위협으로 간주되는 국가의 문제에 직접 개입할 수 있다.

리슐리외 추기경(재위기간 1624~1642) 시기에 프랑스는 독일이 통일되고 강성하며 위협적인 국가로 건설되는 것을 막기 위해 독일 국민을 분열시키는 전략을 사용하였다. 사실, 프랑스 황제 나폴레옹 1세(재위기간 1803~1815)는 독일 영토를 점령하여 프랑스의 꼭두각시 정부인 라인연맹(Confereration of the Rhines)을 수립하였다.

나폴레옹 3세(재위기간 1852~1870)는 독일 국가들이 1871년 독일제국으로 통합되는 것을 막지 못해서 프랑스에 장기적인 안보상의 문제점을 야기하였다. 이는 1871년과 1940년 두 차례 파리가 독일군에 의해 점령당하는 결과를 낳았다. 독일이 2차 세계대전에 실패해서 동서독으로 나누어진 뒤에야 프랑스는 진정한 평화를 향유할 수 있었다.

동맹을 선택하는 데 있어서 "적의 적은 나의 친구"라는 원칙 이외에 지리적 요인들을 고려하여야 한다.

만약 어떤 국가가 위협으로 간주되는 국가를 억누르려고 한다면, 그 국가의 이웃 국가들과 좋은 관계를 유지하는 것이 좋다.

프랑스의 경우, 독일을 억누르기 위해 가장 유용한 동맹은 폴란드였는데, 이는 폴란드가 독일의 동쪽에 위치하고 있어서 프랑스가 독일을 포위하는 것이 가능하였기 때문이다. 역사를 통틀어 16세기 이래로 프랑스는 폴란드와 좋은 관계를 수립하였다. 사실 2차 세계대전은 독일이 폴란드를 침공하였기 때문에 일어

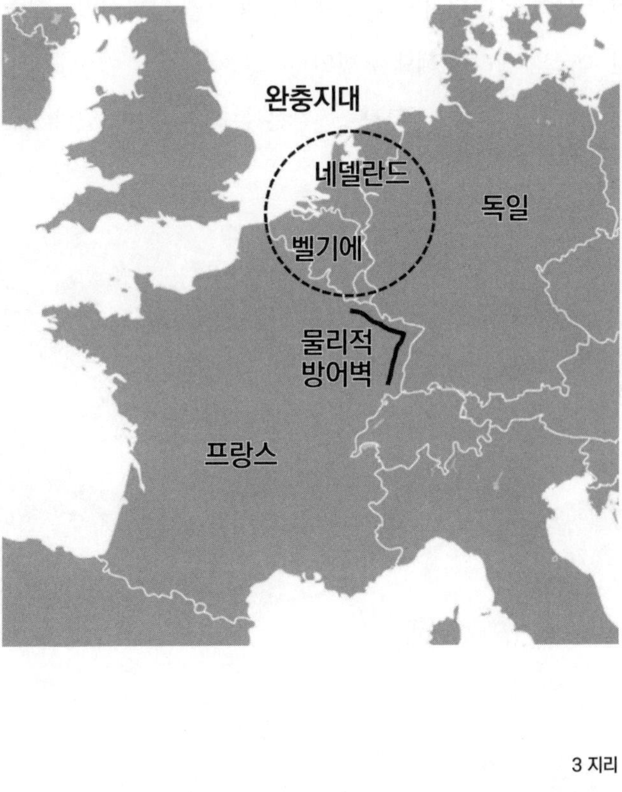

났는데, 이는 결과적으로 당시 폴란드의 동맹인 프랑스를 끌어들이게 되었다.

지리적인 이유로 함께 모여야 할 필요성은 비록 이데올로기와 가치가 서로 다르더라도 국가들이 함께할 수 있게 만든다. 우리는 한 국가의 이념이나 체제를 좋아하지 않더라도 그것을 내려놓고, 지정학적 이해관계로 인해 보다 더 큰 이익을 추구해야 할 때가 있다.

폴란드 이외에 프랑스가 16세기에 동맹을 수립한 것은 오스만 제국이다. 오스만 제국은 유럽의 동쪽 지역인 발칸 지역에 대한 통제권을 놓고 합스부르크 왕가와 힘겨루기를 하고 있었다. "적의 적은 친구"이기 때문에, 프랑스는 무슬림과 가톨릭 사이의 조약이 타당하지 않더라도 합스부르크 독일을 약화시키기 위해 오스만 제국의 지리적 혜택을 받았다.

그러자 합스부르크 제국도 똑같은 논리로 대응하였다. 오스만

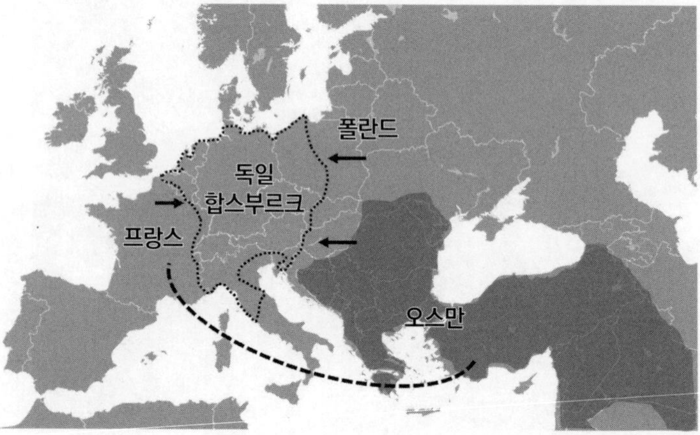

은 당시 사파비 왕조와 전쟁 중이었기 때문에, 합스부르크는 동쪽에 있는 오스만을 약화시키기 위해 사파비 왕조와 동맹 관계를 맺었다. 프랑스와 오스만 제국의 사례와 마찬가지로, 합스부르크는 가톨릭이었고, 사파비 왕조는 시아파였지만 그들의 동맹에 장애물이 되지는 못하였다.

프랑스와 1세와 슐레이만 1세

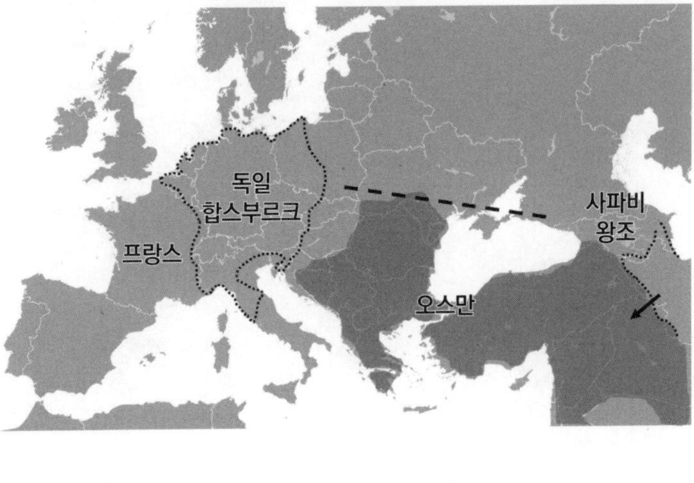

페르시아만에 있는 아랍국가들이 아무리 사담 후세인을 미워했을지라도, 그들은 그가 이라크를 통치하기를 바랐다는 사실은 더 이상 놀라운 일이 아니다. 오직 사담 후세인만이 중동에서 핵심지역인 이라크를 안정화시키고자 했으며, 그렇게 할 수단도 있었다.

사담 후세인의 부재는 아랍국가들에게 더욱 위협적인 이란이 이라크를 통제하도록 하는 권력 공백 상태를 유발하였다. 이는 한때 IS나 쿠르드 분리주의자들과 같은 극단주의자들이 그 지역을 불안정하게 만들도록 하였다.

그것 이외에도, 지리적 이유 때문에 한 국가의 이익이 지도자와 정권의 명멸에도 불구하고 시대를 초월하여 변하지 않고 그대로 남아 있기도 한다. 유럽에 근접해 있는 관계로, 영국은 18세기에 강력한 유럽대륙을 두려워하였으며, 19세기와 20세기에도 여전히 강력한 유럽에 대해 불안한 마음이었다. 그와 같은 일관성은 상당한 국경의 변동이 없는 한 동일한 지리에 의해 발생된다.

1945년 이래 미국의 외교정책은 자국의 안보가 유라시아(유럽과 아시아 대륙) 강국의 부재에 달려 있다는 가정에 기초하고 있다. 미국에 대한 유라시아는 영국에 대한 유럽과 같다. 미국에 도전할 수 있는 유라시아 국가들 중에는 러시아/소련과 중국이 있다. 2차 세계대전 이후 미국은 NATO, CENTO(중앙조약기구), MEDO(중동조약기구), SEATO(동남아시아조약기구)에서부터 한국, 일본, 대만에 이르기까지 소련과 공산주의 중국을 저지하기 위해 많은 조약을 체결했다.

그러나 1989년 냉전이 끝난 후에도 미국은 NATO를 해체하지 않았고, 일본이나 한국과의 방위조약을 종료하지 않았다. 이는 러시아와 중국의 위협이 이데올로기가 아니라 중심부를 장악하고 있는 양국의 지리 때문이다. 미국의 전략적 사고에서 정치적·전략적으로 중요한 주변지역을 통제하는 것은 러시아와 중국에 대해 균형을 맞추는 열쇠이다.

초강대국은 또한 관문(choke points)에 주의를 기울인다. 이 지점은 무역로가 있는 두 바다를 연결하는 좁은 통로이다. 이 지역을

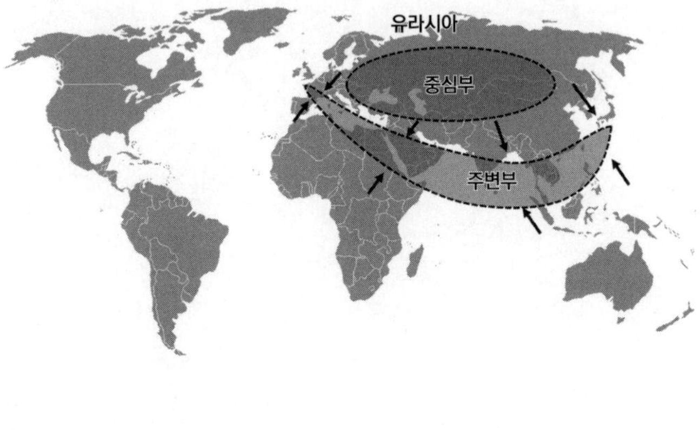

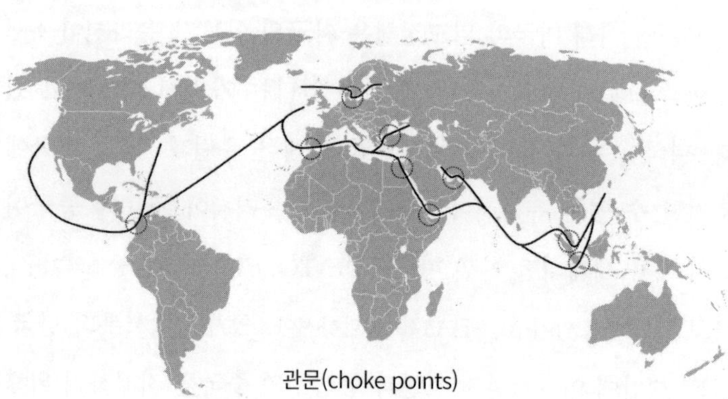

관문(choke points)

독점하는 사람은 누구나 경쟁자의 목을 겨누게 된다.

미국과 일본의 중국에 대한 경쟁은 기본적으로 말라카해협에 대한 통제 경쟁에서 시작되었으며, 사우디아라비아와 아랍에미리트의 이란에 대한 경쟁은 호르무즈해협과 바브엘만데브(Bab el-Mandeb)해협에 대한 통제 경쟁에 의해 발생되었다.

따라서 민주화와 세계화는 "지리가 운명이다"라는 사실을 바꾸지 못할 것이다. 국가들 사이의 대부분의 분쟁과 경쟁은 수천 년은 아니라 할지라도 수백 년간 지정학의 연장선에 있다.

정체성 4

자유주의적 국제주의자들에게 '정체성'은 인간을 분열시키고 진보를 막는 편견이다. 민족주의는... 그들에게... 비이성적인 정신이다. "나는 이 나라에서 태어나는 것을 선택하지 않았다... 왜 내가 그것에 대해 자랑스러워해야 하는가?"

세계화 시대는 서로 다른 인간의 정체성을 하나로 녹이는 것처럼 보인다. 작업복의 정의는 셔츠, 넥타이, 정장 등 모든 국가에서 표준이다. 전 세계에서 동일한 시스템(초등, 중등 및 고등)을 사용하는 학교에 보내진 어린이는 거의 모든 국가에서 사용할 수 있는 다국적 기업에 취업하기 위해 동일한 사항(수학, 물리학, 생물학 및 회계)을 배운다.

따라서 자유주의적 국제주의자들은 국민국가(nation-state)의 개념을 지리 개념 외에 더 이상 관련성이 없다고 본다. 베를린 장벽이 무너진 후 작가들은 "국민국가의 종말"이라는 표현을 책 제목으로 만들고 싶어 했는데, 그중에는 1993년에 출판된 장마리 게에노(Jean-Marie Guéhenno)와 1995년에 출판된 오마에 겐이치(Ohmae Kenichi)의 책들이 있다.

그들의 주장은 국가로 인정되는 국민국가가 더 이상 존재하지 않는다는 말과 거의 비슷하다. 만약 그렇지 않으면 미래의 국가는, 유럽의 경우처럼 국민국가가 합병하여 하나의 유럽 국가를 형성한 경우처럼, 경제구역을 기반으로 재편성될 것이다. 미국과 멕시코는 북미자유무역협정(NAFTA) 지역으로 통합될 것이다.

그러나 그들이 기대한 것과는 완전히 다르게, 오늘날 우리들이 목격하고 있는 것은 신민족주의 형태로 민족주의가 귀환하고 있다는 것이다. 그것은 자유주의적 국제주의자들을 놀라게 하고 있다.

그리고 그 놀라움은 그들이 인간의 삶에서 정체성의 근본을 간과했기 때문에 일어난 것이다. 밝혀진 바와 같이 정체성은 인간 본성의 일부이다. 그것은 음식이나 옷보다 덜 중요하지 않다. 사람이 "나는 누구인가?"라고 묻는 것은 자연스러운 일이다. 이 질문을 통해 사람은 자신이 어디로 가고, 누구와 친구가 될 것이며, 어떤 목적을 위해 노력을 기울일 것인지 알게 될 것이다.

만약 개인이 "나는 누구인가?"라고 묻는다면, 개인들의 집합체로서의 국가는 "우리는 누구인가?"라고 묻게 될 것이다. 한 국가의 정체성은 행동 방향에 영향을 미치게 된다: 그 힘을 어디로 확장시킬 것인가? 어떤 나라와 동맹을 맺어야 하는가? 어떤 원칙을 견지해야 하는가?

그래서 어떤 국가의 이익을 정의하는 데 있어서 정체성은 지리만큼이나 중요하다.

정체성은 유연한 어떤 것이어서 구축될 수 있고, 파괴될 수 있으며, 또다시 만들어질 수도 있다. 국가가 더 큰 집단과 동일시할 때가 있고, 더 배타적인 정체성을 선택할 때도 있다.

더 심각한 위협이 있을 때, 국가는 지역성, 뿌리 및 문명을 선택할 것이다. 그러나 위험이 없을 때에는, 더 좁은 민족주의, 인종, 민족, 부족주의 및 영토를 선택할 것이다. 반면에 종교와 같은 정체성의 근원이 하나의 단결 요소가 될 수도 있고, 다른 한편으로는 분열의 요인이 될 수도 있다.

소련의 위협은 2차 세계대전 이후 서유럽 국가들을 유럽공동체(이후의 유럽연합)를 형성하도록 단결시켰는데, 그 이전에 서유럽 국가들은 수천 년은 아니더라도 수백 년간 전쟁을 벌였다. 소련이 더 이상 존재하지 않자, 각 국가들은 유럽연합으로부터 독립을 원할 정도로까지 국민국가 정신이 되살아났다.

국가들은 정체성 혼돈에 직면하고 있다. 문명의 충돌 이론의 창시자인 새뮤얼 헌팅턴은 이들 국가들을 '분열국(torn country)'으로 명명하였다.*

터키는 분열국가의 한 예인데, 왜냐하면 유럽 정체성과 무슬림 정체성 사이에 분열되어 있기 때문이다. 유럽 정체성의 지배는 터키가 유럽을 우러러볼 것이라는 뜻이고, 반면에 무슬림의 우월적 정체성은 터키가 중동에 더 많은 관심을 기울일 것이라는 뜻이다.

정체성은 또한 갈등의 원동력이 될 수 있으며, 특히 한 나라에서 정체성의 충돌이 있을 때 더욱 그러하다. 이 나라들은 유럽 식민주의 과정에 의해 형성된 나라들이다. 예를 들어, 나이지리아는 영국에 의해 북부 나이지리아(무슬림 다수)와 남부 나이지리아(기독교 다수)가 합쳐져서 만들어졌다. 그래서 1차 세계대전 이후 수립된 시리아, 레바논, 이라크의 경우 수니파, 시아파, 아랍인, 그리고 비아랍인들이 한 지붕 아래 있는 것이다.

강한 정체성이 없다면, 민족 간의 장기간의 갈등은 내전의 불씨를 일으킬 수 있는데, 외세가 전쟁 중인 집단들 중 한 곳을 지원을 해서 이득을 취할 때 더더욱 그렇다.

이런 현상이 식민주의 이후의 국가들에만 국한된 것은 아니다. 스페인, 영국, 이탈리아, 중국 등 식민 지배를 받아본 적이 없는 나라들도 카탈루냐, 스코틀랜드, 파다니아(Padania), 홍콩 등에서

---

* 각 문명권 내부는 핵심국(core country), 소속국(member state), 친족국(kin country), 고립국(lone state), 단절국(cleft state), 분열국(torn state) 등의 위계질서로 짜여 있다.

주변 민족주의*가 부상했다. 각각은 역사적 맥락을 가지고 있다.

지리적 요인은 중요한 역할을 한다. 평탄한 지형은 더 많은 산악 지형에 비해 정체성을 기르기가 쉽다. 독특한 지리는 스페인과 이탈리아에서 주변 민족주의의 발흥에 영향을 미쳤다.

정체성을 찾고 정의하는 것 외에, 사람과 국가는 그들의 정체성을 인정받기를 원한다.'미국을 다시 위대하게' '중화민족의 위대한 부흥'에서부터 '브렉시트'에 이르기까지, 많은 나라가 세계화에 '반격'하며 자국의 정체성을 찾는 노력을 주도하였다.

이것이 프랜시스 후쿠야마가 인정을 위한 투쟁으로 묘사한 현상이다. 인정받을 필요성은 인정욕구(thymos)라고 불리는 개인적인 부분에서 나왔다

정신(nous)과 욕망(epithymia) 이외에, 인정욕구는 플라톤과 같은 그리스 철학자들이 확인한 인간의 일부이다

인정욕구는 우월욕망(megalothymia)과 대등욕망(isothymia)으로 나눌 수 있다. 전자는 우월하다고 인정받고자 하는 욕구이고, 후자는 동등하게 인정받고자 하는 욕구이다.

민족주의 정책이 국민에게 얼마나 이익을 줄 수 있을지는 여전히 다툼의 여지가 있지만, 확실한 것은 민족주의가 대부분의 국민들이 원하는 존엄성의 필요성을 충족시킨다는 것이다. 어떤 사람들은 그들의 지위가 동등하게 인정 되기를 원하는 반면, 다른 사람들은 우월한 것으로 인정 받기를 원한다. 그러한 만족을 위

---

* 주변 민족주의(Peripheral Nationalism): 주권국가 내의 일부지역이나 영토 주체의 민족주의 정서를 말함.

한 물질적인 대체물은 없다.

권력, 지리, 정체성의 세 가지 요인을 바탕으로 오늘날 세계 분쟁의 근원을 밝혀낼 수 있다. 문제를 사례별로 보면서 이해하는 것이 필수적이며, 일반화된 결론을 내리지 않는 것이 중요하다. 전반적으로 그것은 자유주의자들과 이상주의자들의 실수이다.

다음 46개의 장을 통해 세계에서 일어나고 있는 갈등이 어떻게 권력 경쟁, 지정학적 관심, 그리고 그들 자신의 정체성 충돌과 관련되어 있는지를 살펴볼 것이다.

미국 5

2016년 11월 8일 전 세계는 도널드 트럼프가 미국 대선에서 전 뉴욕 상원의원(2001~2009) 및 국무장관(2009~2013)을 역임한 힐러리 클린턴을 이겼다는 소식에 놀랐다.

힐러리에 비하여 트럼프는 공직을 가져본 경험이 없었다. 사람들은 그가 진행한 리얼리티쇼 〈어프렌티스(The Apprentice, 견습생)〉를 통해 그를 알았고, 그가 논란이 많은 백만장자로 알았다. 그렇다면 트럼프는 어떤 책략을 사용해서 승리했을까?

트럼프는 운이나 책략을 통해서 미국의 대통령이 된 것이 아니었다. 대신에 그는 올바른 전략에 의존하였다.

미국 대통령은 일반 투표 대신 선거구 투표를 통해 선출된다. 50개 주와 수도인 워싱턴 DC는 각각 일정 수의 표를 가지고 있다: 캘리포니아는 55표, 텍사스는 38표, 뉴욕은 29표 등 모두 총 538표로 구성된다. 누구든 과반수인 270표 이상을 얻게 되면 선거에서 승리하게 된다.

미국 지리에 따르면, 민주당과 공화당 모두 같은 당에 투표할 안전한 예금처로 간주되는 주를 가지고 있다. 텍사스 등 남부 주와 네브래스카, 캔자스 등 중서부 주들은 의심할 여지없이 공화당에게 투표할 것이고, 뉴욕 등 동부 해안과 캘리포니아 등 서부 해안에 있는 주들은 민주당의 안전한 예금처이다.

해안 지역의 인구는 상업 지역이라는 특성 덕분에 더 자유롭고, 따라서 민주당에 기울었다. 반면 남부 지방과 중서부는 농업

주별 선거구 투표수 분포

지역이고 덜 발전된 지역이다. 그래서 그들은 더 보수적이고, 공화당에 더 기울었다.

각 당의 대표 색깔(공화당은 빨간색, 민주당은 파란색)을 가리켜, 공화당에 투표하는 주를 붉은 주라고 하고, 민주당에 투표하는 주를 푸른 주라고 한다.

빨강과 파랑 주에 대한 각 선거인단 투표의 합계는 거의 같다. 따라서 선거에서 이기려면, 후보들은 울타리 위에 있는 주들(부동층 주들)에 집중해야 한다.

6개의 경합주(swing states, 아이오와, 위스콘신, 미시간, 인디애나, 오하이오, 펜실베이니아)는 오대호 지역에 있다. 예를 들어, 오하이오 주는 킹메이커 주로 여겨진다. 그들이 누구에게 투표하든 대통령이 될 것이다. 오하이오 주는 클린턴(1992년과 1996년), 부시(2000년과 2004년), 오바마(2008년과 2012년), 그리고 트럼프(2016년)에게 투표했다.

오대호 지역은 미국의 산업 지대이다. 미시간, 위스콘신, 인디애나, 오하이오 그리고 펜실베니아는 소위 '러스트 벨트'라고 불리는 지대를 형성했다. 이 주들은 한때 철강과 자동차 제조의 산업 중심지였기 때문에 '철강 벨트'라고 불렸다. 제너럴 모터스, 포드, 크라이슬러(미국 주요 자동차 제조업체)는 모두 미시간에 본사를 설립했다. 미국 철강(US Steel), 철강 다이내믹스(Steel Dynamics) 등 주요 철강회사들도 입주해 있다.

그러나 일본, 한국, 중국의 경쟁 때문에 미국은 더 이상 자동차와 철강 제조사들의 선두 주자가 아니다. 이 주들은 경쟁의 직격

탄을 맞았다. 공장들은 문을 닫았고, 이 공장에서 몇 세대 동안 일하던 사람들은 그들 자신의 수입원이 없다는 것을 알았다. 철강 벨트는 그 후 '러스트 벨트'라고 불렸다.

트럼프는 포퓰리스트(populist, 인기영합주의자)라는 딱지가 붙었다. 1장에서 언급했듯이, 포퓰리스트는 엘리트들에게 외면당하고 있는 자신을 국민의 챔피언으로 생각하는 사람들이다. 러스트 벨트 유권자들은 트럼프 대통령이 외국, 특히 중국 수입품에 대해 높은 관세를 부과하고, 미국 기업을 다시 미국으로 끌어들이고, 미국 국민들에게 일자리를 창출하는 등 미국 산업을 재가동하겠다는 선언에 빨려 들어갔다.

보다 엘리트주의적이고 글로벌한 클린턴에 비해 '미국 우선(America First)'과 '미국을 다시 위대하게(Make America Great Again)'

경합주들

라는 구호를 외친 포퓰리스트 트럼프의 선거운동이 오대호 지역 유권자들의 마음을 사로잡는 데 성공하였다. 트럼프 대통령 시절 6개 주 모두 민주당에서 공화당으로 돌아섰다. 2012년 공화당 후보였던 미트 롬니가 실패하여 인디애나 주에서만 승리했던 곳이다.

2015~2016년 세계 상품 대란과 IS의 위협으로 발생한 경기침체는 트럼프의 자유무역 제한 구상을 부추겼고, 그로 하여금 국가 발전과 이민자 감축에 주력하도록 만들었다. 실제로 트럼프의 '어떤 반칙도 금지되지 않는(no hold barred)' 조치는 그의 보수 기반을 강화시켰는데, 여기에는 백인 민족주의를 지지하는 극보수주의(Alt-Right) 단체도 포함된다. 이 단체는 미국인들이 그들의 백인 및 기독교적 정체성을 자랑스러워하는 걸 옹호하지 않는 정치적 올바름(political correctness)*에 반대한다. 왜냐하면 그러한 행동은 정치적 올바름 측면에서 인종차별주의로 분류될 것이기 때문이다.

트럼프가 제45대 미국 대통령으로서 선서를 하자마자 가장 먼저 한 일은 미국을 환태평양경제동반자협정(TPP)에서 탈퇴시키고, 북미자유무역협정(NAFTA)을 재협상하는 것이었다. 두 가지 자유무역협정은 미국 시장에서 값싼 상품과 이주민의 홍수로 미국에 손실을 입히는 것으로 간주되었다.

다음으로 더욱 논란이 되는 트럼프의 조치는 미국의 주요 무

---

* 차별적인 언어 사용과 행동을 피하는 원칙.

역 상대국, 특히 중국산 상품에 대한 관세를 인상하는 것이었다. 중국은 캐나다를 제치고 2009년 이후 최대 대미 수출국이다. 2017년 미국의 중국에 대한 무역적자는 3,760억 달러로, 전체 미국 무역적자(7,960억 달러)의 47%에 달하였다.

트럼프에게 과도한 적자 문제는, 중국이 미국산 제품보다 중국산 제품이 더 싸게 만들기 위해 일부러 미국 달러를 사들여 인민폐(Renminbi, 위안화)를 판매하는 환율조작 등 불공정 무역관행에서 비롯된 것이다.

트럼프는 이런 주장을 근거로, 2018년 7월, 2018년 8월, 2018년 9월, 2019년 5월, 2019년 9월 총 3,500억 달러 상당의 중국상품에 대해 고율 관세를 부과했다. 관세 인상은 결과적으로 중국 상품의 가격을 더 높게 만들었다. 소비자들은 중국 상품 구매를 중단하거나, 중국에 진출한 외국 제조업체들은 가격 인상을 견디지 못해 중국을 떠나게 된다. 이 모든 것이 중국 경제에 손실을 입히게 될 것이다.

중국은 동일한 가치의 미국산 상품에 대한 관세를 인상하는 등 맞대응하면서 미중 간 무역전쟁을 유발하였다. 경제전문가들은 대공황이 되풀이될 것을 우려하고 있다. 미국이 1928~1929년 경제위기 이후 관세를 높이기 위해 스무트할리법(Smoot-Harley Act)을 통과시켰고, 이에 따라 다른 나라와의 무역전쟁이 촉발되어 세계 무역이 곤두박질친 적이 있었기 때문이다. 많은 경제학자가 트럼프를 경멸했지만, 트럼프는 "무역전쟁은 승리하기 쉽다"고 말한다.

그러나 이러한 점에서 미국은 분명히 이점을 가지고 있다. 중국 경제는 2018년 국내총생산(GDP)이 1990년 이후 가장 낮은 6.6% 성장에 그쳐 트럼프의 관세에 의해 상처를 입었다. 이는 집권 정당화를 위해 경제적 성과에 의존하고 있는 중국 공산당 정치국원들에게는 나쁜 소식이었다.

관세 부과와 별도로, 트럼프 대통령은 중국이 필수기술 부품 제조국이 되기 위해 2015년 도입한 '중국제조 2025' 계획에 영향을 미칠 수 있는 중신통신(ZTE)이나 화웨이 같은 중국 기술공급업체에 제재를 가했다. 트럼프 대통령은 중국에 대한 경제적 압박 외에, 북한과 이란 등 중국 동맹국에게도 압박을 가했고, 대만과 홍콩, 신장(Xin Jiang) 분리주의자들에게 간접적으로 정신적인 지지를 보냈다. 트럼프는 최대한의 압박 전술을 썼고 중국은 트럼프의 압박으로 숨통이 막힐 지경이었다.

2019년 6월 일본 오사카에서 열린 주요 20개국(G20) 정상회의에 시진핑 중국 국가주석이 참석한 이후, 중국은 미국과 무역협상에 착수하기로 합의하였다. 거래의 첫 단계는 2020년 1월 15일에 체결되었다.

이 거래에서 중국은 2,000억 달러의 미국 상품을 더 수입하기로 하였다. 4,190억 달러의 적자는 중국이 더 많은 제품을 수입함에 따라 47% 감소하여 2,000억 달러가 될 것이다. 그러나 트럼프 대통령은 2단계 협상 기간 동안 중국에 대해 3,500억 달러의 관세를 여전히 유지하였다.

트럼프는 중국 외에 유럽연합 등 무역 상대국에 대해서도 관세를 인상하겠다고 으름장을 놓았다. 나토 회원국에 대해서도 분담금을 증액하라고 위협하였는데, 트럼프는 미국이 가장 많은 비용을 부담하는 것은 부당하다고 생각했다.

트럼프의 이 같은 행보는 미국이 '자유'를 수호하기 위해 그동안 다른 나라들을 자발적으로 조약에 가입하도록 초대해왔던 점에 비추어, 이제 와서 돈 문제로 투덜거리는 것은 통상적인 일은 아닌 것으로 여겨지고 있다. 트럼프는 러시아에 대해서는 관대해서, 그가 여전히 러시아를 자신의 전임자들처럼 미국에 대한 위협으로 보고 있는지 의문이다.

트럼프 대통령은 미 행정부 경험이 없는 사업가로서, 세계에서 미국의 역할에 대한 명확한 비전을 갖고 있지 않다. 트럼프는 손익을 우선시하며, 그의 많은 행동은 단기적인 인기를 얻기 위한 것이다. 트럼프는 국무부의 전문 관료부터 민주당 내 진보적 국제주의자로 구성된 조직, CIA(딥 스테이트),* 공화당 내 신보수파에 이르기까지 많은 사람과 잘 어울리지 않았다.

그들은 세계에서 미국의 역할에 대해 공감대를 형성하고 있는데, 그것은 자유주의의 책임을 안으며 패권을 유지하는 것이다. 진보적 국제주의자들의 관점에서는, 트럼프가 유엔이나 세계무역기구 등 자유주의 국제질서의 핵심 기관에 냉정한 태도를 보이는 것은 국제적 차원에서 미국의 영향력을 잠식하는 것이다.

그런 가운데, 존 볼턴과 같은 신보수파에게는 적을 없애고 미

---

* Deep State. 민주주의 제도 밖의 숨은 권력집단.

국의 패권을 지키기 위해 전쟁이 필요하다. 그러나 트럼프로서는, 3차 세계대전이 터질지도 모르는 우려를 낳으며 때로는 북한 및 이란과의 무력충돌에 휘말리기도 하지만, 그것은 그런 나라들을 협상 테이블로 끌어내기 위한 전술에 지나지 않는다. 자유주의적 가치에 따라 우방이나 적을 선택하지 않는 그의 태도는 많은 사람에게 그가 대통령이 될 자격이 없다고 생각하게 만들었다.

그들은 트럼프가 국제정치에서 미국의 위치를 '손상'하는 것을 막기 위한 시도에 착수했다. 2020년 선거를 기다리는 것 말고도, 탄핵을 통해 현직 대통령을 끌어내리는 적절한 방법이 있었다.

민주당은 트럼프가 2016년 선거에서 승리하기 위해 러시아와 모종의 음모를 꾸몄다고 비난하며 그를 기소하려 했다. 민주당은 사건 보도를 근거로 트럼프를 기소하지 못하자, 트럼프 대통령과 볼로디미르 젤렌스키(Volodymyr Zelensky) 우크라이나 대통령 간 통화에 대해 다시 조사에 착수했다. 트럼프 대통령은 헌터 바이든이 우크라이나 석유·가스 회사인 부리스마(Burisma) 이사회 임원으로 재직하던 시절 그의 잘못을 조사해달라고 젤렌스키에게 부탁한 것으로 전해졌다.

헌터 바이든은 2020년 대선 민주당 후보 조 바이든의 아들이다. 그래서 그들은 트럼프가 사적인 목적으로 권력을 남용했다는 이유로 상원에서 재판을 받을 수 있도록 탄핵 관련 조항을 통과시켰다.

다만 탄핵을 통해 트럼프를 해임할 가능성은 낮다. 미국 대통령은 상원에 3분의 2의 동의가 있어야만 형을 받을 수 있다. 2018년 11월 중간선거 이후 민주당이 의회를 장악하고 있음에도, 미 상원에서는 여전히 공화당이 다수당이다.

실제로 미국 경제의 믿을 만한 지표들은 트럼프가 효율적으로 국정을 운영했다는 증거가 된다. 그래서 민주당 후보들이 미국 유권자들의 심리를 이해하지 못하는 한, 트럼프는 2020년 대선에서 승리할 가능성이 여전히 높다.

멕시코 6

2019년 멕시코는 '트럼프의 장벽'과 '마약 카르텔'이라는 두 가지 이유로 세계 각국 신문의 헤드라인을 장식하였다.

첫 번째 이슈는 2018년 12월 22일부터 2019년 1월 25일까지 정부 셧다운으로 이어졌다. 셧다운은 정부가 책정한 예산이 의회에서 반대되거나 막히면서 발생했고, 이에 따라 정부도 예산이 없어 일을 중단해야 했다.

트럼프는 2016년 선거 유세 때 3,145km(중국 만리장성, 8,852km)에 달하는 장벽을 쌓는 등 미국과 멕시코의 국경 통제를 강화하겠다고 약속했다. 의회를 지배했던 민주당원은 그 생각을 지지하지 않았다. 그들은 장벽 건설비용 57억 달러를 포함한 운영 예산을 통과시키기를 거부했다.

두 번째 이슈는 멕시코에서 득세하고 있는 마약 카르텔이다. 시날로아 카르텔이 전 지도자였던 호아킨 구스만(별명: 엘 차포, El Chapo*)의 아이를 구하기 위해 쿨리아칸(Culiacan)에 있는 보안군을 매복 습격하여 세계를 깜짝 놀라게 했다. 그 후 2019년 11월 4일, 미국과 멕시코 국경 근처의 시노라(Sinora)에서 9명의 미국 시민이 살해되었다. 피해자는 카르텔의 잘못된 표적이 된 것으로 추정되는 여성 3명, 어린이 6명이다.

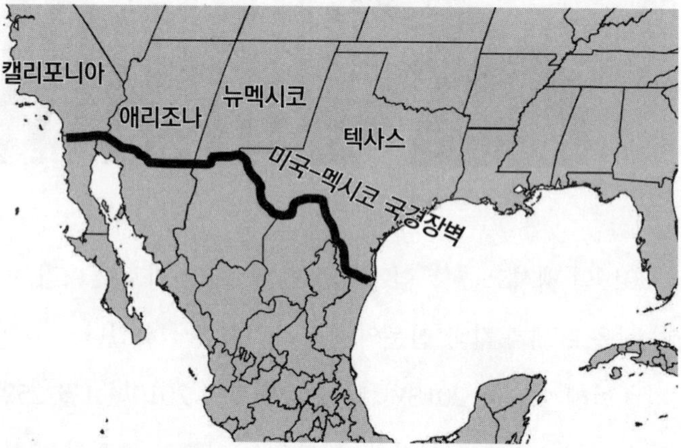

* '땅딸보'라는 뜻.

그 사건으로 트럼프 대통령은 안드레스 마누엘 로페스 오브라도르(AMLO) 멕시코 대통령에게 카르텔 근절을 제안했다. 그러나 오브라도르는 그 제안을 거절했다.

멕시코 마약 카르텔은 펠릭스 가야르도(엘 파드리노)가 1980년 설립한 과달라하라(Guadalajara)* 카르텔을 시작으로 오랜 역사를 가지고 있다. 과달라하라는 콜롬비아 출신의 악명 높은 마약왕 에스코바르(Escobar)를 위한 중개업으로 출발했다.

결국 펠릭스 가야르도는 스스로 독립하는 법을 배웠다. 동쪽 근처의 타마울리파스에서는 걸프 카르텔이 설립되었다. 이 카르텔들은 생존을 위해 멕시코 집권당인 제도혁명당(PRI)과 공생관계를 구축했다. 당은 보호를 제공하고, 카르텔은 돈을 투입하였다.

2000년 정권교체 이후 판도가 바뀌었다. 1929년 이후 통치했던 PRI가 무너졌다. 2006년 펠리페 칼데론 대통령은 PRI의 친구들로 간주되는 카르텔을 박멸하는 것을 목표로 하는 '멕시코 마약 전쟁'을 선포하였다.

카르텔들은 그들의 이익을 지키기 위해 보안군에 대한 반격을 개시했다. 카르텔은 무기, 타격대(Sicario), 그리고 준군사력을 보유하고 있어 가볍게 여겨서는 안 되었다. 극단적으로 카르텔들은 심지어 전직 보안군까지 채용하여 거의 무적 상태에 있었다.

12년간의 전쟁(2006~2018)과 거의 25만 명의 사망자가 발생한

---

* 멕시코 서부에 있는 할리스코(Jalisco)주의 주도(州都).

이후에도, 이들 카르텔과의 전쟁은 마약 밀수 문제를 극복하는 데 실패했을 뿐만 아니라, 오히려 더욱 악화되었다. 카르텔 지도자의 생포는 카르텔을 끝내지 못했고, 이는 카르텔의 해체와 당시 영역 다툼에 관여했던 새로운 카르텔의 설립으로 이어졌다. 미국 시민 9명이 살해된 것은 후아레스와 시날로아 카르텔의 영역 다툼 때문인 것으로 추정되었다.

2018년 멕시코 대통령이 된 안드레스 마누엘 로페스 오브라도르(AMLO)는 마약전쟁이 끝났다고 선언하면서, "총알이 아닌 포옹을(hugs not bullets)"이라고 선언했다. 그러나 쿨리아칸에서의 공격은 오브라도르가 일방적인 생각을 하고 있다는 것을 보여주었다.

멕시코의 지리는 마약 카르텔과의 전쟁에 있어 효과적인 대응을 가로막는 장애물이다. 멕시코시티에 있는 멕시코의 중심부

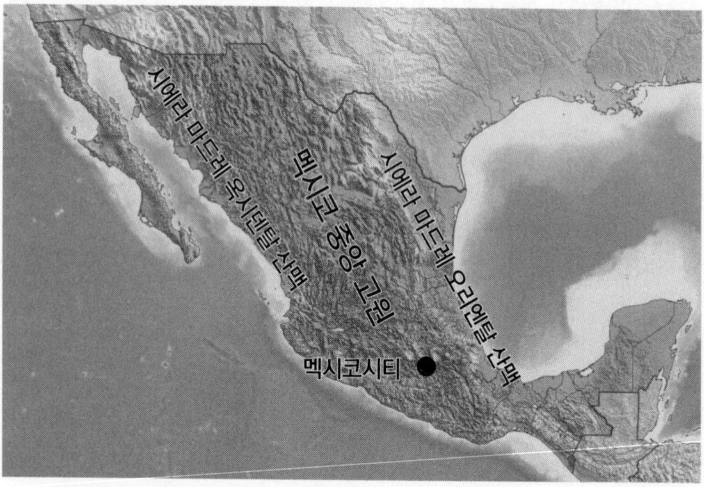

는 주변 외곽지역, 특히 북쪽에서 극도로 멀리 떨어져 있다. 멕시코 중앙고원(Altiplanicie Mexicana)에 이어 시에라 마드레 옥시덴탈(Sierra Madre Occidental)과 시에라 마드레 오리엔탈 산맥(Sierra Madre Oriental)이 멕시코를 세 개의 분리된 영토로 나눈다. 즉, 북서쪽(noroeste), 남동쪽(noreste), 서쪽(occidente)으로 이는 중앙 정부가 접근하기에 모두 불편하다.

이 지형으로 카르텔은 세 영토를 각각 지배하는 군벌이 된다. 시날로아, 티후아나, 후아레스는 북서부를 지배하는 과달라하라의 분파이다. 걸프와 로스 제타스는 북동쪽에서 경쟁하고, 할리스코 신세대 카르텔(Jalisco New Generation Cartel), 라파밀리아 미초아카나, 템플 기사단은 서부 지역에서 경쟁한다. 국가들과 마찬가지로, 이러한 카르텔들은 필요하다면 협정을 맺는다: 시날로아, 걸프 그리고 템플 기사단은 잔인하기로 악명 높은 로스 제타스(Los Zetas)와 경쟁하기 위해 그렇게 했다.

카르텔이 난무하는 것과 관련해서 미국에도 책임이 있다. 카르텔의 주된 원천은 미국 소비자들이다. 미국에 공급된 마리화나, 코카인, 헤로인의 90%는 멕시코 카르텔에서 공급되었다. 미국의 관대한 총기 규제는 밀수를 통해 총기류를 쉽게 구할 수 있게 했다. 그중에는 미국제 베레트 브라우닝 M82가 있는데, 이는 쿨리아칸 전투에서 사용되었다.

그러나 마약 카르텔과 국경 문제 모두에서 멕시코는 마치 문제의 온상이 된 것처럼 여론의 뭇매를 맞고 있다.

미국과 멕시코의 갈등은 정체성의 충돌로 복잡하게 연결돼 있

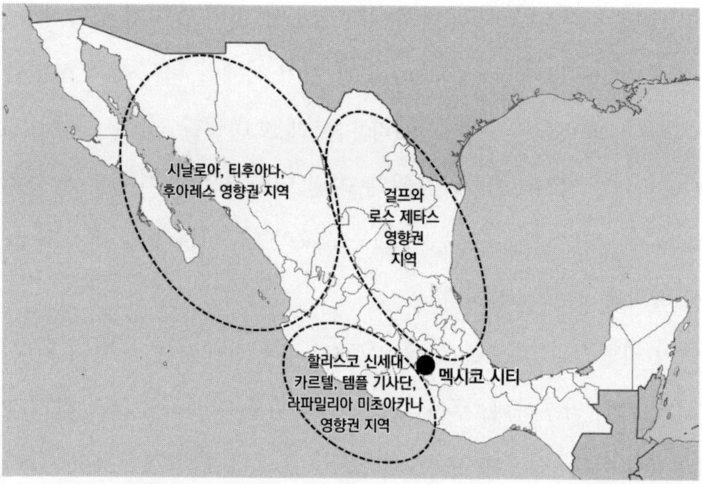

다. 멕시코는 대부분 가톨릭과 히스패닉계 국가인 반면, 미국은 대부분 영국계 개신교 국가이다.

북미자유무역지대를 설립한 북미자유무역협정(NAFTA)에 미국, 캐나다, 멕시코가 서명한 후 히스패닉 인구가 크게 늘었다.

1990년에 미국에서 가장 큰 성은 스미스, 존슨, 윌리엄스, 존스 등 영어였다. 그러나 2010년에는 히스패닉계 성씨 두 개(가르시아와 로드리게스)가 이름을 올렸고, 2020년에는 마르티네스가 추가되었다.

그리고 미국의 히스패닉계 10명 중 6명은 멕시코계 후손이다. 멕시코 이민자들의 홍수는 보수적인 붉은 주에 있는 사람들에게 불편함을 야기시켰고, 이 붉은 주들 중 많은 수가 푸른 캘리포니아를 제외한 멕시코와 국경을 접했다. 마약 카르텔 문제는 멕시코 난민을 더욱 늘려, 트럼프 같은 정치인들이 이 문제를 떠벌릴 수 있게 했다.

멕시코에는 1876년부터 1911년까지 멕시코 대통령이었던 포르피리오 디아즈(Porfirio Diaz)가 만든 유명한 속담이 있는데, "불쌍한 멕시코, 신으로부터 너무 멀어, 미국과 너무 가까워!"라는 것이다.

다시 말해, 미국의 이웃인 멕시코로서는 불운인 셈이다. 지리는 운명이다. 아무도 그들에게 초강대국의 이웃이 되라고 요구하지 않았다.

유럽 7

제9차 유럽의회 선거가 2019년 5월 23일부터 26일까지 진행되었다.

유럽의회는 EU의 입법 기관이다. 28개 회원국들은 751명의 유럽의회 의원(MEP)들을 선출하기 위한 선거에 투표할 책임이 있다.

751석은 회원국의 인구에 따라 분배된다. 독일(96명)이 가장 많고, 프랑스(74명), 영국(73명), 이탈리아(73명), 스페인(54명) 순이다.

만약 한 나라가 일반적으로 선거에서 3개 혹은 5개의 정당을 가지고 있다면, 28개국을 위해서는 얼마나 많은 정당을 가져야 할지를 상상해보라. 그래서 각 정당은 인선 절차를 완화하기 위해 보다 중요한 협정을 맺어야 한다. 다수와의 협약은 EU의 정부, 즉 유럽연합(EU) 집행위원회를 구성할 것이다.

그러나 751석으로부터 과반수를 얻는 것은 쉬운 일이 아니다. 따라서 의석이 가장 많은 두 협정이 대연정을 이루게 된다. 1979년 1차 선거 이후 유럽국민당(EPP)과 사회민주진보연대(S&D) 사이에 대연정이 성립되었다.

EPP는 기독민주연합(독일)과 같은 중도우파 정당으로 구성되어 있다. 공화당(프랑스), 포르자 이탈리아(이탈리아), S&D는 노동당(영국), 사회당(프랑스), 사민당(독일) 등 사회주의와 사회민주주의를 아우르는 집단이다. 서로 다른 이념에도 불구하고, 그들은 모두 EU 통합에 찬성한다.

그러나 역사상 처음으로, 친EU 대연정 투표율이 과반수를 차지하지 못했다. 친EU 연합은 1999년 66%에서 48%로 급감했다.

반면에, 유럽보수개혁당(ECR), 유럽자유직접민주당(EFDD), 유럽국가자유당(ENF) 등 유럽연합 통합 회의론자들이 19%로 강세를 보였다.

유럽회의주의는 EU에 대한 회의론을 일컫는다. 모든 유럽인이

유럽연합과 사랑에 빠진 것은 아닌데, 특히 보수주의자와 포퓰리스트 · 민족주의자들의 생각이 그렇다. 그들은 EU를 국가들의 주권을 희생시키는 세계주의 프로젝트로 인식하고 있다.

EU는 1951년 프랑스와 독일의 국경인 루르(Ruhr)에 석탄과 철강 자원을 관리하기 위해 설립된 유럽석탄철강공동체(ECSC)에서 비롯되었다. 석탄과 철강 자원을 둘러싼 투쟁은 두 나라가 양차 세계대전에서 서로 싸운 이유 중 하나였다.

프랑스와 독일은 전쟁에 지쳤기 때문에, 초국가적 권력기관을 수립해서 문제를 해결하기 위한 평화적 접근법을 선택하였다. 정부가 함께 문제를 관리하는 정부 간 파트너십과는 다르다. ECSC는 서독이나 프랑스가 아니라, 개별 국가보다 높은 '유럽'을 대표했다. 다른 ECSC 국가로는 네덜란드, 벨기에, 룩셈부르크, 이탈리아가 있다.

그 후 6개국은 1957년 로마 조약을 체결하여 유럽경제공동체(EEC)를 설립하였으며, 이는 국가들이 수입과 수출품에 관세를 부과하지 않는 관세동맹의 길을 열었다.

다른 유럽 국가들도 뒤처지는 것을 원하지 않았다. 영국, 덴마크, 아일랜드, 노르웨이(이후 스웨덴, 핀란드, 오스트리아)는 1960년에 EEC와 경쟁하기 위해 유럽자유무역연합(EFTA)을 설립하였다.

그러나 영국, 아일랜드, 덴마크는 1973년에 EEC에 가입했다. 1995년에는 오스트리아, 핀란드, 스웨덴이 그 뒤를 이었다. 반면 노르웨이, 스위스, 아이슬란드는 오늘까지 EFTA에 남아 있다.

1992년, EEC 국가들은 마스트리히트에서 EU를 탄생시킨 또 다른 조약에 서명했다. EU의 목표는 역내에서 상품, 자본, 서비스 그리고 개인의 자유로운 이동(이를 '네 가지 자유'라고 함)을 허용하는 단일 시장을 만드는 것으로, EEC보다 더 중요하다. EU는 경제통합 외에 한 국가의 입법 · 집행 · 사법기구처럼 유럽의회 · 유럽집행위원회 · 유럽사법재판소(Court of Justice) 창설 등을 통해 정치적 통합을 추진했다.

2002년 EU는 회원국들의 통화를 대체할 유로화를 도입했다. 세계는 EU의 성과에 경외감을 느꼈고, 이 기구의 전철을 밟기를 원했다.

그러나 EU는 초국가적이다. 그러므로 본질적으로, 그것은 회원국들보다 더 큰 초국가이다. EU 본부가 있는 벨기에 브뤼셀에서 내린 결정이 회원국 결정보다 높다는 뜻이다. 재정적인 결정은 독일 프랑크푸르트에 있는 유럽중앙은행에 의해 내려진다. 개별 회원국들은 국가적 필요에 따라 자체 금리를 정할 수 없다.

이러한 합의는 2008~2009년 글로벌 금융 위기 이후 심각한 실업 문제를 초래했다. 중앙집권적 재정정책은 경기회복을 늦추는 것으로 여겨졌고, EU 채무위기는 그리스 등 EU 회원국들이 스스로 문제를 해결하기 위해 EU를 탈퇴하도록 몰아붙였다.

네 가지 자유는 이민자들이 지역 주민들보다 EU에 취업하는 것이 더 쉽다는 인식을 불러일으킨다. 유럽회의주의 지지자들은 이민자들에게 지역민들의 일자리를 잃게 만드는, 비자 없이 EU를 드나들 수 있게 허용하는 솅겐(Schengen) 조약을 비판한다.

반이민 정서는 이슬람 공포증, 특히 2014~2015년 중동의 난민

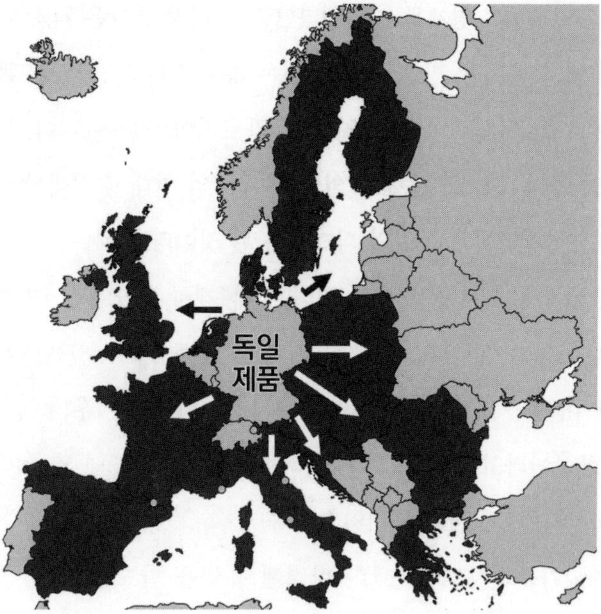

물결을 유럽으로 보낸 IS의 부상 이후 더욱 복잡해졌다. 2015년 파리 〈샤를리 엡도(Charlie Hebdo)〉 주간지 신문사 본사에서 총기 난사 사건이 터진 이후, EU 국민들은 극단주의 무슬림 이민자들의 쇄도에 대해 걱정하기 시작했다.

독일을 위한 대안당(AfD), 프랑스 국민연합당, 이탈리아 북부동맹당(Lega Nord) 등 포퓰리즘 정당이 이 같은 분위기를 탔다. 그들은 더 엄격한 이민 정책을 요구했다. 만약 EU가 그렇게 하지 못한다면, 회원국들은 탈퇴해야 한다고 주장한다.

독일의 EU 지배는 반EU 정서를 강화하고 있다. 독일이 2015년 난민 100만 명을 수용하고 다른 나라들도 이를 따르도록 강요한 것은 영국과 헝가리 등 중유럽 국가들의 불만에 불을 질렀다. 독일은 EU 경제를 지배했다. EU의 시장 통합은 각국을 독일 상품에 의존하게 만들었다. 독일은 28개 EU 회원국 중 벨기에, 키프로스, 에스토니아, 아일랜드, 라트비아, 리투아니아, 룩셈부르크, 몰타, 포르투갈을 제외한 19개국의 최대 수입대상국이다. EU는 경제면에서 독일의 식민지가 된 것이다.

영국에서 오랫동안 전해 내려온 제4제국 음모론은 EU가 제1제국(신성로마제국 962년~1806년), 제2제국(독일제국 1871년부터 1919년까지), 제3제국(나치 독일 1933년부터 1945년까지) 이후의 독일제국의 화신이라고 언급하였다. 이러한 인식은 2016년 영국이 떠나도록 하는 충동심을 불러일으켰다.

초국가주의 모델은 보다 단결된 유럽을 만드는 데 성공했다. 그러나 국가의 정체성을 대체할 초국가적 정체성을 바라는 것은 비현실적이다.

영국 8

2016년 6월 23일, 영국은 유럽연합 회원국 유지 여부를 결정하는 국민투표를 실시했다. 그 결과 52%인 1,740만 명의 유권자가 영국이 EU를 탈퇴(브렉시트)하기를 원하는 것으로 나타났다.

영국은 1973년 EU에 가입했는데, 당시에 EU는 EEC로 알려져 있었다. 영국의 EU가입 아이디어는 에드워드 히스(Edward Heath)의 보수당 정부에서 나온 것이었고, 1974년 노동당이 선거에서 승리했을 때, 영국을 EEC에 잔류시켜야 하는지를 결정하는 국민투표가 실시되었다. 그 결과 67%(1,740만 명)가 영국의 EU 회원국 유지를 지지하는 투표를 했다. 오늘날에는 1,740만 명의 유권자들이 영국이 EU에서 탈퇴하는 데 투표하였다.

영국에서의 유럽 회의론 증가는 국민투표를 가능하게 했다. 2014년 유럽의회 선거 때는 나이절 패라지(Nigel Farage)가 이끄는 유럽 회의론 정당 영국독립당(UKIP)이 보수당과 노동당을 쓰러트리고 제1당이 됐다. 1910년 이후 처음으로 영국 정치의 보수·노동당의 복점* 현상이 깨졌다.

2015년 선거에서 데이비드 캐머런은 영국 국민이 EU 잔류 여부를 결정하는 국민투표를 실시하겠다고 약속했다. 그 목적은 보수당 안팎에서 유럽 회의론에 대한 지지자들의 입을 닫게 하는 것이었다.

2014년, 캐머런은 스코틀랜드가 영국에 잔류하거나 영국을 떠날 것을 결정하는 독립 여부 국민투표를 실시하였다. 스코틀랜드는 연방에 남기로 결정했다.

그 결과를 잣대로 삼아 캐머런은 잘못 계산했고, EU 국민투표의 결과가 그의 편을 들 것이라고 생각했다.

그런데 이번 결과는 예상 밖이었다. 캐머런은 이 결정에 동의하고 사임했으며, 역시 잔류파였던 테레사 메이가 그 뒤를 이었다. 메이는 2017년 3월 29일 탈퇴 신청서를 제출하였고, EU 법

---

* 복점(複占): 2개 업체에 의한 시장 독점.

에 따라 영국은 2년 후인 2019년 3월 29일 EU를 떠날 예정이었다.

그러나 브렉시트는 생각했던 것만큼 순탄하지 않았다. 당초 2019년 3월 29일에 EU를 탈퇴한다는 계획은 메이 총리가 제출한 탈퇴협정이 의회에서 부결되면서 무산됐다.*

탈퇴협정은 브렉시트 프로세스가 원활하게 진행되도록 하는 영국과 EU 간의 이혼법안과 같은 것으로, EU 탈퇴 충격을 최소화하기 위해 개인과 기업이 적응할 수 있는 전환조정 시간을 줄 수 있다. 다만 EU에 무릎을 꿇는 것으로 비쳐질 경우, 특정 약관이 브렉시트 당국(영국)의 기분을 상하게 하는데, 그 가운데는 북아일랜드와 아일랜드의 국경 문제에 대한 안전장치(backstop)** 제안이 있다.

분리주의 분쟁은 북아일랜드에서 격렬하게 일어났고(9장), 1999년 아일랜드와 북아일랜드의 국경을 개방하도록 하는 벨파스트 협정 이후에야 해결되었다. 영국이 EU를 떠나려면 아일랜드(EU 국경)와 영국 사이에 국경 통제가 이뤄져야 할 것이다. 메이 총리는 북아일랜드와 아일랜드 사이의 국경을 개방적으로 유지하기 위해 영국이 EU 관세동맹(동일한 대외관세 사용)에 잔류할 것을 제안했다.

메이 총리의 제안은 세 번이나 거절당했다. 영국은 2019년 3월 29일 브렉시트 시한을 넘겼고, 메이 총리는 사임하였으며, 보리

---

* 2019.1.15, 영국 하원, 브렉시트 합의안 부결.

** 영국이 EU 탈퇴 후에도 당분간 EU 관세동맹에 잔류하는 것.

스 존슨이 그 뒤를 이었다.

존슨 총리는 2019년 10월 31일 협상이 체결되든 아니든 영국을 EU에서 탈퇴시키겠다고 약속했다. 그러나 이 대담한 발언은 보수당 의원들 사이에 파문을 일으켰고, 그들 중 많은 의원이 존슨이 새로운 협상을 하도록 압력을 넣기 위해 당을 떠났다.

결국 존슨은 협상 테이블로 돌아올 수밖에 없었다. 비록 그가 새로운 거래를 성사시키고 안전장치(backstop)를 취소했지만, 대부분의 의원들은 그가 브렉시트 날짜를 2020년 1월 31일로 연기하기를 원했다. 존슨은 자신이 농락당하고 있다는 생각과 브렉시트가 영원히 지연될 수 있다는 생각에 두려워하며, 하원 다수당(650석 중 326석)을 확보해 브렉시트 관련 법안을 통과시키기를 희망하며 2019년 12월 12일 선거를 요구했다.

보수당은 마거릿 대처(1979년~1990년) 이후 가장 많은 의석(364석)을 차지하였다. 과반수 득표를 등에 업고, 존슨이 추진한 협상안은 358표 대 234표로 통과되었다. 마침내 드라마로 가득 찬 3년 후, 영국은 2020년 1월 31일 EU에서 탈퇴하였다.

보수당은 브렉시트당, 특히 노동당에서 엘리트들이 풀뿌리 계층의 사람들이 무엇을 원하는지 이해하지 못한 덕분에 승리하였다. 심지어 2016년 국민투표에서 영국 산업지역(잉글랜드 중북부)의 노동당 유권자들이 EU 탈퇴에 투표하였음에도 불구하고, 노동당 정치인들은 이에 귀를 기울이지 않고 브렉시트 중단을 위한 제2의 국민투표를 실시할 생각으로 장난치고 있었다. 이 지역 유권자들은 영국이 EU에 남아 있는 한 영국 산업이 계속 손해를 볼 것이라고 생각하였다.

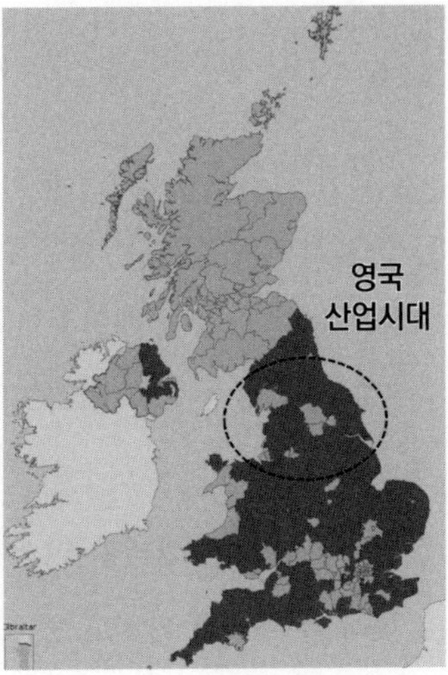

노동당의 브렉시트 지연에 실망한 유권자들은 보수당으로 향하였다. 블리스 밸리(Blyth Valley, 1950년 이후 노동당의 거점), 비숍 오클랜드(1935년 이후), 레이(Leigh, 1922년 이후), 뉴캐슬언더 라임(1919년 이후) 등 노동당의 거점들이 모두 보수당 지지 지역으로 바뀌었다.

브렉시트가 영국 경제에 미치는 영향에 대해 경종을 울리는 브렉시트 반대주의자들은 브렉시트의 가장 중요한 측면을 간과하였다. 브렉시트는 영국의 민족주의이다. 브렉시트 찬성자들의 경우 4장에서 논의한 것처럼 존엄성 문제, 우월욕망(megalothymia) 문제가 더 중요하며, 경제적 논쟁은 덜 중요하다.

브렉시트 찬성주의자들에게 2020년 1월 31일은 단순히 국제기구(그보다 더 EU는 초국가적 실체이다)를 떠나는 날짜 이상의 의미를 가지고 있다. 그날은 영국의 독립기념일로, 영국은 외교 및 경제 정책에 대한 통제권을 되찾았다. 존슨은 그것을 "진정한 국가 재건의 순간"이라고 묘사했다.

EEC는 영국이 그것의 일원이었을 때는 구조적으로 관대했다. 그러나 EEC 회원국들이 마스트리히트 조약(Treaty of Maastricht)을 통해 유럽연합(EU)을 설립하기를 원하자, 영국독립당(UKIP)의 창시자인 나이절 패라지를 포함한 영국 정치인들은 이에 반대하였다.

주권에 대한 민감한 태도는 영국의 섬 지리에 의해 형성된 해양 문화의 일부분이다. 해양국가들은 집단행동에 치우친 대륙국가와는 달리 자유와 개인주의를 선호한다.

영국의 해양 문화는 영국의 외교 정책에 대해 세 가지 생각할 거리를 제공한다. 유럽주의자들 외에도, 몇몇은 영국의 진정한 동맹국은 대서양 건너편 미국이라고 본다. 세 번째 노선은 영국이 독특한 가치를 가지고 있고, 독립적으로 생존할 수 있다는 믿음인 '화려한 고립(splendid isolation)'에 대한 생각을 지지한다.

물론 존슨은 미국과의 무역거래를 성사시키는 데 관심이 있지만 유럽주의자도 아니고, 대서양주의자도 아니다. 존슨은 동맹국의 필요 없이 세계의 4분의 1을 정복한 대영제국처럼, 영국의 잠재력이 자신의 발로 홀로 일어설 때 솟아날 수 있다고 믿는, '화려한 고립'의 지지자이다. 한마디로 "영국을 다시 위대하게 만들자!"라는 것이다.

해양 문화의 영향을 받은 영국은 EU에 대해 그렇게 협력적인 회원국이 아니었다. 다른 EU 회원국들이 유로화를 사용하는 동안 영국은 파운드화를 유지하였다. 영국은 또한 솅겐 조약에도 가입하지 않았다(EU 시민들은 여권 없이도 한 EU 국가에서 다른 국가로 자유롭게 이동할 수 있다). 이것은 유럽에 대한 영국의 깊은 회의감에서 비롯되었다.

역사를 통틀어, 영국의 생존에 대한 위협은 항상 유럽으로부터 왔다. 로마 외에도 프랑스의 정복자 윌리엄(William the Conqueror)

도 영국해협을 건너 1066년에 영국을 점령했다. 나폴레옹도 거의 그랬고, 2차 세계대전에서 유럽을 지배했던 히틀러가 런던을 폭격하기도 하였다.

영국해협이 유럽과 영국을 갈라놓는다 하더라도, 그것은 자연 장벽의 기능을 충분히 발휘할 수 없었다. 영국해협에서 가장 좁은 도버해협은 폭이 33km에 불과하다. 대부분의 경우, 영국은 공격을 기다리는 동안 가만히 앉아 있을 수 없었다. 위협을 가할 만큼 강력한 유럽 세력이 없음을 보장하기 위한 예방 조치가 필요하였다. 이와 같은 요인은 영국의 "분할통치(divide and rule)" 전략의 기원에 영향을 미쳤다.

이에 이끌려, 영국의 EEC 참여는 힘의 균형으로 작용했다. 영국은 연합된 유럽 국가들을 두려워하기 때문에, 그것에 참여하는 것은 힘의 균형을 맞추기 위한 것이었다. 다시 말해서, EU라는 살에 박힌 가시가 되는 셈이다.

"우리에게는 영원한 동맹도 없고, 영원한 적도 없다. 우리의 이익만이 영원하고 영속적인 것이며, 그 이익을 따라가는 것이 우리의 의무이다"라는 말은, 특히 영국의 파머스턴(Palmerston) 백작이 1848년에 한 말이다. EU를 떠나기로 한 영국의 행동은 다시 한번 영국의 실용주의를 입증하였다.

스코틀랜드와 북아일랜드 9

브렉시트의 성공은 영국이 이제 스코틀랜드와 북아일랜드에서 분리주의의 부상에 직면해야 한다는 것을 의미한다.

브렉시트는 영국 민족주의에 관한 것이기 때문에, 두 나라가 영국인처럼 비슷한 열정을 공유하지 않는 것도 당연하다. 스코틀랜드와 북아일랜드에서 민족주의는 영국 패권주의의 결정체인 영연방으로부터의 독립을 의미한다. 영국의 정체성이 그들에게 억지로 강요되어 있기 때문이다.

양국은 2016년 영국의 EU 회원국 유지 여부 국민투표에서 잉글랜드와 웨일스의 전반적인 탈퇴 결과와는 다른 성향을 나타냈다. 잉글랜드와 웨일즈에서는 53%가 탈퇴에 투표하였다. 북아일랜드에서는 44%의 지지율을 기록했고, 스코틀랜드에서는 38%의 지지율로 가장 낮은 투표율을 기록했다.

2019년 선거에서는 스코틀랜드와 북아일랜드에서 브렉시트 반대 정당들이 다수를 차지했다. 스코틀랜드 국민당은 스코틀랜드의 59석 중 48석을 휩쓸었다. 이와 함께 영연방 탈퇴와 아일랜드와의 합병을 지지하는, 신페인 · 사민 · 노동당 등 민족주의 정당이 처음으로 친영국 및 친브렉시트 성향의 민주통일당(DUP)보다 많은 의석을 차지하였다.

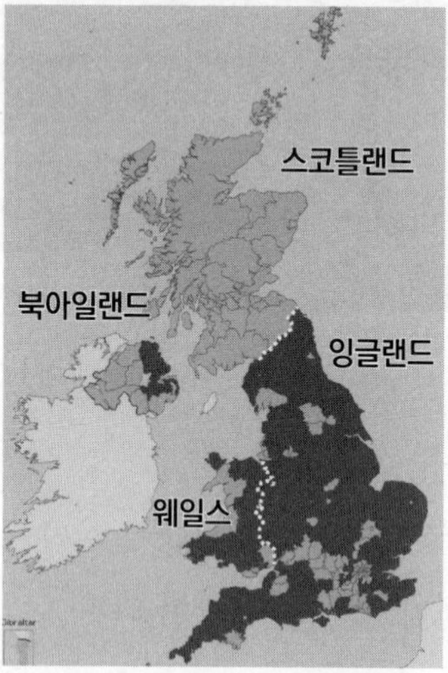

잉글랜드, 웨일스, 스코틀랜드, 북아일랜드 간의 다른 태도는 영국의 형성 과정에서 찾아볼 수 있다.

스코틀랜드, 웨일스, 북아일랜드는 영국과 같은 정체성을 공유하지 않는다. 그들은 앵글로 색슨족 출신인 영국인보다 훨씬 일찍 영국에 온 켈트족의 후손들이다.

아일랜드에서는 켈트족이 게일(Gaels), 스코틀랜드에서는 픽트(Pict)로 알려져 있다. 영국의 켈트족은 브리튼(Britons)으로 알려져 있는데, 여기에서 브리튼(Britain)이라는 이름이 유래되었다.

앵글로 색슨족은 5세기부터 주틀란드 반도(오늘날의 덴마크)에서 이주한 게르만족으로 구성되었다. 그들은 도착한 후, 이 땅을 무력으로 점령하고 7개의 왕국을 세웠다: 이스트 앵글리아, 메르시아, 노섬브리아, 켄트, 에섹스(Essex), 서섹스(Sussex), 웨섹스(Wessex).

927년, 웨섹스 왕국은 나머지 여섯 왕국을 영국 왕국으로 통일하였다. 잉글랜드라는 이름은 앵글 부족(Angle tribe)을 지칭하며, 프랑스어 "앙글르떼르(Angleterre, 앵글족의 땅)" 또는 라틴어 "앙글리아(Anglia)"에서 더 잘 나타나 있다. 1066년, 프랑스 출신의 노르만인 정복자 윌리엄이 영국 왕국을 정복하였다.

영국 국가 형성의 역사는 조지 R. R. 마틴의 판타지 대작인 『얼음과 불의 노래』에 영감을 주었고, 이는 나중에 텔레비전 시리즈인 〈왕좌의 게임〉으로 각색되었다. '최초의 인간들(First Men)'은 켈트족을, 안달족은 앵글로색슨족을, 그리고 웨스테로스(Westeros)의 7개 왕국은 앵글로색슨의 7개 왕국을 가리킨다. 정복자 윌리엄 이외에 정복자 애곤(Aegon the Conqueror)은 또 누구인가?

노르만 통치하에서 영국은 스코틀랜드, 아일랜드, 웨일스로 그 세력을 확장했다. 잉글랜드와 가장 가까운 웨일스는 1283년에 전자에 의해 정복되었고, 이후 수십 년 동안 앵글로색슨 문화에 동화되었다.

그다음은 아일랜드 차례로 1542년 아일랜드 왕국이 세워졌는데, 첫 번째 군주는 영국 왕 헨리 8세였다.* 아일랜드는 가톨릭 왕국이었고, 영국은 가톨릭 교회를 떠나 영국 성공회를 설립하였기 때문에, 헨리 8세는 아일랜드에 대한 영국의 지배를 확실히 하기 위해 영국 성공회와 개신교 교도들이 북아일랜드로 이주할

* 헨리 8세는 영국왕 최초로 자신을 아일랜드의 왕으로 칭했으며, 아일랜드 전체를 통틀어 완전한 장악력을 행사한 최초의 왕이었다.

것을 권장하였다.

스코틀랜드는 고지대 지형 때문에, 반항을 계속하여 정복이 더 어려웠다. 스코틀랜드가 영국과 연합한 것은 1603년이었다. 당시 영국 여왕 엘리자베스(헨리 8세의 딸)는 미혼으로 자녀가 없는 상태였기 때문에, 왕위는 엘리자베스의 오촌의 아들인 스코틀랜드 왕 제임스 스튜어트(James Stuart)에게 상속되었다.

스튜어트 왕조는 제임스 2세를 폐위시킨 1688년 명예혁명 이후에 끝났다. 제임스 2세는 가톨릭 신자였다. 그는 개신교에 대한 탄압으로 유명한 프랑스의 왕 루이 14세와 좋은 관계를 맺고 있었다. 그 후 영국의 개신교 귀족들은 개신교 신자인 네덜란드 출신의 오렌지공 윌리엄을 왕좌에 앉혔다. 1707년 영국의회는 영국과 스코틀랜드를 대(大) 영국(Great Britain)으로 공식적으로 통합한 연합법을 통과시켰다.

1801년, 영국은 아일랜드와 연합하여 영국 및 아일랜드 연합왕국으로 통합되었다. 유니언 잭(Union Jack)은 영국 국기에서 나온 성(聖) 조지(St. George) 십자가, 스코틀랜드에서 나온 성 앤드

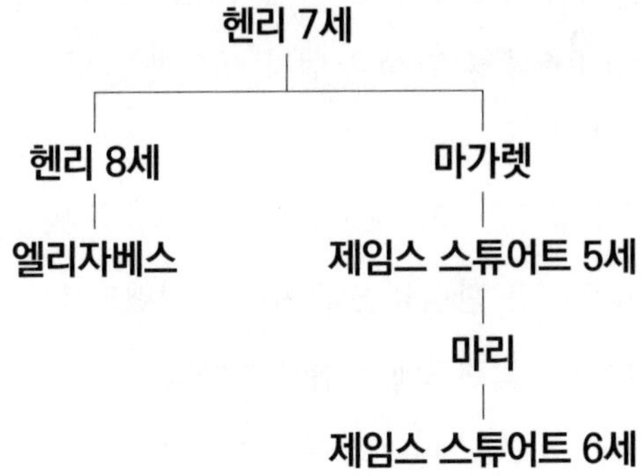

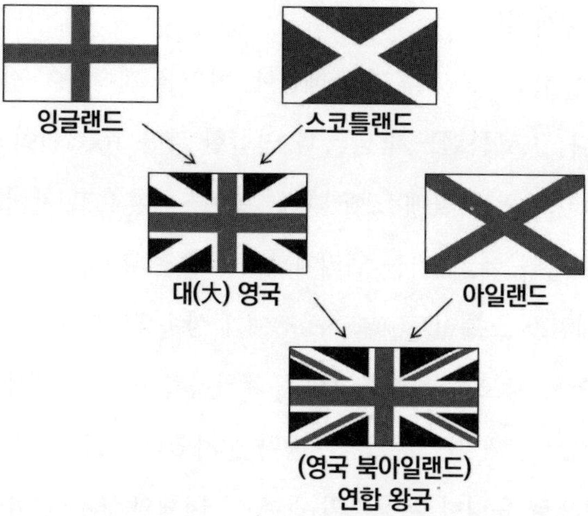

류 십자가, 그리고 아일랜드에서 나온 성 패트릭 십자가 등 세 독립체 모두를 위한 통일된 상징을 가지고 있다.

그러나 이 연합은 특히 가톨릭 신자가 다수인 아일랜드에서 영국의 패권주의가 발현된 것으로 비춰졌다. 아일랜드 사람들에 대한 차별은 1840년 감자 기근을 야기했고, 수백만 명의 아일랜드인들이 죽었으며, 대거 해외로 이주하였다. 그 후 아일랜드인들은 자치를 위해 싸웠다. 1918년 영국 선거에서 독립 지지 세력인 신페인당이 105석 중 73석을 얻자, 아일랜드 민족주의자들은 독립을 선언했다.

그 당시에 영국은 1차 세계대전의 대학살을 막 겪은 상황이었다. 그래서 영국은 반란을 일으키는 아일랜드를 통제할 수 없었다. 이에 따라 아일랜드에 독립이 찾아왔다. 그러나 인구의 대부분이 개신교도인 얼스터(Ulster)는 영국에 남기로 결정했다. 사실,

1918년 선거에서 얼스터의 과반수는 아일랜드 연합당*에 투표했다.

아일랜드의 독립은 웨일스와 스코틀랜드에서 '주변 민족주의(peripheral nationalism)'의 불을 지폈다. 웨일스 민족당(Pladid Cymru)이 1925년 웨일스에 수립되었다. 스코틀랜드 민족당(National Party of Scotland)은 1928년에 창당되었고, 이어서 1932년에 스코틀랜드당(National Party of Scotland)이 설립되었는데, 이 둘은 나중에 스코틀랜드 국민당(SNP)으로 통합되었다. 각자는 그들의 독립을 위해 싸웠다.

주변 민족주의에서 영국의 반응은 어느 당이 통치하느냐에 따라 달랐다. 보수당은 반대하는 입장이고, 노동당은 지지하는 입장이었다. 노동당 정부하에서, 1979년 스코틀랜드와 웨일스에서 각국에 의회를 설립하기 위한 자치위임 국민 투표가 실시되었다. 스코틀랜드에서는 52%가 지지했지만, 웨일스에서는 20%만 지지하였다. 사실, 스코틀랜드에서의 결과는 낮은 투표율 때문에 무효로 여겨졌다.

자치위임의 문제는 1979년부터 1997년까지 보수당 정부에서 배제되었다. 1997년 노동당이 정권을 잡았을 때, 다시 자치위임 국민 투표가 실시되었다. 이번에는 스코틀랜드와 웨일스 모두

---

* 아일랜드 연합당(Irish Unionist Party) 또는 단순히 연합당(Unionists)으로도 알려진 IUA(Irish Unionist Alliance)는 영연방 내에서 아일랜드의 자치 계획에 반대하기 위해 1891년 아일랜드충성애국연합(Irish Loyal and Patriotic Union)에서 설립한 정당.

의회를 설립하는 데 성공하였다.

북아일랜드의 의회는 1921년에 설립되었고, 얼스터 연합당(Ulster Unionist Party)에 의해 지배되었다. 그 당은 1968년 이래 북아일랜드 분쟁(The Troubles)으로 알려진 무장분쟁 이후 1998년에 해체되었다. 그것에는 북아일랜드를 해방시키기 위해 영국에 게릴라 공격을 가한 임시 아일랜드 공화국군(IRA)이라는 테러리스트 집단이 관여되어 있었다.

1998년 북아일랜드 분쟁을 종결시킨 벨파스트 협정이 체결되면서 북아일랜드 의회가 다시 설립되었고, 친영파인 민주연합당(DUP)과 친아일랜드 당인 신페인당이 장악하였다. 벨파스트 협정의 요점 중 하나는 아일랜드와 북아일랜드 사이의 국경선이 개방된 상태를 유지하도록 보장하는 것이었다.

브렉시트는 중앙정부와 스코틀랜드, 북아일랜드 사이에 이미 소원해진 관계를 악화시키고 있다. 스코틀랜드에서는 2019년 선거에서 스코틀랜드 국민당(SNP)이 승리한 데 이어, SNP 대표이자 스코틀랜드 제1장관인 니콜라 스터전(Nicola Sturgeon)이 영국 잔류 여부를 결정하기 위한 또 다른 국민투표를 하자는 소망을 표명하였다.

2014년에 독립 여부에 관한 국민투표가 실시되었으며, 스코틀랜드 국민의 55%가 '아니오'에 투표하였지만, 이는 브렉시트 이전의 상황이었다. 그러나 국민투표를 실시할 수 있는 권한은 스코틀랜드 정부가 아닌 중앙정부의 손에 달려 있다.

북아일랜드에서는 메이 총리와 존슨 총리가 북아일랜드와 아일랜드 사이의 열린 국경을 유지하기 위해 노력하였지만, 브렉시트가 예전에는 유럽의 '가족'으로 뭉쳤던 양국을 여전히 갈라놓고 있다. 분리주의의 위험이 다시 한번 도사리고 있다.

웨일스에서는 독립에 대한 생각이 지지를 얻지 못하고 있다. 사실, 웨일스 민족당(Plad Cymru)은 이 나라의 다수당도 아니다. 웨일스는 영국에 동화되었고, 북아일랜드나 스코틀랜드처럼 정치적인 위기도 없다. 웨일스는 2016년 국민투표나 2019년 선거에도 불구하고 연방에 남아 있다.

'영국 북아일랜드 연합왕국'이 스코틀랜드와 북아일랜드의 퇴출로 이름을 '리틀 브리튼 연합왕국'으로 바꿔야 할지 여부는 향후 5년 내 보리스 존슨 총리의 재치에 달려 있다.

스페인 10

2019년 카탈루냐는 다시 한번 혼란에 빠졌다. 2019년 10월 14일, 스페인 대법원은 카탈루냐 전(前) 지도자 9명에게 '폭동 선동' 혐의로 징역 9년에서 13년형을 선고했다. 이번 체포영장은 벨기에로 망명을 신청한 카를레스 푸이그데몬(Carles Puigdemont) 전 카탈루냐 자치정부(Generalitat, 헤네랄리타트) 대통령에게 발부됐다.

법원은 2017년 10월 27일 카탈루냐 독립 국민투표와 일방적인 독립선언에서 행한 그들의 역할이 반역 행위라고 판결했다. 이는 또한 스페인 중앙정부가 앞서 언급한 날짜 이후 친독립 지도자들을 체포하기 위해, 카탈루냐 의회를 해산시키기 위해 사용한 변명이기도 했다.

법원의 판결은 독립 찬성파인 카탈루냐인들 사이에서 분노를 불러일으켰다. 대규모의 시위대가 스페인에서 두 번째로 큰 도시이자 카탈루냐의 수도인 바르셀로나로 물밀듯이 밀려들었고, 이로 인해 많은 항공편이 결항되었다.

카탈루냐 분리주의는 새로운 것이 아니다. 그것은 스페인 국가 건설에 있어서 실패의 연장선에 있는 것이다. 카탈루냐를 제외한 바스크와 갈리시아 같은 지역에서 주변 민족주의가 자리를 잡았다. 바스크에서는, 그들의 독립 요구를 위해 테러 전술을 사용한

테러단체 '바스크 조국과 자유(ETA)'가 2018년 해체될 때까지는 스페인의 안보에 가시와 같은 존재가 되었다.

스페인이 형성되기 전 이베리아반도 남부 지역은 이슬람 왕국 코르도바, 알모라비드(알무라비툰), 알모하드(알무와히둔)를 세운 이슬람교도들이 장악했다.

각 왕국은 고유의 언어를 가지고 있고, 대부분의 언어들은 서로 이해할 수 없었다. 나바르에서 사용되는 언어는 바스크어, 즉 유스케라어(Euskera)로 스페인어와 다르다. 사실, 스페인어로 알려진 것은 카스티야에서 사용되는 언어이다.

수세기 동안 전쟁을 치른 후 카스티야, 아라곤, 나바르, 그라나다(이슬람 왕국)가 유일하게 남아 있는 잔재였다. 따라서 두 왕국은 왕조 연합을 형성했다(9장에 설명된 영국과 스코틀랜드의 연합과 다르지 않다). 1492년 그라나다가 함락되고 1524년 나바르가 함락된 후, 포르투갈만 제외하고 이베리아 반도 전체가 카스티야-아라곤 왕조 연합 의해 통일되었다.

당시 카탈루냐는 아라곤 왕국의 공국(公國)이었으며, 자치행정 체계를 가지고 있었다. 카탈루냐인은 카스티야에 의해 경제적으로 착취당했다고 느꼈기 때문에 카스티야-아라곤 연합에 불만을 품었다. 1640년과 1687년 카탈루냐 독립공화국을 수립하기 위한 반란이 있었지만 소용이 없었다.

1700년, 카스티야-아라곤 왕조의 마지막 왕 카를로스 2세가 후계자를 남기지 못하고 사망했다. 왕위는 프랑스의 왕과 결혼한 카를로스 2세의 여동생 펠리페 5세에게 물려졌다. 그러나 오

스트리아가 카스티야-아라곤에 대한 왕위 계승권을 주장하였으며, 이 분쟁으로 스페인 왕위 계승 전쟁이 발생하였다. 카탈루냐는 후자의 편을 들기로 결정했고, 그것은 펠리페 5세의 분노를 불러일으켰다.

1714년 9월 11일, 펠리페 5세는 바르셀로나를 정복했다. 카탈루냐에 대한 지배권을 확립한 펠리페 5세는 자치행정 체계(Generalitat)를 해산시켰다. 오늘날 이 날짜는 당시 비극을 기념하기 위해 카탈루냐 국경일로 지정되었다.

또한 펠리페 5세는 1716년에 카스티야와 아라곤을 에스파냐(스페인)로 통일하기 위해 국가기본법(Decretos de Nueva Planta)을 도입했다. 카스티야의 수도인 마드리드가 스페인의 수도가 됐지만,

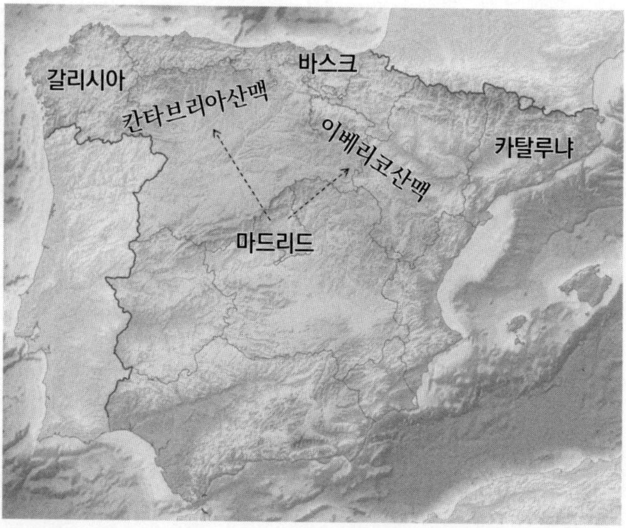

기대했던 스페인 통일은 이루어지지 않았다. 독일과 프랑스와 같은 국가 정체성을 구축하는 데 있어, 산이 많은 스페인의 지리가 걸림돌이 되었다. 동일한 요인이 카스티야-아라곤 연합 이전에 수천 년 동안 작용하였다.

주변 민족주의는 19세기부터 20세기까지 카탈루냐에서 번성했다. 카스티야-아라곤의 예속 이전에 독립한 다른 지역들(갈리시아와 바스크)에서도 마찬가지였다. 고유 언어는 카스티야의 패권국가로 인식되었던 스페인으로부터 분리된 국가를 세우려는 욕망의 촉매제가 되었다.

1931년, 군주 통치가 끝나고 스페인 제2공화국을 위한 길이 열렸다(제1공화국은 1873년에 수립되었으나 단명하였다). 공화국 시절 카탈루냐어, 갈레고어(Galego), 유스케라어는 자치권과 더불어 카탈루냐, 갈리시아, 바스크에서 공식 언어로 인정받았다.

그러나 공화국은 너무 사회주의적으로 비쳤고, 민족주의자들의 반대에 부딪혔으며, 프란시스코 프랑코 장군의 승리로 끝난 스페인 내전(1936~1939)으로 이어졌다. 그는 카탈루냐의 자치권을 취소하고, 카탈루냐어의 사용을 금지했으며, 카탈루냐가 공화국 정부의 가장 확고한 지지자였기 때문에 카탈루냐에 엄청난 압력을 가했다.

바르셀로나와 레알 마드리드 축구 클럽(엘 클라시코)의 경쟁은 카스티야-카탈루냐 경쟁의 연장선상에 있었다. FC 바르셀로나의 구단주인 조세프 수뇰(Josep Sunyol)은 1939년 사회주의 정치와 카탈루냐 독립에 적극적으로 관여한 죄로 살해되었다. 프랑코 총통은 바르셀로나 로고에 있는 빨간색과 노란색 줄무늬를 금지했는데, 그것이 세니에라(Senyera)로 알려진 아라곤 왕관을 상징하기 때문이었다.

프랑코는 1975년에 사망하였으며, 이에 따라 스페인에 민주적 전환이 이루어졌다. 카탈루냐인은 이를 이용해 1977년 자치권을 요구하는 시위를 벌였다. 그다음 해에, 스페인 총리 아돌포 수아레스는 카탈루냐에 자치정부를 다시 세웠다.

이러한 노력에도 불구하고, 카탈루냐인은 여전히 자신들을 스페인으로부터 분리된 국가로 생각하고 있다. 실제로 그 지역이 스페인에서 GDP가 가장 높은 지역(스페인 GDP의 20%)이며, 스페인 경제의 25%를 기여했다. 카탈루냐인은 자신들의 영토가 중앙정부에 의해 더 가난한 지방들에 보조금을 지급하기 위해 이용된다고 보고 있다. 이러한 정서는 2010~2012년 EU 경제 위기 이후 최고조에 달했고, 2012년 독립 시위를 이끌었다.

자치정부는 2014년 11월 9일 제1차 독립 국민투표를 실시하였다. 80% 이상이 독립에 대한 열망을 나타냈다. 그러나 헌법상 중앙정부만이 국민투표를 실시할 수 있기 때문에, 중앙정부는 마드리드에서의 결과를 부정했다. 아르투르 마스(Artur Mas) 자치정부 대통령은 해임되고, 푸이그데몬(Puigdemont)으로 교체되었는데, 그는 3년 후에 똑같은 행동을 반복하였다.

카탈루냐의 혼란은 2013년 설립된 포퓰리즘 민족주의 정당 복스(Vox)를 탄생시켰다. 복스는 이민을 반대하는 것 외에, 1978년부터 시행돼온 영토자치에 반대하며 마드리드로 복귀하기 위해 권력의 중앙집권화를 원하고 있다.

복스는 처음에는 미온적인 반응을 얻었지만, 2019년 10월 바르셀로나에서 열린 시위는 복스에 대한 지지가 증가하는 계기가 되었다. 2019년 11월 이후 스페인 의회 내 의석수 350석 중 52석을 차지해 28석을 늘리면서, 세 번째로 큰 정당이 되었다. 점점 더 많은 사람이 복스와 노선을 같이하고 있는데, 그들은 영토자치가 불안의 근원이며, 이것이 스페인의 중심부와 주변부 간의 사회적 갈등을 악화시킨다고 생각한다.

이탈리아 11

2018년 이탈리아는 총선에서 5성 운동(Movimento 5 Stelle 또는 M5S)과 북부동맹당(Lega Nord 또는 레가)의 두 포퓰리즘 정당이 가장 많은 의석을 차지해, 1994년 이래로 이탈리아 정치를 지배해온 두 개의 전통 정당인 민주당(중도좌파)과 '전진 이탈리아당(Forza Italia, 중도우파)'을 각각 3위와 4위로 밀쳐내면서 전 세계를 충격에 빠뜨렸다.

M5S와 레가는 반엘리트주의, 반세계화, 반EU(유럽회의주의)를 지지하는 그들의 선언 때문에 포퓰리즘으로 불린다. 양당 모두

포퓰리즘 성향이지만 M5S는 좌파, 레가는 우파 쪽으로 기울어 이념적으로 대립하고 있다. M5S는 환경주의와 직접 민주주의에 초점을 맞추고, 레가는 북부 이탈리아(Padania로 알려져 있음)와 반 이민 정책에 초점을 맞추고 있다.

양당이 다수를 차지하지 못해서 서로 통합하여 2018년 6월 정부를 구성하였다. 주세페 콘테(Giuseppe Conte, 어떤 정당의 당원도 아닌 중립적인 정치인)가 총리로 지명되었고, M5S와 레가의 지도자인 루이지 디 마이오(Luigi Di Maio)와 마테오 살비니(Matteo Salvini)가 부총리로 임명되었다.

그들의 유럽 회의론적 시각 때문에, 많은 사람은 M5S와 레가 정부가, 특히 2019년 1월 현재 경기 침체에 빠진 이후, EU의 긴축정책에 반대하지 않을까 우려하고 있다. 사람들이 염두에 둔 것은 영국이 EU를 떠날 때 이탈리아가 영국을 따라갈 가능성이 있고, 따라서 EU의 신뢰를 뒤흔들 수 있었다는 점이다. 하지만 얼마 지나지 않아, 2019년 9월 통합정부가 무너졌다. 살비니는 콘테에게 불신임 투표를 했고, 선거를 촉구했다.

그럼에도 불구하고 콘테는 자신의 입장을 옹호했고, M5S가 이전의 적이었던 민주당과 함께 정부를 구성하도록 설득했다. "영원한 적은 없다!"

이탈리아의 토리노와 프랑스의 리옹을 잇는 고속철도에 대한 불화가 그 몰락으로 이어졌다. M5S는 환경 문제를 이유로 그 프로젝트에 반대했다. 그것은 이탈리아 북부의 경제적 이익을 최우선으로 한 레가를 불쾌하게 만들었다.

두 당의 갈등은 단순히 환경이나 경제를 둘러싼 싸움을 넘어서는 것이다. 그것은 북이탈리아와 남이탈리아 사이의 정체성 충돌의 연속이다.

이탈리아는 스페인처럼, 이른바 지역애국주의나 그들이 애향심(campanilismo, 캄파닐리스모)으로 부르는 것에 의해 족쇄가 채워졌다. 나라를 분열시킨 주요 지역 정체성은 북쪽과 남쪽 사이의 것으로서, 이탈리아의 지리와 역사에 의해 형성되었다. 중앙의 아펜니노(Apennine)산맥은 북쪽과 남쪽의 지역을 분리시켰고, 따라서 둘 사이의 상호작용이 제한되었다.

지리적 구성은 서기 480년 서로마 제국이 멸망한 이후 거의 1,400년 동안 이탈리아 반도 분단의 원천이었다. 1492년 이탈리아 반도는 이베리아 반도보다 훨씬 더 분열되어 있었다: 북쪽에

는 베네치아, 밀라노, 사보이, 제노바, 피렌체가 있었고, 중앙에는 교황령(가톨릭 교황의 통치하에 있는 지역)이 있었으며, 남쪽에는 나폴리와 시칠리아가 있었다. 분열된 이탈리아는 피렌체 출신의 니콜로 마키아벨리(1469~1527)와 같은 정치적 사상가들을 낳았고, 그는 이탈리아 통합을 이루기 위해 군주들에 의한 현실 정치를 지지했다.

카보우르(Cavour)에서, 마키아벨리의 꿈은 1861년 이탈리아를 이탈리아 왕국으로 통합한 사르디니아 왕국(전 사보이아 공국)의 총리 카밀리오 벤소(Camilio Benso)에 의해 실현되었다.

통일 과정은 북쪽에서 남쪽으로 시작되어 사르디니아가 두 시칠리아 왕국을 정복하면서 끝이 났다. 이후 사르디니아에서 온

왕은 통일된 이탈리아의 왕이 되었고, 시칠리아의 두 왕위는 폐지되었다.

이탈리아 북부의 평평한 지리적 표면은, 포(Po)강의 축복을 받아, 고급 포도주(이탈리아는 최대 포도주 생산국이다) 생산에 사용되는 피노그리지오 포도, 네비올로 포도 재배 등 고부가가치 농업에 적합할 뿐만 아니라, 프랑스(Rhone-Alpes, 론알프스)와 독일(Baden-Wurtemberg, 바덴뷔르템베르크)의 산업 중심지와의 인접성으로 인해 산업혁명의 파급효과 이익을 누렸다. 롬바르디아(Lombardia)는 카탈루냐, 론알프스, 바덴뷔르템베르크와 함께 "유럽의 4대 자동차" 산업지대로 알려져 있다. 이탈리아의 유명한

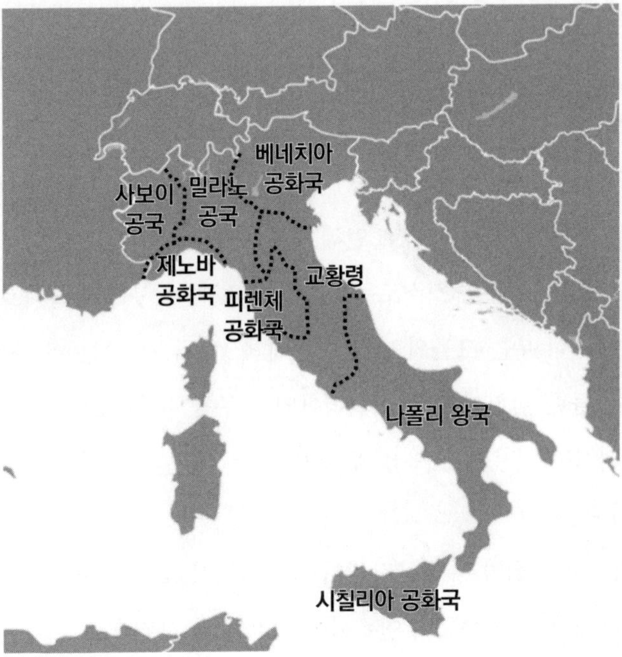

자동차 제조업체인 피아트와 알파 로미오는 토리노에 있다.

반면에, 남부 이탈리아는 농업에만 의존할 수 있었고, 종종 그것의 지리적 요인에 의한 관개(灌漑) 문제로 곤경에 처했다. 가난 때문에 많은 남부 이탈리아인이 미국과 같은 다른 나라로 이주해야만 했다. 마피아도 남쪽(시칠리아)에서 유래했다.

오늘날 GDP가 가장 높은 이탈리아 10개 지역 중 8개 지역이 북부 지역에 있으며, 이로 인해 북부 이탈리아인은 우월감을 느끼고 있다. 그들은 스스로를 진정한 이탈리아 부의 창출자로 인식한다. 이 부는 그들의 남쪽 상대에게 보조금을 주는 데 사용된다. 그들은 심지어 남부 이탈리아인을 부를 때 "테로네(terrone, 벌판에서 일하는 사람, 촌뜨기)"와 같은 경멸적인 용어를 사용하기도 한다.

이러한 우월감은 축구장에서도 느껴진다. 2018년 6월 유벤투스 15세 이하 선수들이 연루되어 논란이 된 사건으로, 이들은 나

폴리를 비롯한 남부 이탈리아인이 비누를 쓰기엔 너무 가난한 것처럼 비하한 'Napoli usa il sapone(나폴리, 제발 비누 좀 사용해라)'라는 문장이 담긴 구호를 외치며 모욕을 퍼부었다.

유벤투스는 피에몬테(Piemonte) 지역의 수도(구 사보이-사르디니아 왕국의 수도)인 토리노를 대표하는 클럽이다. 나폴리는 두 시칠리아 왕국의 수도였다.

북이탈리아인의 우월감은 또한 북쪽과 남쪽 사이의 인종적 차이와 관련이 있다. 대부분의 북부 이탈리아인은 북유럽과 중부유럽인처럼 갈색 머리카락과 더 하얀 피부를 가지고 있는 반면, 남부 이탈리아인은 검은 머리카락과 검게 그을린 피부를 가지고 있다. 전자는 그들이 켈트족의 후손이라고 믿었기 때문에, 북아프리카의 아랍인, 베르베르인 등과 섞여 있는 후자를 경멸하였다.

그래서 레가와 M5S의 충돌은 150년 동안 계속되어온 남북 정체성 충돌의 연장선이다. 각 정당은 출신 지역에 거점을 두고 있다. M5S는 태양에너지 생성에 더 적합한 남쪽에 도움이 되기 때문에, 녹색에너지 등 환경주의를 표방한다. 그들은 HSR과 같은 대규모 프로젝트가 북부인에게 이익이 되는 것에 대해 불쾌해한다. 레가는 북이탈리아의 자치권을 옹호해서 재정의 대부분을 남쪽과 나누지 않고 온전히 유지할 수 있도록 하고, 그들의 혈통상의 명예와 존엄성을 더럽히는 것으로 보았던 북아프리카와 중동에서 온 이민자들을 제한할 수 있도록 하고자 한다.

영국, 스페인, 이탈리아의 지역주의는 내부 정치적 갈등을 초래할 뿐만 아니라 EU에도 영향을 미친다. 이러한 상황은 EU의 경제와 지정학을 전반적으로 불안정하게 한다. 이 기구는 처음에 더 강한 유럽을 위한 길을 만들기 위해 모든 유럽 국가를 통합하기 위해 결성되었다. 그럼에도 불구하고, EU는 이제 한 지붕 아래 문제가 있는 국가들의 집합체일 뿐이다.

러시아 12

러시아 이외에 EU가 혼란스러워하는 것을 지켜보는 것이 더 기쁜 나라는 없다. 러시아는 2014년 우크라이나 사태(13장 참조) 이후, 크림반도 병합과 더불어 우크라이나 내 분리주의자들을 후원한다는 이유로 EU의 제재를 감내해야 했다. 그 제재는 2014~2015년 상품 위기와 함께 경제를 마이너스 GDP 성장으로 추락시켰다. 사실 오늘까지 러시아는 여전히 불황 탈출을 위해 고군분투하고 있다.

EU가 회원국들을 하나로 묶지 못한다면 EU는 러시아를 상대할 시간을 가지지 못할 것이다. 설상가상으로, 푸틴은 마린 르펜(프랑스 국민전선 지도자), 살비니(이탈리아 레가 노르드 지도자), 빅토르 오르반 등 EU에 대해 불친절한 태도를 가진 포퓰리스트 정치인들에게 높은 평가를 받고 있다. 이코노미스트와 같은 세계화주의자 및 친EU 미디어는 그들이 유럽을 분열시키고 정복하기 위해 비밀리에 러시아가 후원한 트로이의 목마라고 추측하는 것을 서슴지 않았다.

이러한 언론들에게, 크림반도를 병합하려는 러시아의 움직임은 러시아 제국(1721~1917)과 소련(1922~1991)을 재건하려는 푸틴의 야망을 드러낸 것으로 평가된다. 그러나 푸틴과 그의 지지자들의 관점에서 볼 때, 그가 한 모든 일은 국익을 옹호하기 위해서 한 것이었다.

러시아의 국익을 이해하려면, 그 나라의 지리를 살펴봐야 한다. 서유럽 국가들과 달리 러시아는 거의 자연적인 장벽을 가지고 있지 않다. 러시아의 서부는 산도 사막도 없는 광활한 평야로, 유럽 열강들에게 열려 있다.

고난의 시대(1598~1613)*에 공격한 폴란드-리투아니아 연방(1569~1795)을 시작으로, 1812년 나폴레옹 보나파르트(1803~1815), 1920년 폴란드, 1941년 나치 독일(1933~1945) 등 러시아인들은 수많은 침략에 저항해야 하는 많은 고통을 겪었다.

---

* 러시아의 암흑기. 이 시기에 러시아는 정치, 사회적으로 불안정한 모습을 보였고, 2년 만에 전체 인구의 3분의 1이 굶어 죽었다.

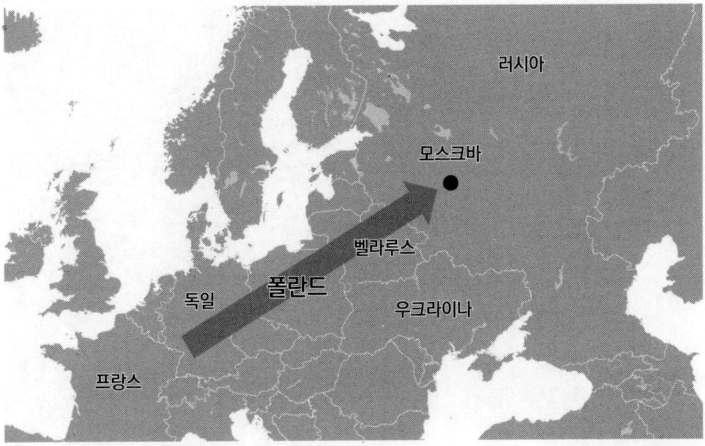

모스크바가 서쪽 국경 가까이에 위치하기 때문에 이러한 침략은 러시아의 생존을 위협한다.

따라서 안전을 보장하기 위해 러시아는 완충지대를 만들어야 했다. 2차 세계대전 동안, 소련은 나치와의 전쟁에서 동유럽 국가들을 성공적으로 정복했다. 이 국가들에서 소련은 친소련 공산주의 정권을 수립했다. 그 국가들은 소련에 의해 만들어진 바르샤바 조약의 회원국이 되었다. 만약 서유럽 국가들이, 예를 들어 영국, 프랑스, 서독이 또 다른 침략을 감행한다면, 동유럽 동맹국가들이 장벽 역할을 할 것이다.

1989년에는 완충지대 국가들의 공산주의 정부가 도미노처럼 몰락하고, 더 민주적이고 자본주의적인 정부로 대체되었다. 소련은 러시아 서부 국경에 위치한 에스토니아, 라트비아, 리투아니아, 벨라루스, 우크라이나, 몰도바 등 6개 국가를 포함해 15개국으로 분리되었다. 그래서 러시아는 2차 세계대전 이후 완충지대

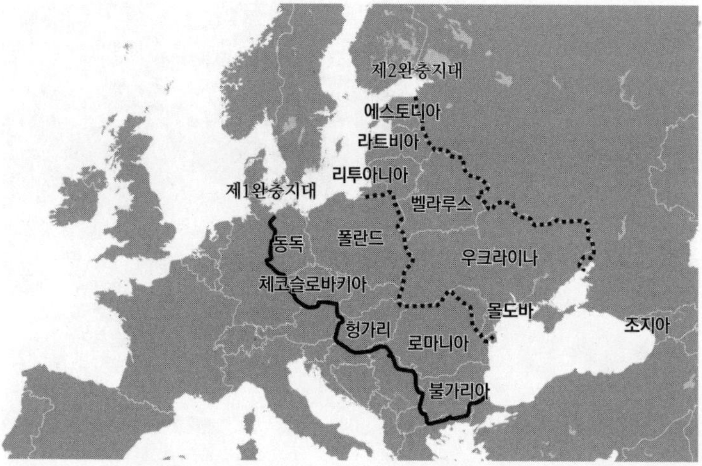

를 잃었을 뿐만 아니라, 러시아 제국 시절부터 물려받은 영토도 잃었다.

이 나라들이 중립국이라면 큰 문제가 아닐지도 모른다. 그러나 러시아인들을 짜증 나게 하는 것은 이 나라들이 NATO에 가입했다는 사실이다. 1999년에 폴란드, 체코, 슬로바키아를 시작으로 2004년에는 루마니아, 불가리아, 에스토니아, 라트비아, 리투아니아가 그 뒤를 이었다. 나토는 미국의 협정이고, 미국은 러시아와 편안한 관계에 있지 않기 때문에, 나토의 확장은 러시아를 심각한 처지에 놓이게 했다.

그러나 러시아는 그것이 조지아, 벨라루스, 우크라이나 등 러시아의 레드라인을 넘지 않는 한 여전히 이에 대해 인내심을 보였다. 그 나라들은 러시아와 직접 국경을 접하고 있으며, 그들이 적과 동맹하는 것은 러시아에는 위험천만한 일이다.

따라서 조지아가 2008년 나토에 가입하려고 하자 러시아는 조지아에 대한 공격을 개시했다. 다음으로 2014년 우크라이나에서 친러시아 정부가 무너지고 반러시아 정부로 교체됐을 때, 푸틴은 반러 정부로부터 크림반도를 병합하는 것에 대해 재고의 여지도 두지 않았다.

왜 크림반도인가? 국경 문제와는 별도로, 러시아의 또 다른 가장 중요한 정치적 문제는 부동항의 이용불능이다.

러시아는 극도로 높은 위도, 즉 북극 근처에 위치해 있다: 러시아의 절반이 항상 얼음으로 덮인 영토에 있을 때, 나머지 절반은 3개월 동안 추운 날씨를 경험할 것이다. 그래서 러시아는 3개월 동안 얼게 되는 해역 덕분에 사계절 사용할 수 있는 항구가 없다. 이런 상황은 러시아의 경제 성장(화물을 선적할 수 없음)뿐만 아니라, 안보(군함 배치 불가)에도 저해 요인이다.

이러한 요인들에 기초하여, 제국의 전성시대부터 러시아는 부

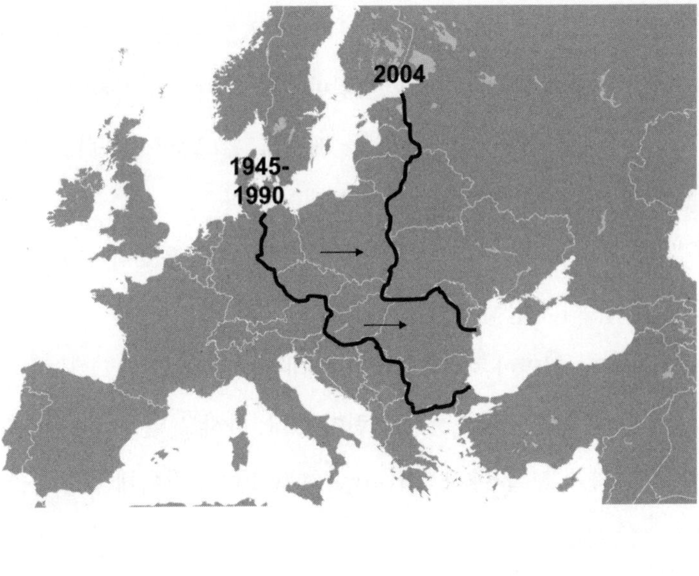

동항에 접근할 수 있도록 노력하였다. 자국의 주요 부동항 중의 하나는 1783년 이래로 러시아가 관리하던 크림반도의 세바스토폴 항구였다. 1954년, 소련 정부는 크림반도를 소련의 일원인 우크라이나에 속하는 것으로 윤곽을 그렸다. 그러나 소련 해체 이후 크림반도는 독립된 우크라이나의 것이 되었고, 러시아는 우크라이나로부터 세바스토폴을 임대해야 했다. 2014년의 혼란은 푸틴에게 세바스토폴을 잃는 것에 대한 두려움을 불러일으켰고, 그는 크림반도를 단호하게 합병하였다.

미-러 경쟁의 맥락에서, 크림반도의 상실은 러시아에게는 탈출구(출구)의 상실로 해석된다. 지도를 들여다보면 러시아의 지리가 얼마나 도전적인지 알 수 있다. 거의 모든 출구가 적대적인 국가들의 통제 아래에 있다. 크림반도만 러시아가 흑해를 통해 지중해에 접근할 수 있는 공간을 제공하고, 그것조차도 나토 회원국인 그리스와 터키에 의해 봉쇄되어 있다.

푸틴은 최근 몇 년간 터키가 미국과 그다지 우호적이지 않게 되면서 좀 더 편안하게 숨을 쉴 수 있게 되었다.

러시아의 시리아 아사드 정권에 대한 전폭적인 지원은 바다에 접근해야 하는 필요성과 관련이 있다. 바샤르 알 아사드의 아버지인 하페즈 알 아사드(Hafez al-Assad)는 소련에게 타르투스

(Tartus) 항구에 대한 접근을 허용했다. 오늘날, 라타키아(Latakia) 항구는 러시아가 지중해로의 전력 투사(power projection) 목적으로 사용하고 있다.

푸틴은 소극적 침략(나토의 도박을 본뜬 행동)을 넘어 러시아 · 벨라루스 · 아르메니아 · 카자흐스탄 · 우즈베키스탄 · 타지키스탄으로 구성된 유라시아경제공동체를 설정해 세력권을 구축하려 했다. 실제로 벨라루스, 아르메니아, 카자흐스탄, 키르기스스탄 등도 군사조약인 집단안보조약기구(CSTO) 가입국이다.

오늘날 러시아가 막다른 골목에 갇힌 것은 1991년 소련의 붕괴로 야기된 것이다. 1990년대 러시아가 공산주의에서 자본주의

와 민주주의로 이행한 것은 혼란의 씨를 뿌렸고, 이는 미국과 동맹국들이 러시아를 끝장내기 위해 움직일 수 있도록 하였다. 러시아는 푸틴의 지도 아래에서만 강대국의 지위를 회복할 수 있었다.

푸틴은 후계자들이 러시아의 국익을 수호할 수 있는 동일한 힘을 가질 것이라는 자신이 없기 때문에, 이 모든 것이 푸틴으로 하여금 더욱 권력 상실을 두려워하게 만들었다. 2008년 대통령 임기가 끝난 후 푸틴은 총리가 되었고, 2014년 대통령으로 복귀하였다.* 그와는 별개로, 그는 2024년 이후에도 대통령직을 유지할 수 있도록 재선 제한을 폐지하기를 원하고 있다. 아마도 그것은 안보와 안정을 확보하기 위해, 이반 4세, 피터 대왕, 스탈린, 브레즈네프, 그리고 푸틴과 같은 독재적인 지도자들을 항상 필요로 하는 러시아의 운명인지도 모른다.

---

* 러시아는 중임제이지만 3연임 제한규정으로 푸틴은 총리가 되는 편법을 통해 다시 대통령이 되었다.

우크라이나 13

2014년까지 소수의 독자만이 우크라이나에 대해 들었을 것이고, 그것은 아마도 축구 스타 안드레이 셰브첸코(Andrey Shevchenko) 때문일 것이다. 2014년 7월 17일 운명의 날에 MH17 비행기가 추락하면서 우크라이나는 언론의 주목을 받았고, 이어서 분쟁이 발생하였다.

MH17의 비극은 우크라이나 내전 중 돈바스 지역(루한스크와

도네츠크)에서 일어났다. 유로마이단 시위*는 2013년 11월부터 2014년 2월까지 전쟁을 촉발시켰다. 유로마이단 시위는 우크라이나를 EU에 가입시키기 위한 협상을 중단시킨 빅토르 야누코비치에 반대하는 대규모 시위운동으로서, 키예프에 있는 마이단 네잘레즈노스티(Maidan Nezalezhnosti)**에서 일어났다. 야누코비치 대통령은 2014년 2월 21일 러시아로 망명을 신청하기 전에 반러 감정이 고조되어 사임했다. 그는 러시아인을 그다지 좋아하지 않는 페트로 포로셴코(Petro Poroshenko)로 대체되었다.

푸틴 대통령은 크림반도를 잃을 것을 우려해 러시아군에 크림반도를 점령하라고 명령했고, 2014년 3월 16일 크림반도를 러시

---

* Euromaidan(친유럽 성향의 우크라이나인들) protest. 2013년 11월에 우크라이나에서 시작된 일련의 반정부 시위로서, '친유럽 시위'를 말함.

** '중앙광장'이라는 뜻.

아의 일부로 만들기 위한 국민투표를 실시했다. 이 행사에 이어 친러 폭도들이 도네츠크와 루한스크의 지방정부를 장악하는 한편, 이 과정에서 '도네츠크 인민공화국'과 '루한스크 인민공화국'이 선포되었다.

중앙정부와 분리주의자들 사이의 전쟁의 부수적인 피해는 MH17편이었는데, 이는 전투원 중 한 명이 적기로 잘못 식별했기 때문이다. EU는 러시아가 분리주의 무장세력을 지원했다는 비난을 받았기 때문에 러시아에 제재를 가했다.

도네츠크와 루한스크가 독립을 선언한 뒤에도, 두 국가 모두 노보로시야 연방(Novorossiya Federation)을 '신러시아'로 선언했다.

노보로시야라는 용어는 흑해와 접한 러시아 지역을 가리키는 말로, 역사에서 찾아볼 수 있다. 우크라이나는 1783년 러시아가 크림 칸국을 정복한 후에도 아직 생겨나지 않았다. 대신, 오늘날 우크라이나의 동쪽 지역은 '말로러시아(Malorussia)', 즉 리틀 러시아(Little Russia)'로 알려졌다. 이는 이전의 코사크 영토와 크림 칸국으로 이루어진 러시아의 소유였다. 러시아는 '신러시아'로 알려지기 이전까지 러시아인들의 리틀 러시아 이주를 장려했다.

우크라이나의 서부 지역은 나중에 프로이센, 오스트리아, 러시아에 의해 압도되고 분할되기 전까지 폴란드-리투아니아 연방의 옛 영토였으며, 러시아의 불구대천의 원수였다. 러시아인에게 주어진 지역은 리틀 러시아에 통합되었다.

리틀 러시아는 백러시아(White Russia), 대러시아(Greater Russia)와 함께 러시아 제국(1721~1917)의 3개 핵을 형성하였다. 리틀 러시

아는 현재의 우크라이나이고, 백러시아는 벨라루스가 된 반면, 대러시아는 오늘날 모스크바를 수도로 한 러시아를 말한다.

이 지역은 몽골인들이 1240년에 파괴하기 전, 882년에 러시아에 의해 세워진 키반 루스(Kievan Rus)의 옛 영토이다.

키반 루스의 분파 국가 중 하나인 무스코비(Muscovy. 모스크바 행정 중심지의 이름을 따서 명명)는 몽골족을 성공적으로 물리쳤고, 1547년 루스 차르국(Tsardom of Russia)으로 다시 명명한 뒤, 1721년 러시아 제국으로 개칭했다. 모스크바의 러시아는 전체 러시아(All Russia, 오브슈체루스키)의 주인으로 군림했고, 전 러시아 세계에서 우크라이나의 위치는 리틀 러시아였다.

그러나 우크라이나의 정체성은 우크라이나가 '리틀 러시아'라는 생각에 도전장을 던지게 만들었다.

우크라이나인들은 그들의 나라를 리틀 러시아도, 대(大) 러시아도 아닌 독립국가로 보고, 1917년 혁명으로 러시아 제국이 무

너지자 독립을 선언하면서 우크라이나 인민공화국을 수립하였다. 그러나 그 공화국은 1921년에 소련에 의해 정복되었다. 이후 '소련 우크라이나 사회주의 공화국'으로 개칭되었다. 이로서 우크라이나는 모스크바에 자리 잡은 '러시아 소비에트 연방 사회주의 공화국'이 지배하는 소비에트 연방 회원국 중의 하나가 되었다.

소련의 통치는 우크라이나 민족주의에 영향을 주어, 반(反) 모스크바 정서를 초래하였다. 홀로도모르(Holodomor) 기근(1932~1933)이 일어난 것은 소련 시대였다. 6백만에서 8백만 우크라이나인의 목숨을 앗아간 이 기근은 소련의 농업 집단화(1928~1932)에 의해 야기되었다. 이러한 상황 때문에 스테판 반데라(Stepan Bandera)와 같은 우크라이나 민족주의자의 노력은 비록 실패했지만, 나치 독일과 협력하여 우크라이나를 해방시켰다. 반데라는 전 우크라이나 대통령 빅토르 유셴코(2005~2010)나 페트로 포로셴코와 같은 반러시아 정치인들 사이에서 여전히 영웅으로 높이 평가되고 있다.

그러나 우크라이나 동부 지역은 러시아 후손과 러시아어를 사용하는 인구가 대다수를 이루고 있는 덕분에 여전히 러시아에 우호적인 분위기로 휩싸여 있다. 그런 우호적인 분위기는 크림(58%), 루한스크(39%), 도네츠크(38%)에서 발견된다. 동우크라이나 인구는 2019년 선거에서 야누코비치에게 투표했고, 유로마이단 시위에 따른 그의 몰락에 분노했다.

우크라이나 서부의 반러 정서는 후자에 대한 전자의 전략적 관심 때문에 러시아에 영향을 미칠 것이다. 푸틴이 이 예측을 극복하는 방법은 두 국민이 공유하는 동방정교회 신앙을 통해 러시아와 우크라이나의 공통 혈통을 강조하는 것이다.

푸틴은 '988년 개종'을 기념해 실시된 '2013년 키반 루스 기독교 개종 1025주년 기념행사' 등과 같은 정교회 관련 의식을 개최하였다.

우크라이나 정교회는 1686년부터 모스크바의 총대주교 관할 아래에 있었다. 그러나 2018년에 모스크바로부터 분리되었다.

유로마이단 시위 이후 5년 뒤인 2019년, 우크라이나인들은 볼로디미르 젤렌스키 신임 대통령을 선출하였다. 젤렌스키는 텔레비전 시리즈인 〈국민의 하인〉에서 대통령 역할을 한 것 이외에 정치 경험이 전혀 없는 코미디언이었다. 경험이 부족함에도 불구하고 그는 포로셴코 대통령과 율리아 티모셴코 전 총리를 누르고 70% 득표로 1위를 차지하며 승자로 떠올랐다. 그것은 우크라이나 국민들이 우크라이나 정치인들의 개인적 의제를 위해 만든 도구로 보는 '반러시아 정치'에 싫증이 났다는 뜻이다. 포로셴코 자신은 백만장자이며, 반러시아 정서를 이용해 우크라이나에서 유로마이단 시위 이후에 러시아 기업을 소유하였다.

2019년 12월 10일, 젤렌스키는 돈바스 분쟁에 관한 휴전을 위해 푸틴과 회담을 가졌다. 평화는 일시적인 것으로서, 휴전 회담은 반러시아 단체들에 의해 비겁함과 예속행위로 해석되었다. "우크라이나"와 "리틀 러시아" 사이의 정체성 충돌은 우크라이나-러시아 지정학에서 그 흔적을 계속 남길 것이다.

중동 14

우리 마음속에 중동지역을 떠올릴 때마다 생각나는 첫인상은 끊임없는 혼란으로 넘쳐나는 지역이라는 것이다. 실제로 천 명 이상의 인명피해가 발생한 분쟁은 7건 중 5건이 중동 국가들(시리아 · 이라크 · 사우디아라비 · 예멘 · 리비아)에서 발생하였다.

아프가니스탄은 무슬림 다수 국가이지만 남아시아 국가로 인식되고 있다. 파키스탄도 그렇다. 중동이란 용어는 일반적으로 서쪽으로는 이집트를 시작으로 동쪽으로는 이란, 북쪽으로는 터키를 거쳐 남쪽으로는 예멘을 가리키는 말로 사용된다. 때로는 북아프리카 4개국(리비아, 튀니지, 알제리, 모로코)도 중동과 북아프리카(MENA)로 분류된다. 7세기에 이슬람 칼리프가 등장한 후, 중동은 우마이야 왕조(661~750), 아바스 왕조(750~1258; 1261~1517), 오스만 왕조(1517~1924)의 기치 아래 이슬람 세계의 중심지가 되었다. 오스만 왕조가 무너진 후, 중동은 지정학적 혼란의 온상이 된 국민국가의 탄생을 목격하게 되었다.

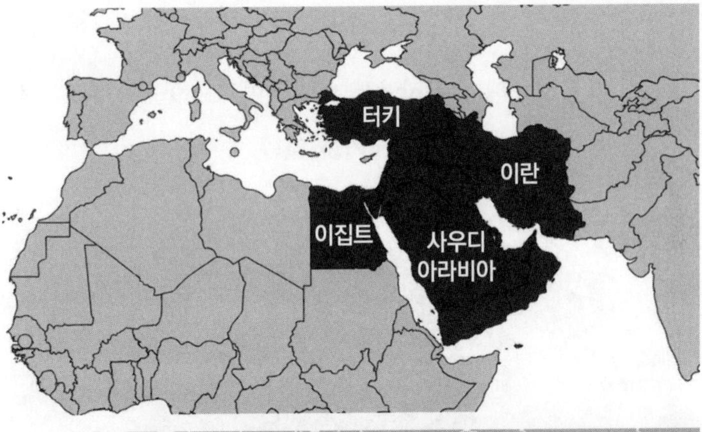

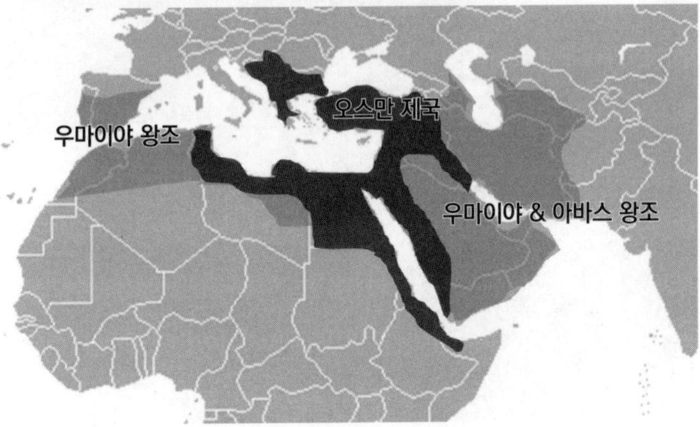

칼리프 시대에도 이 지역이 평화의 등불이라고 알려져 있지는 않았지만, 중앙 권력의 상실은 잦은 지역 갈등으로 이어졌고, 더 나쁜 것은 지역 국가들이 그 야망을 이루기 위해 외부 강대국들이 두고 있는 장기판의 장기가 된다는 것이다.

여러 지역 중에서도 레반트(지중해 동부 해안)와 메소포타미아를 포함하는 마슈리크(Mashriq)가 가장 혼란스럽다.

비옥한 초승달로 알려진 이 지역은 아시리아, 바빌로니아, 페르시아, 마케도니아, 로마에서부터 몽골에 이르기까지 역사를 통틀어 강대국들이 탐을 낸 곳이었다.

이 지역은 지중해와 아시아를 연결하며, 1869년 수에즈 운하가 개통되기 전에 필수 무역로가 되었다. 수에즈 운하는 해상무

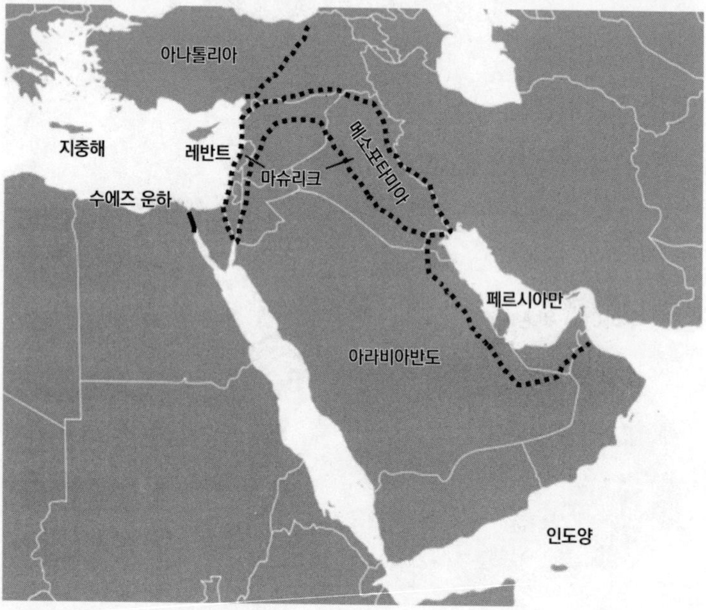

역 시대의 마슈리크의 가치를 다소 떨어뜨린다.

그러나 영국과 독일의 권력 경쟁은 마슈리크에 새로운 의미를 부여했다. 1913년 오스만 정부는 3명의 파샤(총리 메흐메드 탈랏 파샤, 내무장관 이스마일 엔버 파샤, 해군장관 아흐메드 자말 파샤)의 관할하에 들어갔다. 비록 칼리프 메흐메드가 영국과 독일 간 분쟁에서 중립을 지키려 했지만, 3명의 파샤는 영국-프랑스-러시아 동맹에 맞서기 위해 독일과 평화협정에 서명하였다.

영국은 독일과 터키가 영국의 인도 식민지에 위협이 되는 베를린-바그다드 철도 건설 계획을 발표한 이후, 두 나라의 동맹이 자국의 지위에 도전장을 던지지 않을까 우려하였다. 영국은 오스만 제국을 후방에서 공격할 동맹국이 필요하였다.

동맹국은 히자즈의 통치자인 샤리프 후세인이었다. 샤리프 후세인은 1201년부터 메카와 메디나의 수호자인 하산 이븐 알리의 혈통을 이어받은 카타다(Qatada) 부족의 일원이었다. 1517년 오

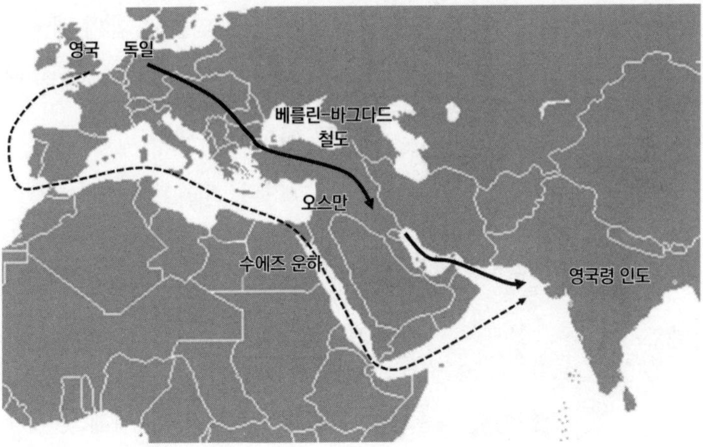

스만 제국이 칼리프 국가를 점령한 후, 샤리프 후세인의 조상들은 술탄 셀림 1세에게 충성을 바쳤다.

20세기 초 아랍인들은 민족주의로부터 영감을 받아 자신들의 나라를 세웠는데, 터키에 의해 차별을 느낀 후에 더욱 그러했다. 1915년 5월 23일 샤리프 후세인의 셋째 아들인 파이살(Faisal)이 다마스쿠스를 방문했을 때, 시리아의 알 파타트(Al-Fatat)와 이라크의 알 아흐드(Al-'Ahd)라는 두 민족주의 단체는 '아랍세계와 새로운 칼리프의 지도자'로 샤리프 후세인을 지지한다고 목소리를 높였다.

샤리프 후세인은 이 제안을 받아들여 1915년 7월 14일부터 1916년 3월 10일까지 일련의 서신을 통해 주(駐) 이집트 영국 고등판무관인 헨리 맥마흔 경에게 연락하였다. 양 당사자는 다음과 같은 합의에 도달했다: '영국은 샤리프 후세인이 37도선(남 아나톨리아)에서 이어지는 아랍 영토의 칼리프가 되는 것을 지지할 것이다. 그 대가로 샤리프는 영국이 히자즈와 시리아에서 오스만과 싸우는 것을 도울 것이다.' 샤리프는 자녀들과 함께 영국이 오스만 제국의 손에서 팔레스타인, 시리아, 메디나를 빼앗는 데 큰 기여를 하였다.

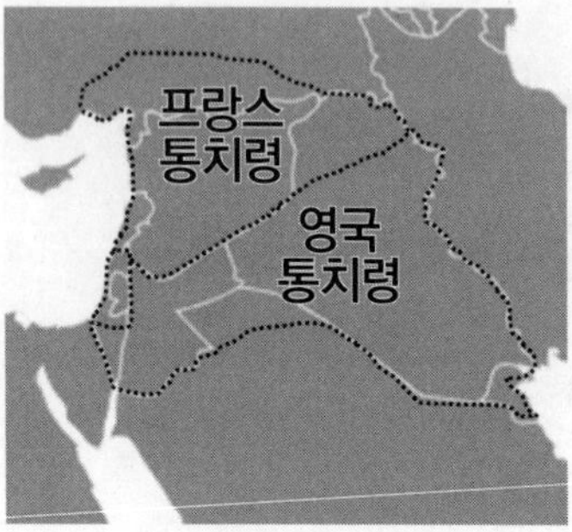

그러나 칼리프가 되는 샤리프의 꿈은 1919년 1월 18일부터 1920년 1월 21일까지 파리에서 소집된 1차 세계대전의 승리자들이 아랍 세계 전체에

대한 그의 요구를 인정하지 않음으로써 산산조각이 났다. 대신, 승리 세력들은 마슈리크를 시리아, 레바논, 메소포타미아, 트랜스요르단, 팔레스타인 등 5개의 위임통치 영토로 나누었다. 영국에게는 메소포타미아, 트랜스요르단, 팔레스타인에 대한 위임통치령 권한이, 프랑스에게는 시리아와 레바논에 대한 위임통치령 권한이 주어졌다.

맥마흔이 샤리프 후세인과 접촉하는 동안, 영국과 프랑스는 마슈리크를 자신들의 영향력 영역으로 분할하기 위해 사이크스-피코 협정(양국의 외교관인 마크 사이크스, 프랜시스 조르주 피코의 이름을 따서 명명)에 은밀하게 서명했다. 팔레스타인에 대한 위임통치권의 존재는 1917년 11월 2일 밸푸어 선언(15장 참조)에 대한 약속이기도 했다. 영국은 샤리프 후세인과의 합의를 존중하지 않기로 결정했다. 사실, 그 약속은 비밀리에 이루어진 것이었다.

다시 말해서, 샤리프는 농락당한 것이었다. 파이살은 1920년 3월 스스로 시리아 왕을 선포하며 자신의 권리를 확립하려 했으나, 1920년 7월 프랑스군의 손에 패배한 후 물러날 수밖에 없었다.

한편, 영국은 메소포타미아(이라크)를 통치하려다가 아랍의 반란에 직면했다. 이 기간 동안, 영국은 1921년 '친구'인 파이살을 잊지 않고 기억해서 그를 이라크의 왕으로, 압둘라를 트랜스요르단의 왕으로 억지로 추대했다. 두 왕국은 모두 알 마말리크 알 하시미야(Al-Mamalik al Hashimiyah, 하세미아 왕정)로 알려져 있는데, 이는 샤리프 후세인이 아랍인들을 다스리는 명성과 정당성을 가

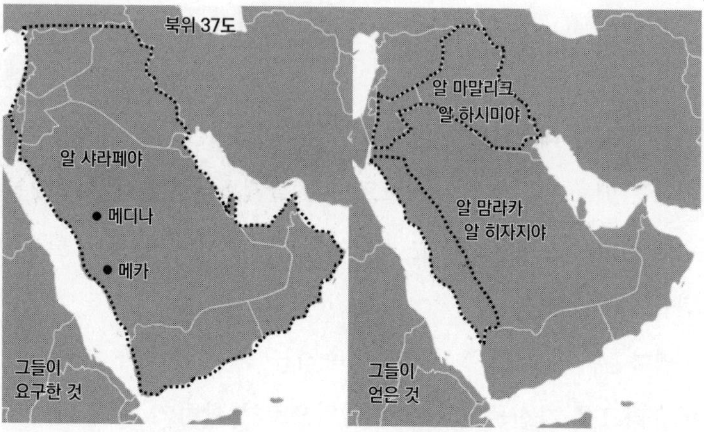

진 것으로 여겨지는 하세미트족 예언자 무함마드의 혈통이었기 때문이다. 사실, 그들은 단지 영국의 고객일 뿐이었다.

샤리프 후세인은 1924년 3월 3일 오스만 왕조가 끝난 후 그 공백을 메우기 위해 스스로 칼리프임을 선언했다(19장 참조). 그러나 이 주장은 아랍과 이슬람 세계에서는 묵살되었다. 그의 통치는 1925년 12월 압둘 아지즈 이븐 사우드가 이끄는 나즈드 왕국에 의해 정복되면서 끝났다. 샤리프 후세인과 그의 첫째 아들 알리는 800년 동안 가족의 소유였던 땅 히자즈를 떠나, 1931년 죽을 때까지 그의 아들 압둘라가 다스린 트랜스요르단으로 도망쳤다.

사이크스-피코 협정과 함께, 오스만 제국의 몰락은 마슈리크 지역에 5개의 새로운 지정학적 실체, 즉 시리아, 레바논, 팔레스타인, 트랜스요르단, 이라크를 만들어 중동을 변화시켰다. 시리아, 레바논, 이라크는 현지인들의 염원과 희망을 전혀 모르는 외

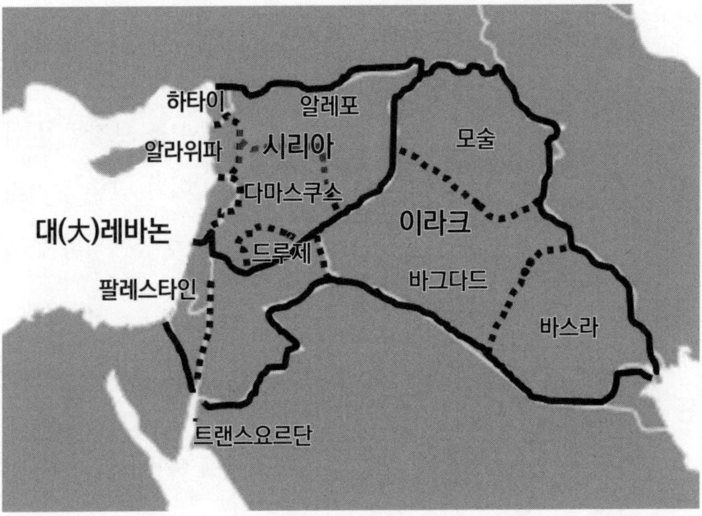

국인들이 인위적으로 지도에 새긴 전형적인 국가의 사례이다. 아랍인들은 통일된 마슈리크를 원했지만, 그 땅은 시리아와 이라크로 나뉘었다. 시리아에는 수니파, 시아파, 알라위파, 드루즈파, 쿠르드족이 있다. 이라크에는 수니파, 시아파, 쿠르드족이 있으며, 레바논은 기독교인, 수니파, 시아파, 드루즈파의 본거지가 되었다.

특히 자신의 영향력을 넓히려는 중동의 강대국들이 정체성의 차이를 조작해서 이를 악용할 때, 인구통계학적 분포는 유혈충돌의 길로 가는 지름길임이 입증된다. 실제로, 이들 인위적인 국가의 존재는 민주화 과정을 더디게 만들었다.

민주주의는 다수의 지배를 의미한다. 이 원칙에 입각하여 이라크는 시아파에 의해 통치될 것이며, 이에 따라 수니파와 쿠르드족은 제외될 것이다. 반면에 시리아는 수니파에 의해 통치될 것이며, 시아파와 드루즈파는 제외될 것이다. 그러한 상황은 한 나라에서 여러 진영에 의한 권력 쟁탈전으로 이어졌다. 그것은 소수민족 통치(시리아의 아사드, 이라크의 사담 후세인)를 보장받기 위해 독재자가 되는 동기가 되었다. 유럽에서 일어난 민중 봉기의 물결은 새로운 민주국가의 길을 열어주었지만, 중동에서의 봉기는 혼란과 싸움을 가져왔다.

중동 정세의 해법은 모든 나라를 하나의 칼리프 아래 통일하는 권위를 만들거나, 인구분포를 정확히 나타내는 새로운 국경을 만드는 데 있다. 그러나 확립된 이익을 옹호하는 인간의 본성으로 인해 두 시나리오 모두 현저하게 높은 대가를 지불하지 않고는 원활하게 실현되지 않을 것이다.

이스라엘 15

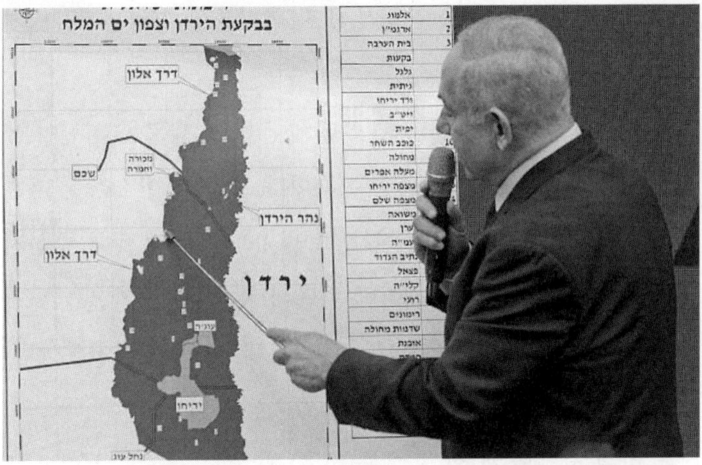

사이크스-피코 협정 외에도, 밸푸어 선언은 현대 중동에서 갈등의 또 다른 원인이다. 1차 세계대전이 유럽을 황폐화시키고 있던 1917년 11월, 영국의 외무장관 아서 밸푸어(Arthur Balfour)는 월터 로스차일드와 팔레스타인에 유대인 국가를 세우기로 합의했다. 월터 로스차일드는 시오니스트 운동의 후원자이자 영국 정부에 많은 도움을 준 로스차일드 가문(영국 정부에 많은 도움을 준 유대계 은행가)의 일원이었다.

그동안 팔레스타인은 오스만 칼리프 제국의 일부였다. 시온주의 유대인들에게 그 땅은 조상들이 차지했던 이스라엘의 땅(Eretz Yisrael, 에레츠 이스라엘)이었다. 이스라엘의 자손은 한때 탈루트(사울)*, 다우드(다윗), 술라이만(솔로몬) 통치하에 이스라엘 왕국을 세웠으나, 각각 사마리아와 예루살렘을 중심으로 한 북부 이스라엘 왕국과 유다 왕국으로 갈라졌다. 메소포타미아(이라크)의 강대국들은 두 왕국을 모두 정복하였는데, 아시리아는 기원전 720년에 이스라엘 북부를 정복했고, 바빌론은 기원전 587년에 유다를 점령했다.

시온은 타나크(Tanakh, 히브리 성경)에 의하면, 솔로몬 성전이 세워진 예루살렘에 있는 언덕의 이름이다. 그곳은 이스라엘 자손들, 특히 유다 왕국의 걸출한 부족인 유다족들의 예배 중심지였다. 바빌로니아가 페르시아에 함락된 후, 키루스 왕은 기원전 530년에 예후다(Yehuda)에 있는 사람들이 두 번째 신전을 짓는 것을 허락했다. 그들은 나중에 유대인으로 알려졌다.

두 번째 신전은 제1차 유대-로마 전쟁(기원전 66~73)에 의해 파괴되었다. 제3차 유대-로마 전쟁(132~135) 이후, 하드리아누스(Hadrian) 황제는 예후다를 '시리아 팔레스티나'로 개칭하였는데, 이는 종종 유대인들과 전쟁을 벌였던 블레셋(Philistine) 부족의 이름에서 따온 것이었다. 그 후 유대인들은 다른 곳으로 퍼져 나갔고, 동유럽에 정착한 사람들은 아슈케나지(Ashkenazi) 유대인으로

* 이스라엘의 초대 왕.

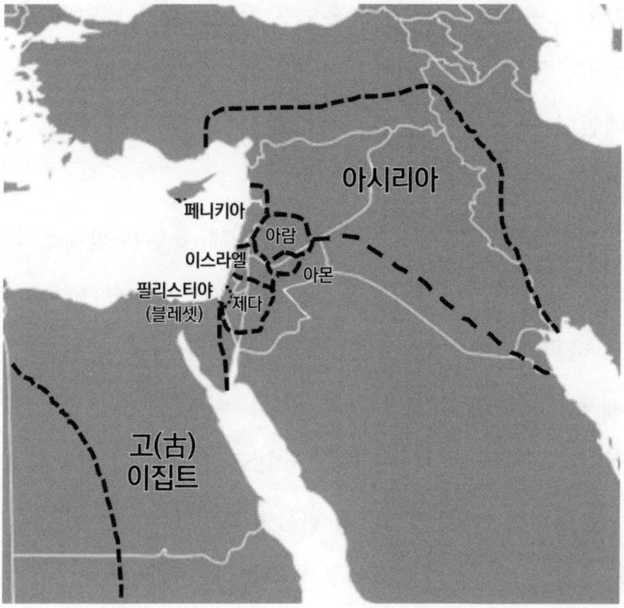

알려졌으며, 이베리아반도에 정착한 사람들은 세파르디, 그리고 중동에 정착한 사람들은 미즈라히(Mizrahi) 유대인으로 알려졌다.

시오니스트 운동은 19세기 말 유럽인들의 차별을 종식하기 위해 세속적인 이스라엘을 세우려는 아슈케나지 유대인 민족주의 운동으로부터 시작되었다. 1차 세계대전은 영국이 사이크스-피코 협정과 파리 평화협정을 통해 팔레스타인 영토를 확보했을 때 그런 기회를 제공했다. 팔레스타인 위임통치령이 제정되었고, 유대인들은 이주하여 그들의 집을 지을 수 있었다.

처음에 영국은 유대인들이 팔레스타인에 머물도록 제안했을 뿐이었다. 어디에도 나라를 세우는 것에 대해서는 언급이 없었다. 그런데 유대인들은 팔레스타인에서 영국에 대한 공격을 시작하였다. 유대계 이주민의 홍수로 아랍인과 유대인의 갈등이 증폭되는 등 상황에 대한 통제력을 잃는 것을 보고, 영국은 손을 떼었다. 영국은 팔레스타인에 관한 모든 문제를 유엔에 넘겨버렸다.

1947년 11월 유엔 결의안 181호를 통해, 유엔은 팔레스타인을 두 개의 국가, 즉 한 개의 아랍 국가(팔레스타인 지역의 57%를 포함)와 또 다른 국가인 이스라엘(43%)로 분할하였다. 예루살렘은 국제 체제에 의해 분리되고 관리되었다. 이집트 · 요르단 · 시리아 등 아랍 국가들은 이에 반대했고, 이스라엘 국가가 선포된 1948년 5월 15일에 아랍-이스라엘 전쟁이 일어났다. 각 아랍 국가들은 겉으로는 반시온주의적이고 팔레스타인 권리를 옹호하는 것처럼 보이지만, 각자의 이해관계가 따로 있다.

이집트의 파루크 왕과 요르단의 압둘라 왕은 각각 합법적인 아랍 지도자로 인정받기를 원하였다. 요르단은 팔레스타인에 대한 지배를 원했고, 이집트는 가자, 시리아는 팔레스타인 북부를 원했다. 전쟁 상황이 그들에게 불리하게 돌아가자, 그들은 더 이상 최후까지 버티며 싸우지 않았고, 1949년 3월 이스라엘과의 휴전협정을 겸허히 받아들였다.

휴전 덕분에 가자는 이집트로 인도되었고, 요르단은 요르단강 서안과 동예루살렘을 얻었다. 이것은 "1949년 국경" 또는 "그린라인"으로 불렸던 것으로, 합법적인 국경으로 간주되었으며, 모든 당사자를 만족시켰다. 아랍 국가들이 팔레스타인 국가 수립에 전념하지 않았다는 점을 주목해야 한다.

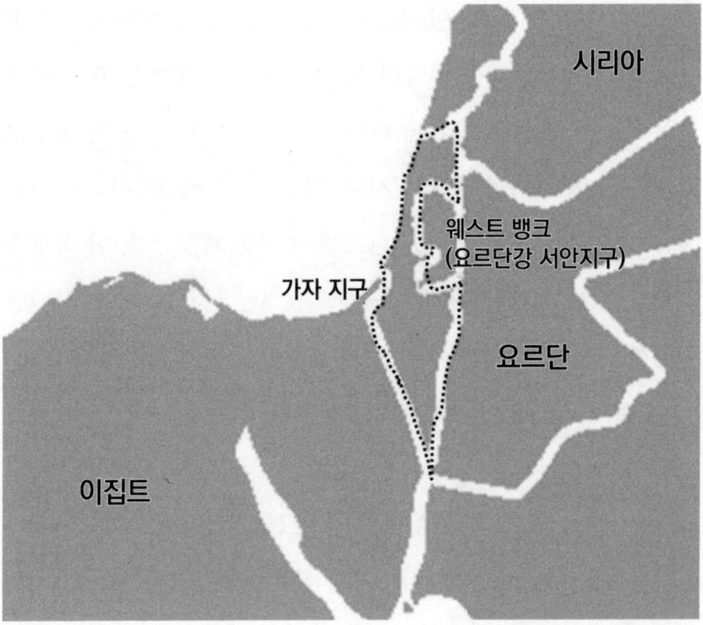
시리아
웨스트 뱅크
(요르단강 서안지구)
가자 지구
요르단
이집트

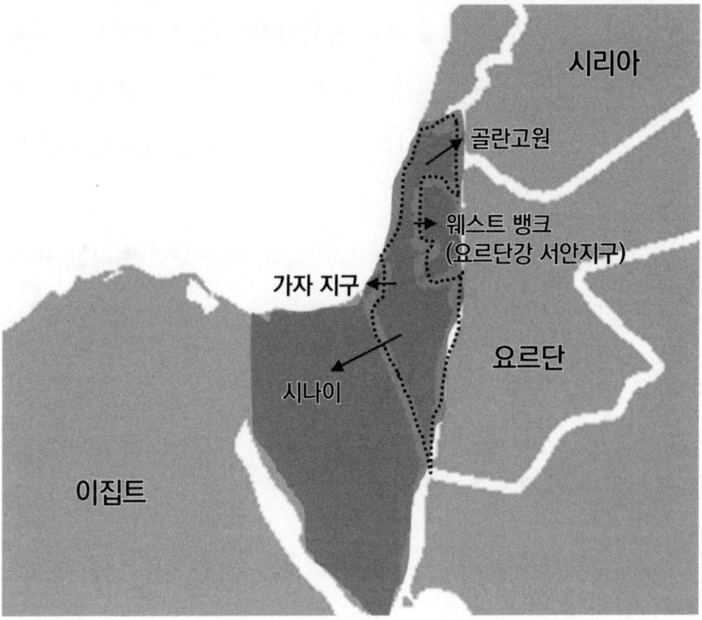
시리아
골란고원
웨스트 뱅크
(요르단강 서안지구)
가자 지구
요르단
시나이
이집트

그러나 1967년 6월 5일, 이스라엘은 이집트-시리아-요르단 동맹에 대한 선제공격을 시작했다. 그 전쟁은 '6일 전쟁'으로 알려졌는데, 이스라엘은 아랍 군대를 6일(6월 5일~10일) 만에 쳐부수고, 이집트에서 가자 지구와 시나이반도를, 요르단에서 서안지구(West Bank)를, 시리아에서 골란고원 지역을 빼앗았다. 이 국경은 유엔을 포함한 전 세계가 비난한 "1973년 국경"이었다. 하지만 강경한 시오니스트들에게 이것은 그들이 꿈꾸던 국경이었다.

잃어버린 영토를 되찾기 위한 시도로, 아랍 국가들은 1973년 10월에 욤 키푸르(Yom Kippur) 전쟁을 시작했다. 유대인들의 성일인 욤 키푸르 기간 중 전쟁이 벌어져 그들의 반격이 늦었다. 게다가, 미국에 대한 사우디아라비아의 석유 제재는 미국이 이스라엘에 또 다른 휴전을 받아들이도록 압력을 가하도록 만드는 데 성공하였다. 욤 키푸르 전쟁 이후 시오니스트의 대외 정책은 변화를 겪었다. 그들은 6일 전쟁의 불가사의가 결코 반복되지 않을 것이라는 것을 깨달았다. 따라서 그들은 더 현실적일 필요가 있었다.

그와 함께, 메나헴 베긴(Menachem Begin) 이스라엘 총리는 1978년 캠프 데이비드 협정을 위한 길을 닦은 이집트와 협상하기로 동의했고, 이집트는 이스라엘을 인정하기로 동의했다. 그 대가로 이스라엘은 시나이반도를 반환하기로 하였다.

하마스의 존재로 이스라엘은 파타(Fatah)*의 지도자 야세르 아

* 팔레스타인해방기구(PLO) 중 최대의 조직으로 '팔레스타인 민족해방운동'이라고도 불림.

라파트 수반이 이끄는 팔레스타인해방기구(PLO)와 협상할 수밖에 없었다. PLO는 이스라엘의 생존권을 인정했고, 이스라엘은 요르단강 서안과 가자 지구에 팔레스타인 국가를 세우는 것을 지지했다. 이스라엘은 요르단에게 서안을 돌려주었고, 요르단은 그것을 PLO에 돌려주었다.

그 후 양측은 1993년 팔레스타인 자치정부를 탄생시킨 오슬로 협정에 서명했다. 팔레스타인의 면적은 1947년 계획에서 유엔이 결정한 것보다 작았지만 PLO는 이를 받아들였다.

하지만 유대인들과 맺은 협정은 결코 공정하지 않았다. 오슬로 협정은 서안을 세 구역, 즉 A, B, C 구역으로 나누었다. A구역(서안 18%)은 팔레스타인의 영토이며, B구역(21%)은 양국이 공유하며, C구역(61%)은 전적으로 이스라엘 영토이다. 게다가, 이스라엘은 국민들에게 '1949년 국경'을 침범해서 불법으로 간주되는

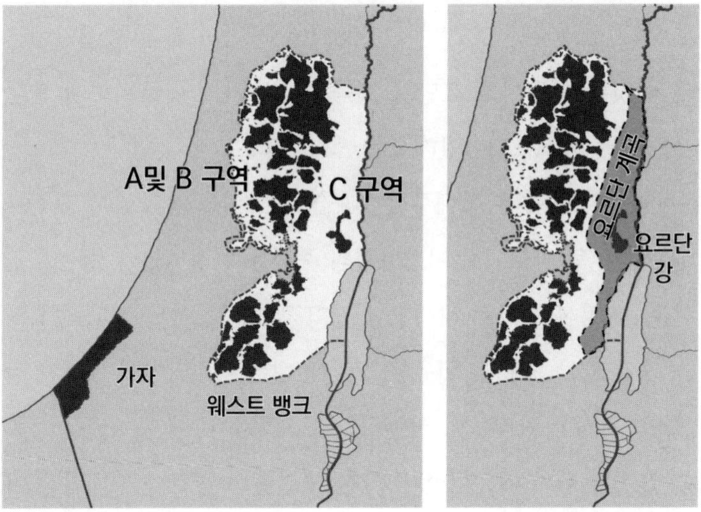

C구역에 정착지를 세우도록 장려했다.

이스라엘이 C구역(요르단강 계곡)을 통제한 것은 이 나라의 가장 중요한 수원인 요르단강으로 접근하기 위해서였다. 1949년 국경이나 팔레스타인이 완전한 주권을 가진 요르단강 서안 지구의 개념은 이스라엘이 강에 접근할 수 있도록 보장하지 않는다. 사실 리쿠드당의 시오니스트 강경파들에게 이스라엘의 영토는 고대 이스라엘과 마찬가지로 요르단강 동쪽(Shtei Gadot La'Yarden)과 요르단강 서안을 모두 포함해야 한다(앞의 이스라엘과 유다 지도 참조).

따라서 서안(West Bank) 합병은 2009년부터 총리를 지망해온 베냐민 네타냐후가 숙제로 삼고 있었다.

그는 2019년 선거에서 승리하기 위한 열쇠로 합병 계획을 세우려고 시도하였다. 네타냐후 총리는 두 차례 선거를 치른 뒤에도 여전히 과반수를 얻지 못하고 있다. 그래서 2020년 3월 선거를 위해, 트럼프는 2020년 1월 28일에 '세기의 거래'를 제안했는데, 이것은 미국이 요르단강 계곡을 이스라엘의 통치하에 두는 것을 지지한다는 것이었다.

한편, 이스라엘은 동예루살렘과 골란 고원을 장악했다. 트럼프 대통령은 두 영토에서 이스라엘의 주권을 인정하였다. 동예루살렘은 그 정신적 가치 외에도 지정학적으로도 어느 정도 중요성을 가지고 있는데, 그 이유는 그것에 대한 이스라엘의 지배가 팔레스타인계 아랍인들이 거주하는 고지대에 대한 통제권을 가질 수 있도록 했기 때문이었다. 골란 고원은 주변보다 지대가 높아서 위로부터의 공격을 용이하게 하기 때문에 이스라엘의 생존에 중요하다. 게다가 이스라엘 물 공급의 3분의 1은 골란 지역에 있는 갈릴리 호수와 야르무크강에서 나왔다. 골란 고원이 적의 손에 넘어간다면 이스라엘은 심각한 위험에 처할 것이다.

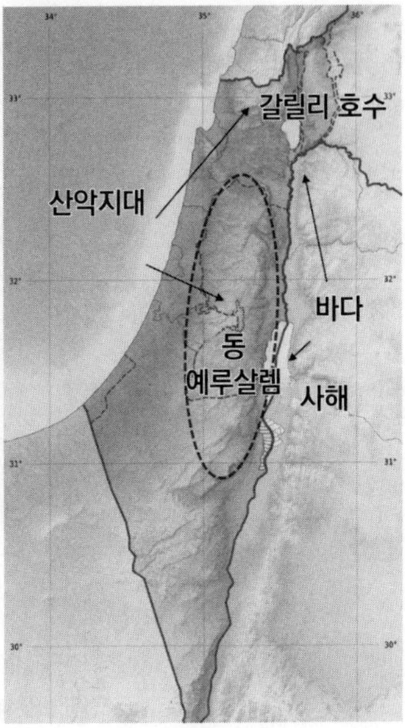

고대 이스라엘 왕국 시절, 골란 고원은 게슈르족(Geshur)에 의해 점령당했고, 이스라엘과 아람-다마스쿠스 사이의 완충지대 역할을 하였다. 다윗은 아람-다마스쿠스의 위협에 맞서는 관계를 맺기 위해 게슈르 출신의 공주와 결혼했다.

대부분 평론가들은 최근 몇 년간 이스라엘의 외교적 성공을 대(大) 이스라엘, 즉 팍스 유다이카(Pax Judaica)에 대한 야망에 가까워지고 있다는 신호로 보고 있다. 그들에게 이스라엘의 마지막 게임은 나일강에서 유프라테스강에 이르는 땅을 통제하는 것이다.

지정학적으로 유대인들은 이스라엘이 '이스라엘 자손에게 약속된 땅'이라고 믿고 있지만, 이 지역은 나름대로의 도전 과제를 안고 있다. 골란고원과 요르단강 강둑에 대한 통제는 메소포타

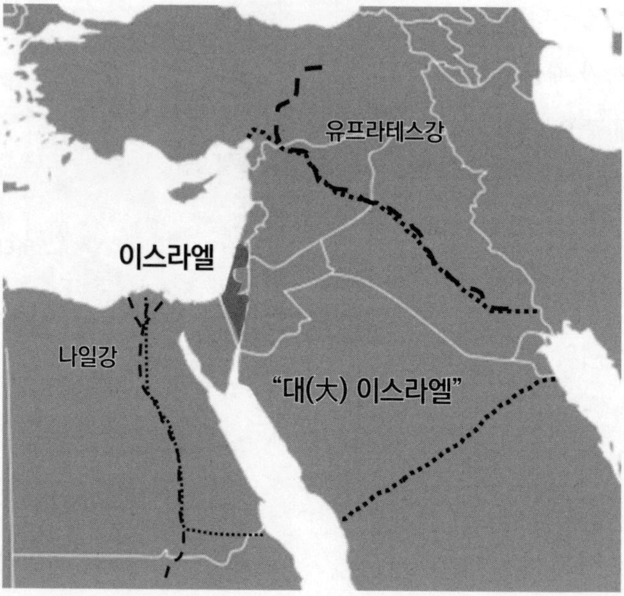

미아와 이집트의 강대국들로부터 이스라엘의 안전을 보장하기에 충분하지 않다. 두 영토를 점령한 강대국은 종종 이스라엘/팔레스타인의 정복자가 된다.

나일강에서 유프라테스강까지 이 지역을 지휘해야만 비로소 이스라엘이 안심할 수 있었다.

오데드 이논(Oded Yinon)*은 1982년 시나이에서 이스라엘 군대를 철수시킨 메나헴 베긴(Menachem Begin)**에 대한 반대 의견으로

---

* 이스라엘의 전략가이자 『시오니스트 중동 계획: 1980년대 이스라엘을 위한 전략』의 저자.

** 이스라엘의 정치가 · 총리(1977~1983). 1978년 노벨 평화상 수상자(1913~1992).

'대(大) 이스라엘'이라는 아이디어를 제안했다. 서류상으로는 좋게 들리지만, 실제로는 이루기가 어렵다. 이집트와 메소포타미아의 압력 때문에, 이들 영토를 장악하는 데 성공했다고 하여도 이스라엘에 안전이 확보된다는 보장은 없다.

이러한 요소들이 이스라엘 사람들이 밤에 잠을 설치는 이유이며, 그들은 항상 자신들의 생존을 위해서 다양한 속임수에 성공하는 방법을 찾아야 한다.

이집트 16

2012년 6월 30일부터 2013년 7월 3일까지 통치했던 전 이집트 대통령 모하메드 무르시(Mohammed Morsi)가 공직에서 해임되고, 이어서 정치적 죄과로 감옥에 투옥된 후 6년이 지난 2019년 6월 17일에 사망했다.

무르시는 중동의 정치적 상황을 뒤집을 수 있는 잠재력을 가진 업적으로, 현대 아랍에서 최초로 민주적으로 선출된 첫 번째 지도자였다. 그러나 그의 통치가 너무 "이슬람주의자"(무슬림 형제단의 구성원들에게 권력을 넘겨주는)로 간주되어 경제와 국가기구를 감독하는 군대에 영향력을 행사하는 소수 콥트족들을 불쾌하게 만들었고, 그 결과 그의 집권은 '잃어버린 기회'로 끝났다. 무르시의 통치는 369일 만에 끝났고, 무르시가 직접 임명한 압둘 파타 알 시시(Abdel Fattah al-Sisi)로 대체되었다.

무르시는 이집트의 축소판이었다. 이집트는 많은 '최초'들을 가지고 있다: 이집트는 중동에서 현대화를 거친 최초의 국가였고, 현대 신문(*Al-Waqa'i Al-Mistriyya*)을 발간한 첫 번째 국가였으며, 유럽 열강으로부터 독립한(1922년) 첫 번째 국가였다. 이집트는 아랍과 이슬람 세계의 지도국가가 될 잠재력을 가진 첫 번째 아랍 국가라고 말할 수 있다. 하지만 오늘날의 이집트는 의존 국가(client state)처럼 보인다.

"지리는 운명이다". 사실, 지리는 이집트가 지역 강국이 될 수 있는 가능성을 제한한다.

이집트 문명은 나일강 강둑에서 태어났다. 서쪽으로는 황량한 사막이 펼쳐져 있기 때문에, 파라오 시대부터 이집트는 서쪽으로(오늘날 리비아) 전력을 투사하는 데 어려움을 겪었다.

이로 인해 이집트는 남쪽(오늘날의 수단의 나일강 상류)이나 동쪽, 팔레스타인을 포함한 레반트 지역에 대한 영향력을 확대하도록 떠밀렸다. 신왕국(기원전 16세기부터 기원전 11세기까지) 동안 이집트는 레반트를 통치했고, 히타이트, 미타니, 아시리아와 같은 지역 강대국들과 경쟁하기 위한 기지로 이를 사용했다. 이집트에 대한 레반트의 전략적 가치는 투트모세 3세(기원전 1479~1425)에 의해 확인되었는데, 그는 메기도(Megiddo)* 도시를 통제하는 것은 천 개의 도시를 통제하는 것과 같다고 말했다. 이집트가 레반트에 대한 지배권을 잃고 쇠락하였을 때, 아시리아에 의해 여러 번 정복당하였고, 뒤를 이어 페르시아, 마케도니아, 로마, 이슬람 칼리프 등이 정복해 오면서 그의 말이 입증되었다.

그러나 이집트에 대한 외세의 지배는 종종 짧은 기간 동안만 지속되었고, 이와 더불어 이집트는 시나이반도에 대한 지속적인 지배를 통해 자신의 독립을 위해 싸울 수 있는 효과적인 방어망

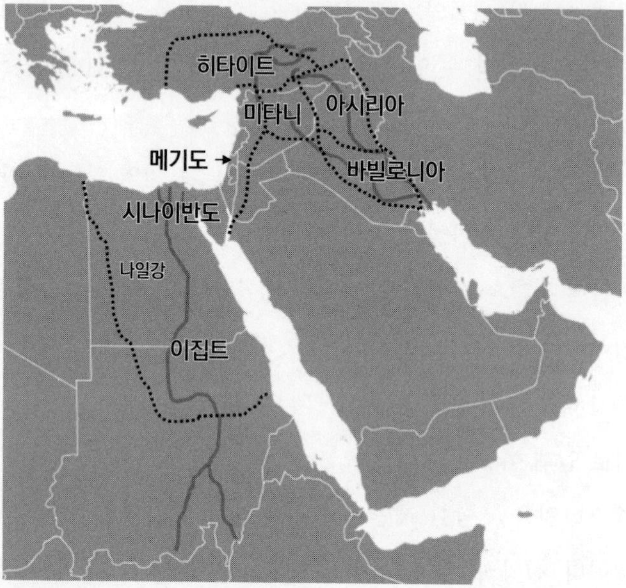

* 이스라엘 북부의 고대 도시, 성경의 아마겟돈(Armageddon)이 이곳이라고도 함.

을 구축할 수 있었다. 868년 툴룬 왕국을 시작으로, 이집트는 더 큰 이슬람 칼리프 왕국과 차별화되기 시작했다. 그보다 더, 이집트는 바그다드의 아바스 왕조와 경쟁하는 시아파 파티미드 왕국(909~1171)의 근거지가 되었다.

살라딘이 파티미드 왕국을 무너뜨리고 아유비드 술탄 왕국을 세운 후, 아바스 칼리프 왕국에 대한 충성을 맹세했지만, 이집트의 독립은 유지하였다.

1258년 바그다드의 아바스 왕조가 몽골족의 손에 의해 붕괴된 후, 맘루크 왕조(1250~1517)하의 이집트는, 터키에서 온 오스만 제국이 아바스 왕조를 무너뜨리기 전까지, 아바스 왕조의 은신처가 되었다. 그러나 1805년부터 1848년까지 이집트 총독을 지낸 무함마드 알리 파샤가 통치하면서, 이집트는 다시 한번 칼리프 당국으로부터 독립을 선언했고, 1882년 영국의 식민 지배를 받은 이후 1922년에 독립을 성취하였다.

무함마드 알리 왕조는 1952년 파루크 국왕이 자신들을 '자유 장교단(A-Dubbat al-Ahrar)'이라고 부르는, 아랍 사회주의를 이념으로 표방하는 군 장교 집단에 의해 전복될 때까지 통치하였다. 아랍 사회주의는 그 당시 아랍 지식인들 사이에서 인기가 있었다. 그들은 아랍인들이 서구 제국주의자들의 발톱에서 자신들의 세계를 해방하기 위해 단결해야 한다고 생각했기 때문에, 이 이데올로기의 지지자들은 파루크 왕에게 불만을 품었다. 그는 서방과 너무 우호적인 것으로 여겨졌고, 아랍-이스라엘 전쟁(1948~1949)에서 이스라엘을 패배시키는 데 실패했다. 아랍 사회주의가 무슬림형제단과 구별되는 것은, 그것이 세속주의를 지지한다는 점이며, 그 자체로서 그 당시 어느 정도 인기를 누리고 있었다는 점이다.

아랍 사회주의는 1954년부터 1970년까지 이집트의 대통령이 된 가말 압델 나세르의 집회 구호가 되었다. 그는 1952년 쿠데타에 연루된 자유 장교단 중 한 명이었다. 그의 상관인 모하메드 나기브(Mohamed Naguib)를 쫓아낸 후, 나세르는 이스라엘과 아랍 세계 지도자를 상대로 자신이 챔피언임을 주장하기 시작했다.

서구는 나세르를 이집트의 영광스러운 시절을 재현하려는 "새로운 파라오"로 보기 시작했지만, 나세르는 자신을 살라딘으로 보았다. 나세르는 이스라엘을 정복하기 위한 열쇠가 살라딘의 전략을 모방하는 것이라고 보았다. 즉 십자군들의 통치 아래에 있는 예루살렘 왕국을 공격하기 전에, 시리아와 이라크에 있는

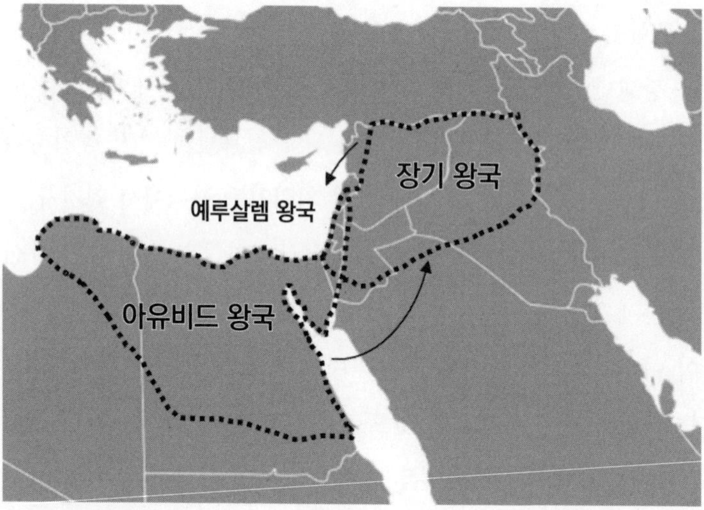

장기(Zangid) 왕조를 먼저 장악하는 것이었다. 그러고 나서 나세르는 1958년 시리아에 아랍연합공화국을 설립할 것을 요청했다. 그러나 나세르의 독재적인 태도는 1961년 시리아를 연합에서 탈퇴하게 만들었다.

거기서 끝나지 않았다. 나세르는 다른 아랍 국가들과 싸우는 데 시온주의자들을 물리치기 위해 보낸 시간보다 더 많은 시간을 보냈다. 나세르는 요르단, 이라크, 사우디아라비아를 포함한 아랍 왕국에 적대적이었다. 그는 군주제가 서구의 꼭두각시라고 비난하면서, 타도되어야 한다고 주장하였다. 1958년 이라크는 군주제를 끝내고 공화국이 되었다. 즉, 왕족 전체가 죽임을 당하였으며, 이라크는 나세르 블록에 합류하였다.

이와 같은 사건은 사우디인들을 걱정시켰고, 그래서 그들은 1962년 친나세르 민족주의자들이 예멘의 군주제를 전복시킨 후

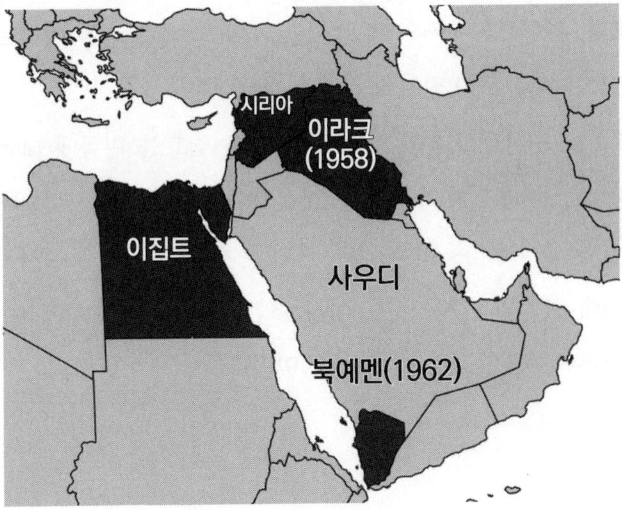

수립한 북예멘에 개입함으로써 반격하였다.

1967년 이집트가 6일 전쟁에서 이스라엘에 패한 후 나세르의 위신은 심하게 손상되었다. 이른바 살라딘의 군대는 불과 6일 만에 굴욕을 당했고, 시나이반도는 이스라엘에 의해 합병되었다. 이로써 아랍세계의 지도자가 되겠다는 나세르의 야망은 끝이 났고, 이집트의 지역 강대국 가능성은 사라졌다.

1970년 사망한 후 나세르는 1974년 경제 개혁(infitah, 인피타)을 시작한 안와르 사다트로 교체되었다. 사회주의를 실천한 나세르 체제하에서 파탄 난 경제를 살리기 위해서는 투자 유치가 필요하였으므로, 사다트는 미국의 비위를 맞출 수밖에 없다. 사다트는 이스라엘과의 평화와 협상에 동의했고, 1978년 캠프 데이비드 협정에 서명했다.

이집트는 평화협정으로 인해 시나이반도를 탈환할 수 있었지만, 아랍 국가들은 이후 수단과 오만을 제외하고는 이집트를 기피했다. 사다트는 1981년 그를 이슬람의 배신자로 본 이집트 이슬람 지하디스트의 일원에 의해 암살되었다.

호스니 무바라크 시대(1981~2011)에 이집트는 미국에 대한 신봉자였고, 사우디와의 관계를 개선했다. 하지만 이집트는 더 이상 아랍 세계의 영웅이 아니며, 거의 존재감도 없다. 무르시 이후의 시대에는, 알 시시조차도 이집트의 안정을 위해서는 무바라크의 낡은 정책으로 돌아갈 수밖에 없었다.

사우디아라비아 17

사우디아라비아는 중동에서 가장 큰 나라이다(아랍 세계에서 두 번째로 큰 이란보다 40% 더 크다). 경제면에서는 터키를 제치고 중동 국가 중 국내총생산(GDP)이 가장 높다.

사우디는 중동의 사실상 지도자로 볼 수 있다. 그러나 보다 중요한 역할을 수행하려는 사우디의 시도는 지역 국가들로부터 냉담한 반응을 받았다.

이는 사우디가 '와하비(Wahabi)'* 국가라는 정체성, 좀 더 정확히 말해서 살라피스트(Salafist)**의 사고방식으로 한발리(Hanbali)***의 율법을 추종하는 국가이기 때문이다.

사우디아라비아의 와하비 국가로서의 역사는 1744년 나즈드(Najd)****의 디리야 왕(Emir of Diriyyah)인 무함마드 이븐 사우드(Ibn Saud, 1710~1765)가 그의 아들 압둘 아지즈를, 자신의 가르침을 전파하고자 했던 무함마드 이븐 압둘 와하브(Ibn Abdul Wahab)의 딸과 결혼시키면서 시작되었다. 그들은 서로에게 충성을 맹세하였는데, 이븐 사우드는 이븐 압둘 와하브의 가르침을 전파하는 데 도움을 주었으며, 후자는 종교적 관점에서 전자의 정당성을 인정하였다.

무함마드 이븐 사우드와 그의 후손들은 1744년에서 1818년까지 "제1 사우디 왕국"으로 알려진 국가를 세웠다. 이 국가는 그들이 우상숭배나 혁신적으로 보이는 모든 것을 없애려고 했다. 1802년 카르발라에 있는 시아파의 숭배 장소를 파괴한 것 외에, 사우디 군대가 1806년에 하라마인(Haramayn, 메카와 메디나)을 공격하여, 우상숭배의 온상으로 여겨지는 메디나의 알-바키(al-Baqi) 묘지에 있는 기념물들을 파괴하였다.

---

* 코란 교리를 엄수하는 교파로 18세기에 흥했음.

** 이슬람 원리주의인 살라프를 따르는 집단. 샤리아법을 기반으로 하였던 7세기 이전의 이슬람 세계로 돌아가야 한다는 주장으로, 이를 위해 무력 사용을 허용하며, 이슬람 세계 건설을 목표로 한다.

*** 이슬람 수니파의 4대 법학파 중 하나. 코란과 하디스를 이론적 기반으로 한 가장 보수적인 학파.

**** 오늘날의 리야드 근처임.

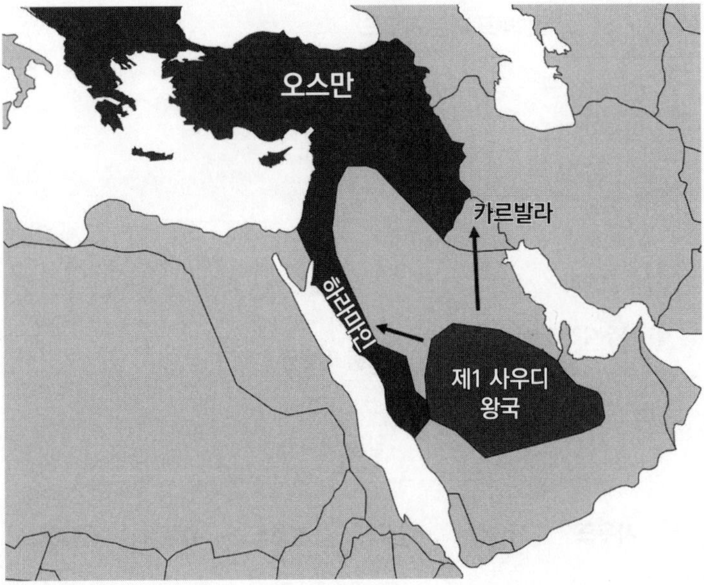

사우디의 행동은 오스만 칼리프가 제1 사우디 왕국을 무찌르기 위해 군대를 투입하도록 자극하였다. 무함마드 이븐 사우드의 증손자인 압둘라 이븐 사우딘 압둘 아지즈가 국가 원수(imam)였는데, 사형을 당하였다. 그럼에도 불구하고, 6년 후(1824년)에 무함마드 이븐 사우드의 또 다른 손자인 투르키 이븐 압둘라는 리야드에 제2 사우디 왕국을 세웠다. 제2 사우디 왕국은 1891년 오스만 제국에 충성하던 북부 나즈드(Jabal Shammar) 출신의 라시디(Rashidi)가 왕국을 타도하기 전까지 전임 국가보다 더 오래 지속되었다. 라시디에 의해 리야드가 정복되자, 압둘 아지즈 라흐만 이븐 파이살 이븐 투르키(Abdul Aziz Rahman ibn Faisal ibn Turki)는 그의 아들 압둘 아지즈와 함께 쿠웨이트로 도망쳤다.

1902년, 압둘 아지즈는 라시디로부터 리야드를 되찾고, 제3 사

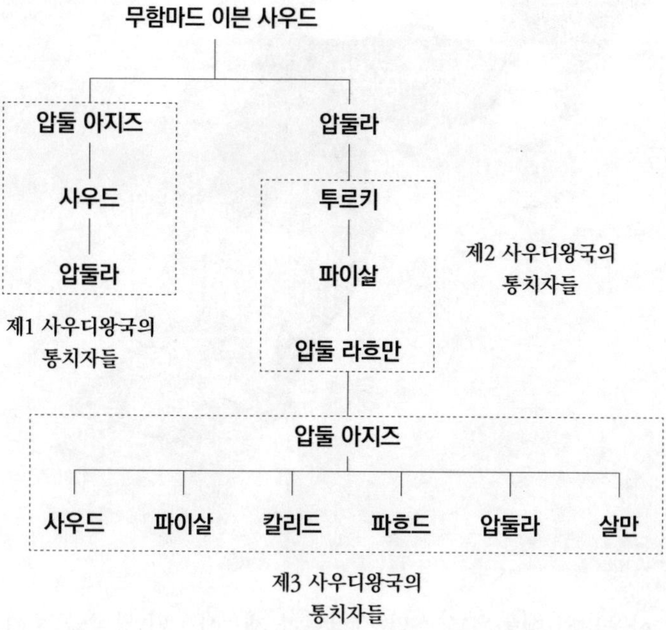

우디 왕국을 세웠다. 압둘 아지즈는 1921년에 마침내 라시디를 물리쳤다. 이 승리가 없었다면, 아마도 사우디아라비아는 존재하지 않을 것이고, "라시디의 아라비아"가 그 자리를 차지했을 것이다.

제3 사우디 왕국은 영국으로부터 지원을 받았기 때문에 성공적이었다. 영국은 히자즈의 샤리프 후세인 외에, 1915년 압둘 아지즈와 다린(Darin) 조약을 체결하였는데, 이는 오스만 제국을 후방에서 약화시키고, 오스만 제국에 맹렬하게 충성하는 라시디를 공격하기 위해서였다.

라시디가 패배한 후, 압둘 아지즈는 샤리프 후세인의 통치 아래 있는 히자즈에 대한 정복을 계속 이어나갔다. 메카는 1924년 10월에 정복되었고, 이어서 1925년 12월에 메디나가 정복되었다. 사우디인들은 비록 두 성스러운 도시가 그들의 통치 아래에 있었음에도 칼리프라는 칭호에는 관심이 없었다. 대신 그들은 국왕(말릭) 칭호를 채택했다. 그들은 영국령에 속하지 않았던 아라비아반도 전체를 통일한 후, 1932년 사우디아라비아 왕국(Al-Mamlakah al-Arabiyahas-Saudiyah)을 세웠다.

건국 초기에는 영국이 사우디아라비아의 가장 중요한 파트너였다. 그러나 사우디는 영국이 샤리프 후세인에게 한 짓을 보고 영국에 대한 의심을 키웠다.

특히 영국의 식민지들과 보호국들이 사우디아라비아를 포위했을 때, 뒤에서 칼에 찔릴 것에 대한 두려움은 여전했다. 예멘, 오만, 쿠웨이트, 바레인, 카타르, 트루시알 국가(Trucial States, 오늘날의 UAE)를 식민지로 삼은 것 외에, 요르단과 이라크도 영국의 창조물이었다.

그래서 사우디는 미국과 우호적인 관계를 맺었다. 1938년 뉴욕 스탠더드 오일 컴퍼니(Socony)가 다란(Dhahran)에서 석유를 발견한 것은 미국이 사우디와 특별한 관계를 맺어야 하는 확고한 이유가 됐다. 1944년 프랭클린 루스벨트 대통령을 만난 압둘 아지즈는 미국에 석유탐사권을 부여하였다. 게다가, 미국은 사우디의 안전을 보장하기 위해 다란에 군사기지를 설립했다.

양국 관계는 1950년대 사우디아라비아가 이집트 나세르로부터 위협에 직면하면서 더욱 가까워졌다(16장 참조). 사우디 왕가

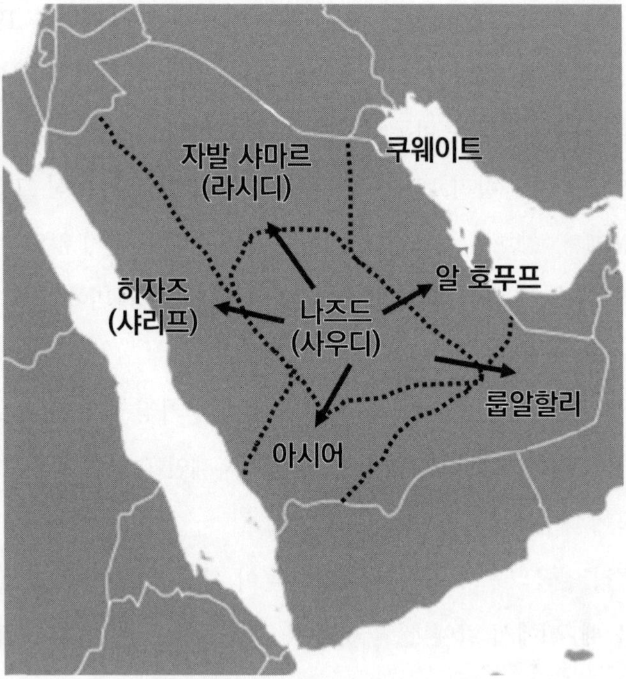

의 많은 사람들은 나세르의 영향을 받았으며, 군주제를 폐지하고 서방세계에 대항하기를 원했다. 이들은 알왈리드(Alwaleed) 왕세자의 아버지인 탈랄 왕세자를 비롯한 자유왕자단(Free Princes)* 으로 알려졌는데, 알왈리드는 2017년 무함마드 빈 살만 왕세자에 의해 체포되기 전, 포브스에 따르면 가장 부유한 아랍인이었다.

파이살 2세가 나세르에게 싸움을 걸기에는 너무 약하다고 여

* 자유왕자운동(Free Princes Movement, 아랍어: حركة الأمراء الأحرار; al-umara'al-ahrar)은 1958년부터 1964년까지 존재했던 사우디 자유주의 정치운동. 그 구성원은 Young Najd, Free Princes, Liberal Princes로 알려졌다.

겨졌던 그의 이복형 사우드 왕을 쓰러뜨리고 즉위하면서, 나세르는 마침내 제대로 된 적수를 만났다. 1964년부터 1975년까지의 그의 통치 기간 동안, 파이살 2세는 나세르의 범아랍주의에 대항하는 전선으로 범이슬람주의를 성공적으로 이용했다. 무슬림 세계의 지도자로서 그의 정당성을 가리기 위해 "두 개의 성스러운 모스크들의 수호자"라는 칭호를 채택하였다. 그리고 1962년에는 세계무슬림연맹(MWL)을, 1969년에는 이슬람협력기구(OIC)를 설립했다. 그러는 한편, 하산 알 반나(Hassan al-Banna)의 사위이자 타리크 라마단(Tariq Ramadan)의 아버지인 사이드 라마단(Said Ramadan)과, 나세르가 금지한 조직인 무슬림형제단의 다른 조직원들에게 망명처를 제공하였다.

나세르가 죽은 후, 사우디와 이집트는 그동안 껄끄러웠던 관계를 청산하고, 1973년 이스라엘을 상대로 욤 키푸르 전쟁을 일으키기 위해 협력했다. 사우디는 정전협정을 받아들일 때까지 미국과 서방국가들이 이스라엘을 지지하지 않도록 하기 위해 석유 금수 조치를 무기로 사용했다.

1975년 3월, 파이살은 이복동생의 아들 파이살 빈 무사이드(Faisal bin Musaid)에 의해 피살되었다. 이후 사우디는 친미정책을 실천하고 있다. 많은 사람이 파이살 왕이 암살된 것은 욤 키푸르 전쟁에서 그의 행동 때문이라고 생각했고, 뒤를 잇는 사우디 왕들은 모두 미국에 우호적이어야 한다고 생각하는 겁쟁이가 되었다.

사실 사우디가 미국을 향해 방향을 선회한 것은 이란의 부상이라는 중동의 또 다른 대규모 상황 변화 때문이었다. 1978년 이란 혁명 이후, 칼리드 왕은 아야톨라 루홀라 호메이니에게 축하 인사를 하였고, 사우디와 이란이 모두 "쿠란을 그들의 헌법으로 삼았다"는 이유로 더 긴밀한 양자 관계에 대한 희망을 표명하였다.

하지만 호메이니는 사우디를 비롯한 걸프 국가들은 미국을 추종하는 성향 때문에 반드시 타도되어야 한다고 말하면서 맞섰다. 따라서 사우디가 할 수 있는 일은 걸프 국가들과 함께 걸프 협력회의(GCC)를 만들어 이란의 위협에 맞서고, 사담 후세인을 지지하며, 미국을 바짝 뒤쫓는 것이었다. 이란-사우디 긴장관계는 1990년대에 이란에 아크바르 하셰미 라프산자니, 모하메드 하타미 등 온건파 지도자들이 들어선 이후 가라앉았다.

그러나 2011년 촉발된 아랍의 봄은 사우디인들에게 위협받는 느낌을 다시 한번 불러일으켰다. 사우디는 이란이 상당수의 시아파 국민들이 살고 있는 이웃 국가들(이라크 · 시리아 · 바레인 · 예멘 · 레바논)에 영향을 미쳐 현 정부를 전복하고 친이란 정부를 구성함으로써, 사우디의 안보를 위협할 수 있는 '시아파 초승달 지대'를 형성하게 되는 것을 우려하고 있다.

따라서 2011년 바레인에서 일어난 민중 봉기 이후, 사우디아라비아는 군대를 파견하여 시위를 진압하였다. 후티 무장세력이 예멘 정부를 전복시키자, 사우디는 예멘에서 군사작전을 개시하

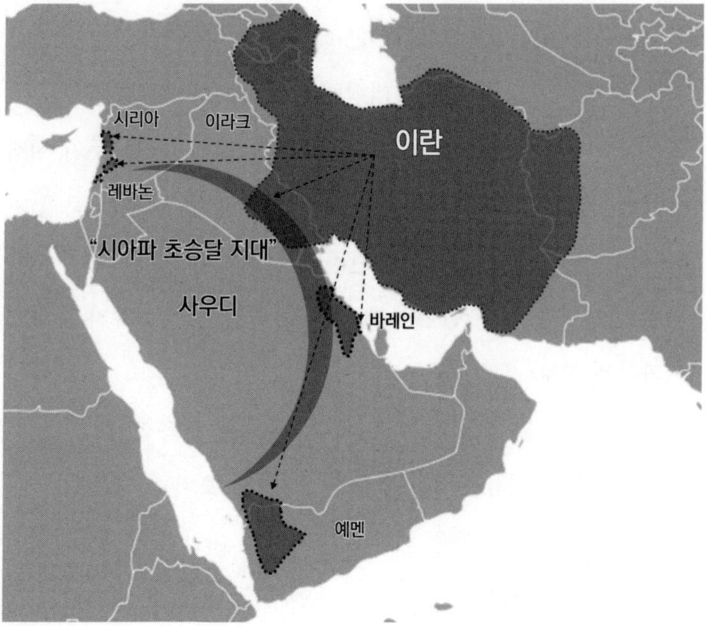

는 것에 대해 주저하지 않았다.

사실 아랍의 봄은 사우디아라비아와 터키, 카타르와의 관계를 더욱 악화시켰는데, 두 나라 모두 무슬림형제단에 대해 우호적인 입장이었기 때문이다. 무르시 등 무슬림형제단 지도자들이 이집트 정부를 구성하는 데 성공한 것은 사우디 왕정의 정당성에 대한 도전이었다. 사우디를 비롯한 GCC 국가들은 혁명이 더 확산될 것을 우려해, 2014년 무슬림형제단을 불법단체로 금지한다고 선언하였고, 2017년 무슬림형제단을 보호하는 것으로 인식된 카타르와의 외교관계도 단절하였다.

그동안 사우디가 취한 조치는 터키, 카타르, 이란 간의 동맹관계만 강화했을 뿐이다. 사우디와 GCC의 카타르에 대한 제재 과정에서 터키와 이란은 모두 카타르에 힘을 실어줬기 때문에, 카타르가 사우디의 제재로 인해 큰 타격을 받지는 않았다. 반면에, 사우디아라비아의 이미지는 더럽혀졌고, 깡패처럼 비춰졌다.

그러고 나서 미국은 사우디아라비아로부터 거리를 두기 시작했다. 두 나라의 관계는 늘 진보적인 미국 정치인들이 의문을 제기하였는데, 사우디가 인권에 반하는 샤리아법을 채택했기 때문에, 미국이 옹호했던 민주주의 가치와 인권을 반영하지 못한다는 의견을 진보 정치인들은 가지고 있었다.

오바마 대통령은 미국이 사우디와 관계를 지속할 수 있는 합리적인 이유가 석유뿐이라고 봤다. 따라서 오바마 대통령은 사우디 석유에 대한 의존을 종식시키기 위한 대안으로 셰일오일을 개발했다. 이 정책은 최근 몇 년 동안 미국을 전 세계에서 가장 큰 석유 수출국으로 만들어, 사우디아라비아에 대한 미국의 의존도를 감소시켰다.

트럼프 행정부 시절 미국이 사우디와 따뜻한 관계를 유지했던 것으로 비춰졌지만, 트럼프는 사우디를 군수무기의 고객으로, 또한 이란을 압박하기 위한 장기판의 장기로만 사용하였다. 따라서 사우디아라비아의 최선의 선택은 러시아와의 관계를 개선하는 것이다. 블라디미르 푸틴이 카슈끄지 피살 사건 당시 사우디를 방어할 수 있는 최강자로 등극한 것도 이상한 일이 아니다.

사우디아라비아는 영국, 미국, 이스라엘, 러시아와 관계를 맺는 것에서부터 유연하고 능숙한 지정학적 주체임을 보여준다. 사우디의 현실정치는 그것이 인류와 이슬람의 가치에 반하는 것으로 인식되기 때문에 항상 비난을 초래한다. 그러나 지난 300년 동안 흥망성쇠를 겪은 왕가로서, 사우디는 생존을 위해서는 무슨 일이라도 할 것이다.

이란 18

트럼프가 미국 대통령이 된 이후, 미국과 이란 관계는 다시 한 번 강한 압박을 받았다. 트럼프 대통령이 이란과 미국, 영국, 프랑스, 러시아, 중국, 독일(독일을 제외한 모든 국가가 상임이사국이기 때문에 P5+1)이 체결한 이란 핵협정(JCPOA)에서 미국이 탈퇴하겠다고 결정하였기 때문이다.

이란 핵협정은 제한된 우라늄 농축수준으로 민수용 원자력 발전을 할 수 있도록 허용했다. 이란은 이번 합의에 따라 핵무기를 개발할 수 없다. 그 대가로 P5+1은 2006년 이후 유엔에 의한 경제 제재를 종식하기로 하였다.

오바마 대통령 시절, 미국 정부는 이 협정을 이란이 마음대로 핵무기를 보유하는 것을 막을 수 있는 성공한 협정으로 보았다. 그러나 중동에 있는 이스라엘, 사우디아라비아와 같은 미국의 동맹국들은 이 협정에 우호적이지 않았고, 이란이 핵무기 능력을 개발할 수 있는 공간만 제공한다고 여겼다. 뿐만 아니라 트럼프 역시 대선 유세에서 "협정이 끔찍하다"며 재협상을 원했다.

이에 따라 트럼프는 2018년 5월 8일 미국을 탈퇴시켰고, 다른 나라들의 이란산 원유 구입을 금지하는 등 이란에 대한 새로운 제재 조치를 취하였다.

그 제재는 이란 경제에 타격을 주었다. 2019년 5월, 오만만(灣)

에서 사우디아라비아, UAE, 노르웨이 소속의 유조선에 대한 일련의 공격이 감행되었다.

미국은 이란이 책임 당사자라고 비난한 뒤, 페르시아만에 추가 병력을 투입해 힘을 과시했고, 이로 인해 호르무즈해협에서 미국산 드론이 격추되었다. 미국이 혐의를 부인하고 드론이 오만-UAE와 이란 사이의 공해상에 있었다고 밝혔음에도, 이란은 무인기가 자국 영공을 침범했다며 자신들의 행동을 옹호했다.

2020년 1월 3일, 이란의 고위 군장교인 카젬 솔레이마니(Qasem Soleimani) 암살 사건에서 긴장이 최고조에 달하였다. 많은 사람은 이 사건이 솔레이마니가 이란의 최고 지도자 아야톨라 알리 하메네이와 깊은 유대관계를 맺고 있었기 때문에 3차 세계대전을 촉발시킬 것이라고 생각했다. 그러나 이란은 번쩍이는 도발에서 손을 떼고, 이번 공격을 단순히 보복이라고만 표현했다.

이러한 반응은 이란이 이스라엘과 주변 수니파 국가를 무너뜨리는 데 집착하는 시아파 신정국가(神政國家)라고 해도, 합리적으로 사고하고 행동하는 다른 나라들과 다르지 않다는 것을 보여주었다. 이란의 행동은 지리와 정체성에 의해 형성된 역사로부터 영향을 받았다.

이란의 원래 이름은 페르시아였으나 1935년에 이란으로 바꾸었다. 오늘날 이란 남부의 파르스(Fars) 영토에서 온 페르시아인들은 한때 아케메니드 왕조(기원전 550~330) 동안 절정에 달했던 자랑스러운 페르시아 문명을 건설했다. 페르시아의 영토는 샤한샤 다리우스(Shahanshah Darius, 기원전 522~486)왕의 통치 기간 동안 이집트와 그리스 국경까지 도달했다.

알렉산더 대왕 치하의 마케도니아(기원전 336~323)가 페르시아를 정복한 후, 파르티아 왕조(기원전 247~224)와 사산 왕조(기원전 224~651)가 페르시아 왕국을 부활시켰다. 이 왕조들은 오늘날 이란, 이라크, 아프가니스탄, 그리고 서파키스탄을 아우르는 영토를 지배하였으며, 대(大) 페르시아 또는 대(大) 이란으로 알려진 세력권을 형성하였다.

페르시아 민족주의자에게 있어, 651년 이슬람 칼리프가 페르시아를 정복한 것은 역사의 흑점이었다. 페르시아인은 이슬람교를 받아들였지만, 아랍의 정치에 대해서는 굴복하지 않았다. 따라서 아바스 왕조 시대에는 사만(819), 사파르(861), 가즈나(963), 셀주크(1037), 화레즘(Khwarazmian, 1077)과 같은 왕국이 수립되면서 부분적으로 독립하였다. 그러나 이들 왕국의 대부분은 페르시아에 영토를 둔 투르크인들에 의해 세워졌다.

페르시아의 정체성이 되살아난 것은 사파비 왕조(1501~1736) 때였다. 사파비의 창시자인 이스마일 1세는 사산 왕조 시기에 마지막으로 사용된 샤한샤 또는 샤라는 칭호를 부활시켰다. 사파비 왕조는 또한 아케메니드와 사산 왕조의 뒤를 이어 "제3의 페르시아 제국"으로 여겨졌다(비록 페르시아를 장악했지만, 파르티아의 문화는 마케도니아인에 더 가까웠다).

이스마일 1세는 페르시아인들에게 그들의 믿음을 수니파에서

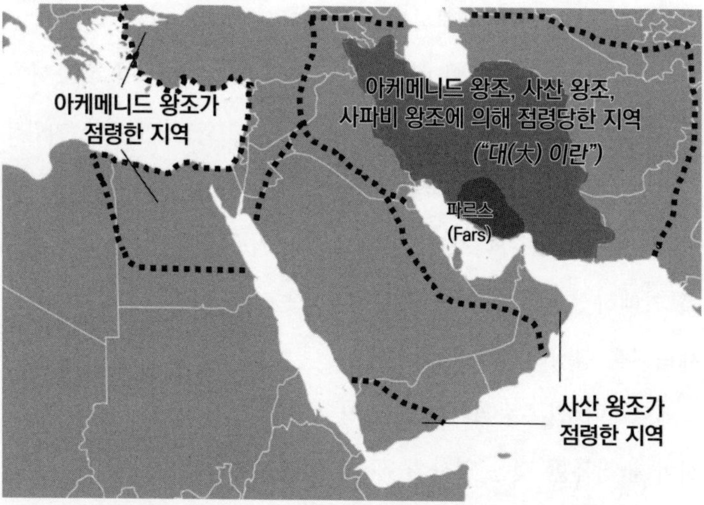

이트나 아샤리야 시아[Ithna Ashariyah Shia, 열두 이맘(Twelver Shia)*]로 바꾸도록 강요했다. 그리고 자신을 일곱 번째 이맘인 무사 알 카짐(Musa al-Kazim)의 자손이라고 선포하였다. 이를 통해 사파비 왕조는 오스만에 대항해 싸울 수 있는 독특한 정체성을 페르시아에 부여했고, 서쪽으로는 오스만과 함께 이라크에 대항하여 싸움을 벌일 수 있었다.

1639년 이라크를 잃은 후, 사파비 왕조는 내리막길로 접어들었고, 아프샤르 왕조(1736~1796)로 대체되었다. 나디르 왕(Nader Shah)은 이라크에서 팽창주의 정책을 실행했다. 그러나 그의 죽음과 아프샤르 왕조의 쇠퇴 이후, 잔드(1751~1794), 카자르(1789~1925), 팔레비(1925~1979)와 같은 뒤를 잇는 왕조들은 오늘

* 시아파의 주류.

날의 이란 국경 내에 고립된 작은 페르시아가 될 수 있었다.

그 외에도, 무함마드 리자 팔레비 왕의 친미 정책은 국민들의 감정을 상하게 했다. '백색혁명(White Revolution)'으로 알려진 현대화 프로그램은 이란 혁명을 이끈 보수적인 종교주의자, 사회주의자들, 진보주의자들의 반대를 촉발시켰다. 결국 팔레비 국왕은 1979년 1월 16일 이란을 떠나 망명길에 올랐다.

아야톨라 루홀라 호메이니가 1979년 4월 '빌라야트 알 파키흐(Wilayat al-Faqih, 최고 법학자 통치)'를 정점으로 하는 이란 이슬람 공화국을 선포했다. 호메이니는 미국을 '큰 사탄'으로, 소련을 '작은 사탄'으로 명명하고 억압받는 시아파 소수민족을 해방시키기 위한 범(凡) 시아파 정책을 시행했다. 호메이니는 1975년 이후 내전 중이던 레바논에 개입한 것 외에, 이라크 시아파에게 1979년 이후 이라크의 대통령인 사담 후세인에 맞서도록, 그리고 지역 군주제 폐지를 촉구하도록 독려했다.

호메이니의 팽창주의 정책은 이들 국가들로 하여금 함께 뭉치게 만들었다. 이란-이라크 전쟁은 1980년 9월에 시작되었다. 미국은 이라크가 이 지역에서 미국의 이익을 위협하는 팽창주의적인 이란에 맞서 싸울 수 있도록 지원하기도 했다. 8년 후, 이란-이라크 전쟁은 교착상태에 빠졌고, 휴전으로 끝났다. 휴전의 수용은 호메이니의 야망에 큰 타격을 주었다.

호메이니가 죽은 후, 아야톨라 알리 하메네이가 그의 뒤를 이었다. 그 이후로, 이란은 더욱 실용적이고 온건해졌다. 러시아 소비에트 체제가 붕괴되면서 이란은 이전의 "작은 사탄"(현재 이스라엘에게 주어진 칭호)과의 관계를 맺을 수 있었다. 하타미 대통령 시절, 이란은 서방 국가들과의 관계를 개선했다.

그럼에도 불구하고, 사담 후세인이 타도되고 이라크인들은 더 이상 억압받지 않고 있지만, 지리적 이익과 정체성 때문에 이라크에서 영향력을 확대하려는 이란의 의도에는 변함이 없었다. 이란은 시아파가 박해를 받지 않았음에도 후티 반군을 지원하기도 했다. 이라크, 예멘, 바레인은 방어해야 할 이란의 세력권 안에 있는 국가들이다.

비록 이란이 미국과 동맹국들의 이익을 위태롭게 하고 있지만, 이란과 미국의 전쟁은 이란의 지리 덕분에 가능성이 요원하다.

이란은 이라크 평지와 달리 서쪽은 자그로스산맥, 북쪽은 알보르즈산맥, 동쪽은 사막으로 둘러싸여 있다. 공습에 의존하는 것만으로는 정권을 이길 수 없을 것이다. 이란과의 전쟁은 높은 산간 지대에 군대를 보내야 한다는 것을 의미했다.

아프가니스탄과 달리, 이란의 핵심인 수도 테헤란은 보호받는 지역에 위치해 있어서, 그것을 함락시킨다는 것은 침략자들에게는 악몽과 같은 일이 될 것이다. 테헤란의 지리적 이점은 이곳이 카자르 왕조의 수도로 선정된 이유였다. 카자르 왕조는 페르시아의 수도를 이스파한(사파비 왕조의 수도)과 시라즈(잔드 왕조의 수도)에서 이전했다. 게다가, 오늘날 이라크 안에 있는 사산 왕조의 수도인 크테시폰(Ctesiphon)이 이슬람 세력에 넘어간 것도 지리적 이유 때문이었다.

이런 점을 감안하면, 미국과 동맹국들은 아야톨라 정권을 전복

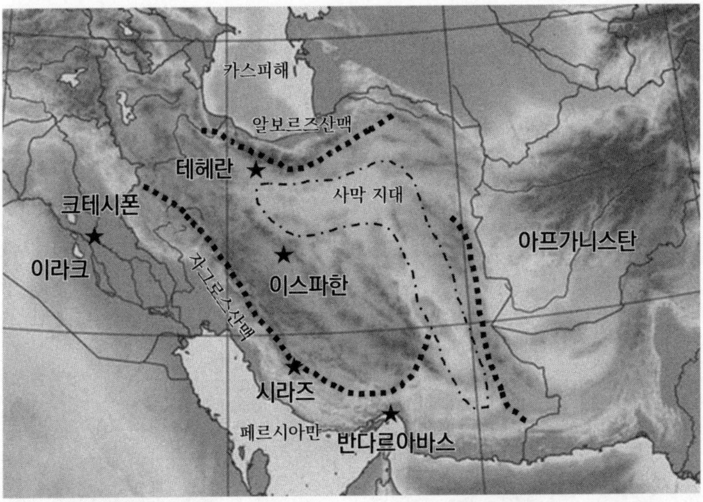

시키기 위해서는 내부 혼란과 인민혁명에만 의존할 수 있다. 그러나 아야톨라에 맞서 국민을 선동하는 트럼프의 전략은 막다른 골목에 다다랐다.

사실은, 두 나라는 서로를 필요로 한다. 미국이 팽창주의자 아야톨라 정권 없이 어떻게 중동 개입을 정당화할 수 있었을까? 마찬가지로, 큰 사탄과 작은 사탄의 존재가 이란의 '빌라야트 알 파키흐(최고 법학자 통치)'를 정당화시켜주고 있다. 그들은 둘 다 서로에게 유용한 적이다.

터키 19

2002년 정의개발당(AKP)의 승리 이후, 터키는 친미적이고 친유럽적인 세속국가에서 이슬람 정체성을 가진 국가로 탈바꿈하는 극적인 변화를 겪었다. 게다가 레제프 타이이프 에르도안 대통령 집권(2014~현재)에 따라 터키는 전통적으로 적이었던 러시아와 가까워지게 되었다.

터키는 오스만 칼리프(1299~1922)의 계승자로, 중앙아시아에서 온 오구즈 투르크의 후손인 오스만 가지(Osman Gazi)에 의해 설립되었다. 1517년 오스만 제국은 이집트의 맘루크 술탄국을 격파하고 아바스 칼리프 왕국을 후원했다. 이 때문에, 아바스 왕조의 알 무타와킬 3세(Al-Mutawakkil III)는 살림 1세(Salim I)에게 칼리프 칭호를 부여했고, 오스만 제국은 역사상 세 번째 수니파 칼리프 국가가 되었다.

최전성기에 오스만 제국의 영토는 아나톨리아(오늘날 터키의 핵심 영토), 마슈리크(시리아, 이라크, 레바논, 팔레스타인), 헤자즈(아라비아반도 서쪽), 발칸(남유럽) 등 3개 대륙에 걸쳐 있었다.

그러나 특히 유럽 강대국들이 서부(영국, 프랑스, 이탈리아)와 동부(러시아)에 포진하고 있는 상황에서, 그와 같은 광대한 제국을 지키고 유지하는 것은 쉬운 일이 아니었다. 오스만 제국이 근대 국가로 변모하는 데 실패하면서, 1차 산업혁명(1760년대 시작)과

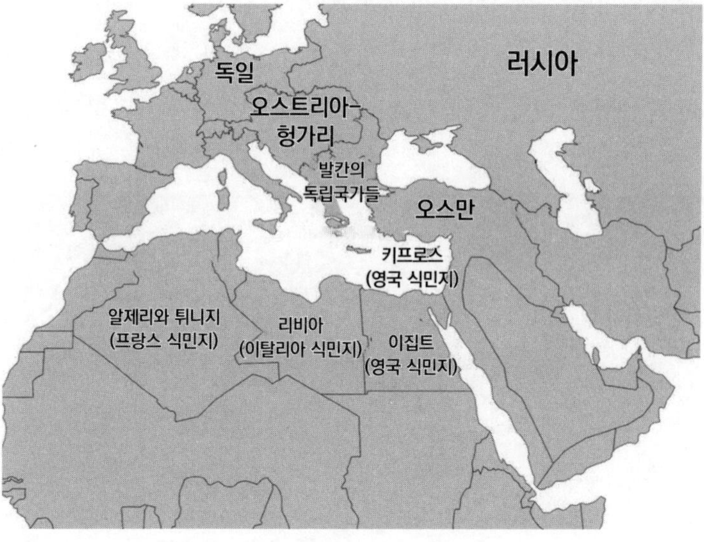

2차 산업혁명(1870년대 시작)을 통해 진보와 발전을 이룬 유럽 강대국들에 의해 영토가 조각나는 것을 막을 수 없게 되었다.

1914년까지 광대했던 오스만 제국의 영토는 그리 많이 남아 있지 않았다. 오스만 제국은 겨우 아나톨리아, 마슈리크, 헤자즈만 보유할 수 있었다.

1차 세계대전의 패전국이었던 오스만 제국은 남아 있던 영토가 승전국(영국, 프랑스, 이탈리아)에 의해 조각났다. 파리평화회의 기간 동안 승전국들은 오스만에게 세브르 조약에 서명하도록 강요했는데, 이 조약은 북부 아나톨리아와 중부 아나톨리아를 제외한 오스만 제국의 모든 영토를 승전국들이 나눠 갖게 만들었다. 오스만 제국의 백성들이었던 아르메니아인과 쿠르드족은 국민국가를 수립할 수 있는 민족 자결권이라는 전리품을 지급받았다. 오스만 제국의 수도 콘스탄티노플은 오스만 제국이 통치권을 잃어버린 국제적인 도시가 되었다.

그와 같은 조건들은 민족주의자들의 분노를 촉발시켰다. 무스타파 케말의 지도 아래, 민족주의 세력은 오스만 제국의 영토를

차지하려고 했던 그리스, 프랑스, 영국의 연합군을 물리쳤다. 이들 강대국은 최종적으로 로잔 조약을 성사시키기 위해 세브르 조약을 재협상해야 했고, 로잔 조약은 아나톨리아 전체가 현재 터키 공화국으로 알려진 국가 아래에 남는다고 명시했다.

1924년 3월 무스타파 케말(Mustafa Kemal)은 터키 영토의 온전함을 지키지 못한 쇠약한 오스만 칼리프 국가를 폐지하였다.

터키의 초대 대통령으로서 무스타파 케말은 터키의 면모를 이슬람 국가에서 세속 국가로 바꾸었다. 오스만 문자 같은 아랍어 요소는 로마자로 대체되었다. 터키는 중동과 거리를 두고 유럽 국가들과 더 긴밀한 관계를 맺었다.

터키의 전략상 지리적 위치는 미국과 소련 간 경쟁의 열쇠가 되었고, 터키가 서방세계에 진출하는 계기가 되었다. 터키는 흑해와 지중해 사이의 좁은 지점인 보스포루스해협과 다르다넬스해협을 보유하고 있다.

소련이 해협을 장악하려는 위협은 터키가 1952년 나토에 가입

한 이유가 되었다. 터키는 중동에서 역할을 별로 하지 못했다. 터키의 야망은 유럽 국가들의 대열에 합류하는 것이었다.

터키는 1987년에 EU 가입신청서를 제출했다. 그러나 터키를 받아들이는 과정은 매우 느렸다. EU에게 있어, 현재의 터키는 유럽 국가가 되기 위해 필요한 요소들을 갖추지 못했다.

터키 외교정책의 기둥으로 이슬람 정체성을 내세우려 한 사람은 네흐메틴 에르바칸(1996~1997 터키 총리)뿐이었다. 그는 이슬람협력기구(OIC)의 틀 밖에 있는 8개국 간의 협력체인 D-8을 설립했다. 그러나 그는 케말리스트(무스타파 케말의 세속적 이데올로기의 지지자들)의 적수가 되었다. 그들의 압력으로 에르바칸은 사임하였다.

2002년 이후 5년 만에 정의개발당(AKP)이 정부를 구성했다. AKP는 레파(Refah, 에르바칸이 주도함)* 당원들이 '이슬람주의'의 영향을 줄이기 위해 창당했음에도 불구하고, 터키 이슬람주의자들의 부상과 관련이 있다.

가장 극적인 변화는 에르도안 터키 총리가 중동에서 보다 적극적인 역할을 맡은 것이었다. 이 지역의 아랍 국가들은 여전히 오스만에게 민감하게 반응하고 있기 때문에, 네오오스만처럼 인식되는 터키의 존재를 덜 환영하고 있다. 에르도안 대통령이 아랍의 봄 이후 카타르와의 전략적 관계를 구축하고, 무슬림형제단 등 이슬람주의 정당을 지지한 것은 걸프 국가들, 특히 사우디

* 이슬람 포퓰리즘 정당인 복지당.

아라비아와 UAE를 불편하게 만들었다.

한편, 에르도안의 행동주의는 터키 내부에서 환영받지 못했다. 2013년 5월 이스탄불 게지(Gezi) 공원에서 벌어진 시위는 부패 스캔들과 독재정치로 얼룩진 에르도안 정부에 대한 반대 표시였다. 또한 에르도안 비판론자들은 그의 이슬람 정책이 무스타파 케말이 세운 터키 공화국의 국가적 근간에 등을 돌리는 정책으로 보고 있다.

다음으로 2016년 7월 15일, 터키의 방향에 불안감을 느끼는 케말리스트들이 주도한 것으로 알려진 군대의 쿠데타 시도가 있었다.

쿠데타의 배후 그룹은 무스타파 케말의 슬로건인 "Yurtta Sulh, Cihanda Sulh(집에서의 평화, 세계의 평화)"에서 따온 "Yurtta Sulh Konseyi(조국평화위원회)"라고 불렀다.

케말리스트들이 보기에 에르도안은 중동문제에 있어서 케말 아타튀르크의 비동맹 정책노선에서 벗어났기 때문에, 그가 터키에 가한 피해를 보상받기 위해서 에르도안 정부를 전복시키려고 하였다.

에르도안은 쿠데타 시도를 저지하고 음모에 연루된 것으로 의심되는 공무원, 군, 언론인에 대한 광범위한 숙청 작업에 착수하였다. EU와 미국은 인권과 정치적 자유를 침해한 에르도안 대통령을 향해 총구를 겨냥했다.

더 인상적인 것은 쿠데타가 에르도안에게 기회를 준 것이다. 에르도안 대통령은 쿠데타의 배후로 군과 공무원, 언론 등에 대규모 추종자를 가지고 있는 인기 설교사 펫훌라흐 귤렌(Gulen)* 을 지목했다. 귤렌을 넘겨달라는 에르도안 대통령의 요구를 미국이 거부한 것은 쿠데타와 귤렌의 관계를 재평가하는 데 일조를 하였다.

에르도안 대통령은 서방 음모론(미국과 유럽)의 희생양임을 보여준 후에, 러시아에 접근하였다. 그 결과, 에르도안 대통령은 시리아 전쟁으로 영향을 받은 러시아-터키 관계를 개선하는 데 성공하였다. 양국은 터키를 가로지르는 투르크스트림(TurkStream) 파이프 가스를 개발하기 위한 협력관계를 체결했다. 러시아도 터키에 S400 미사일 방어 시스템을 공급하였다.

귤렌 외에, 시리아-터키 국경지대에 있는 쿠르드족을 향한 미국의 지지도 에르도안 대통령이 미-터키 관계를 재평가할 필요성을 느낀 이유였다.

IS 격퇴를 위한 미국의 쿠르드족에 대한 원조는 쿠르드족이 더 강력한 기반을 구축한 이유로 간주되어, 에르도안은 쿠르드족을 제거하기 위해 '유프라테스 방패 작전(Operation Euphrates Shield)'을 개시하였다. 터키가 미국과 여전히 가까웠다면, 에르도안을 그렇게 하지 않았을 것이다.

그러나 에르도안 대통령은 미국과 나토에 완전히 등을 돌리지는 않을 것이다. 터키는 특히 시리아 문제에 관한 한, 러시아와 의견 차이가 있다. 러시아는 아사드 정권에 대한 전폭적인 지원

---

* 펫훌라흐 귤렌(Fethullah Gulen): 미국에 기반을 둔 이슬람 성직자. 처음에는 에르도안의 친구였으나, 나중에 정적으로 돌아섬.

을 약속했고, 터키는 시리아 지도자를 전복시키려는 무장세력을 지원하고 있다.

에르도안 대통령은, 미국과 나토가 터키의 지리적 중요성을 잘 인식하고 있기 때문에, 비록 터키가 많은 문제를 일으키고 있기는 하지만 나토에서 추방당하지는 않을 것으로 자신하고 있다. 따라서 에르도안은 터키의 지리적 이점을 활용해서, 미국의 의사에 반하는 결정을 내리고 있다.

터키와 러시아의 관계도 에르도안에 의해 EU 회원국에 대한 압력을 가하는 데 활용되고 있다. 터키가 유럽 이외의 동맹국이 없다면 EU는 이를 무시할 수가 있다. 그러나 터키가 러시아와 가까워지고, 러시아가 주도하는 유라시아경제연합(EEU)에 가입한다면 EU는 위협을 느끼게 될 것이다.

결론적으로, 아타튀르크든 에르도안이든, 두 지도자는 어떤 초강대국에 구속되지 않고 터키의 국익을 극대화하려고 하였다. 이 균형 잡기는 지도자의 재치를 시험하는 행위이기도 하지만, 그 성공 여부는 한 나라의 지리(地理)에 달려 있다.

리비아 20

2020년 1월 7일, 터키 의회는 칼리파 하프타르(Khalifa Haftar)가 이끄는 리비아 국민군(LNA)에 대항하여, 알 위파크 알 와타니(Al-Wifaq al-Watani) 또는 파예즈 알 사라지(Fayez al-Sarraj) 통치하의 리비아 통합정부(GNA)를 지원하기 위해 리비아에 군대를 파병하는 법안을 통과시켰다.

리비아 통합정부는 리비아 수도 트리폴리에 통치 기반을 둔 유엔이 인정한 정부다. 그러나 리비아 통합정부는 리비아 동쪽에 있는 마즐리스 알 누와브(Majlis al-Nuwaab) 또는 투브룩(Tobruk) 정부(HoR)*를 지지하는 리비아 국민군의 도전에 직면하였다.

리비아 분열은 자유주의와 세속주의 진영의 승리를 목격한 2014년 선거에서부터 시작되었다. 리비아 무슬림형제단의 화신인 정의개발당(Hizb al-Adala wa al-Bina)이 이끄는 이슬람주의자들은 이 결정을 받아들이지 않았다.

그래서 이슬람주의자들은 쿠데타를 일으켰고, 민족구국정부(GNS: Government of National Salvation) 또는 후쿠마 알 잉카드 알 와타니(Hukumat al Inqadh al-Watani)를 세웠다. 자유주의적이고 세속적인 국민의 대표들은 투브룩으로 도망쳐 국민의회 정부(HoR)의 이름으로 통치하였다. GNS는 오마르 알하시를 총리로, HoR은 압둘라 알타니를 총리로 임명했다.

그 후 HoR은 LNA를 이끄는 칼리다 하프타르(Khalida Haftar)와 협약을 맺었다. 하프타르는 카다피의 전 장군이었지만, 차드 전쟁에서 실패했기 때문에 1987년 카다피에 의해 해임된 전력이 있다. 하프타르는 미국으로 도피했다가, 카다피의 몰락 이후 리비아로 돌아와 LNA를 이끌었다.

유엔은 리비아 문제를 해결하기 위한 노력의 일환으로 트리폴리에 통일정부인 리비아 통합정부(GNA)를 설립했다. 2016년 파예즈 알 사라지가 리비아 총리에 임명되었다.

---

* 투브룩 국민의회 정부(House of Representatives(HoR) di Tobruk).

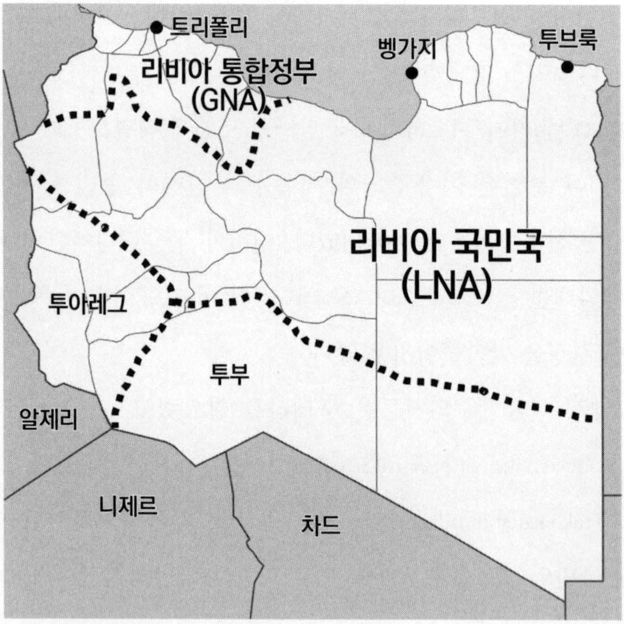

그러나 하프타르는 GNA 내의 이슬람주의자들의 존재에 반대했고, GNA를 인정하지 않았다. 군사력의 부족으로 GNA는 트리폴리 너머의 영토에 대한 효율적인 통제권을 가지고 있지 않았다.

리비아와 2011년 혁명 이후의 이집트 사이에는 유사성이 있는데, 이는 자유-세속주의자와 이슬람주의자들 사이의 갈등이라는 점이다. 또한 각 그룹은 각각 사우디-UAE-이집트, 터키-카타르 동맹의 지원을 받고 있다.

이집트의 대통령 압델 파타 알 시시(Abdel Fattah al-Sisi)는 이 분쟁에서 적극적인 역할을 했는데, 이는 리비아가 이집트와 국경을 접하고 있고, 그가 무슬림형제단에 대해 똑같은 적대감을 가지고 있었기 때문이었다.

트리폴리에서의 다툼 이외에도, 리비아 남부 사막은 유목민족인 투아레그족과 투부족 사이에 충돌이 발생하여, 국가가 세 조각으로 쪼개지는 듯한 결과가 발생하였다.

무아마르 카다피(1969~2011) 시대를 낭만화하기에 앞서, 그가 통치했을 때는 나라가 오늘보다 훨씬 평화로워 보였지만, 그 독재자 자신이 오늘의 난국에 한몫했다는 사실을 깨달아야 한다.

리비아 동부와 서부의 분단은 1951년 리비아 독립 이후 시작되었다. 이탈리아 통치 시기(1911~1947)에 리비아는 트리폴리타니아(트리폴리 중심)와 키레나이카(벵가지 중심)로 분할되었다.

벵가지에서는 1837년 '무함마드 이븐 알리 아사누시'가 세운 수피족 종파인 사누시야(Sanusiyah)*파의 운동이 일어났다. 사누시야파는 1911년부터 1944년까지 리비아에서 이탈리아 통치를 반대하는 역할을 하였다. 리비아 독립 후, 무함마드 이븐 알리의 손자인 이드리스 국왕이 1951년 첫 리비아의 왕으로 즉위했다.

그러나 키레나이카(Cyrenaica)**의 정치와 경제적 지배는 트리폴리 시민들에게 불만을 일으켰는데, 특히 이드리스 알 사누시*** 왕은 비천한 종교인 출신이었으며, 행정적인 문제에 관심이 적어

---

* 이슬람교 신비주의 교단인 수피 교단의 한 파. 1837년경 무하마드 빈 알리 아사누시가 아랍 및 북아프리카에서 설립.

** 리비아 동부에 있는 자치 지역 이름.

*** 이드리스 알 사누시(Idris al-Sanusi). 1951년 유엔이 리비아를 왕국으로 독립시키자, 영국의 지원 아래 리비아의 첫 왕이 되기 위해 이집트 망명 생활을 청산하고 돌아와서 왕이 되었으나, 재위 18년 만인 1969년에 젊은 장교 무아마르 카다피의 쿠데타로 퇴위함.

그의 통치는 비효율적이었다. 그것이 그가 물러나야 한다는 요구로 이어졌다. 'Iblis wa la Idris(우리에게 이드리스가 아닌 악마를 달라!)'는 그 시기에 대중적인 구호가 되었다.

이드리스 왕은 마침내 1969년 트리폴리 시민을 대표하는 무아마르 카다피에 의해 전복되었다. 아마도 카다피는 적어도 키레나이카 사람들에게는, 그들이 요구한 '악마'였을 것이다. 카다피는 키레나이카에 대한 차별적인 정책을 시작했다.

2011년 카다피에 대항한 봉기가 키레나이카의 벵가지에서 시작된 것은 놀라운 일이 아니다. 카다피 이후 리비아의 새 깃발은 키레나이카의 상징(초승달과 검은 배경의 별)을 담고 있는 이드리스 왕 시대의 리비아 국기다. 사실 하프타르 장군 역시 키레나이카

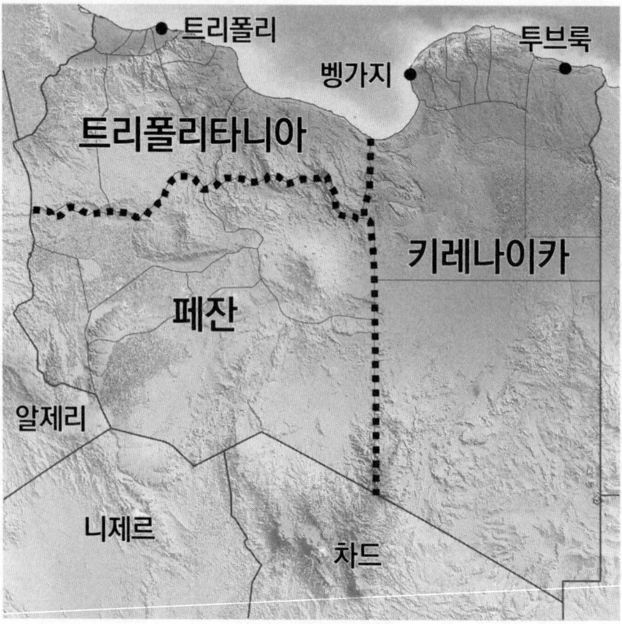

출신이었다.

트리폴리타니아-키레나이카 정체성의 차이는 오늘날 리비아의 분열을 가져왔다. 동시에, 페잔(Fezzan)은 원래 알제리와 차드에 있는 프랑스 식민지였으나, 1차 세계대전 이후 이탈리아에 넘어갔다. 따라서 트리폴리타니아나 키레나이카와 비슷한 정체성을 공유하지 않는 유목민족들은 트리폴리의 지배에서 벗어나기 위해 이 기회를 이용했다.

전쟁 상황이 하프타르의 편을 들지 않는 것을 보고 터키의 에르도안 총리는 묵묵히 지켜만 볼 수 없었다. 터키가 리비아를 과거 오스만 제국의 영토라는 역사적 사실에 기초하여 아직도 잠재적 영향권으로 간주하는 것 이외에도, 리비아는 터키에게 이스라엘, 키프로스, 그리스 등 터키 적국들 사이에서 지정학적 장기판을 움직이는 데 결정적으로 중요한 나라이다. 그리스는 콘스탄티노플의 정복자인 술탄 무함마드 알 파티흐(Muhammad al-Fatih) 시절부터 터키의 불구대천의 원수였다(비잔틴 로마는 그리스에 뿌리를 가진 왕국이었다).

그것 외에도, 1차 세계대전과 터키 독립전쟁 동안 터키군과 그리스군은 모두 반대편에 있었다.

키프로스는 1573년부터 1878년까지 오스만 제국의 식민지였으며, 나중에 영국의 식민지가 되었다. 1960년 독립 후, 키프로스인들이 그리스와 연합해야 한다고 주장하면서 터키는 1974년 전략적 이해관계를 바탕으로 북키프로스를 정복하게 되었다. 터키는 터키가 유일하게 인정한 '북키프로스 터키공화국'을 세웠

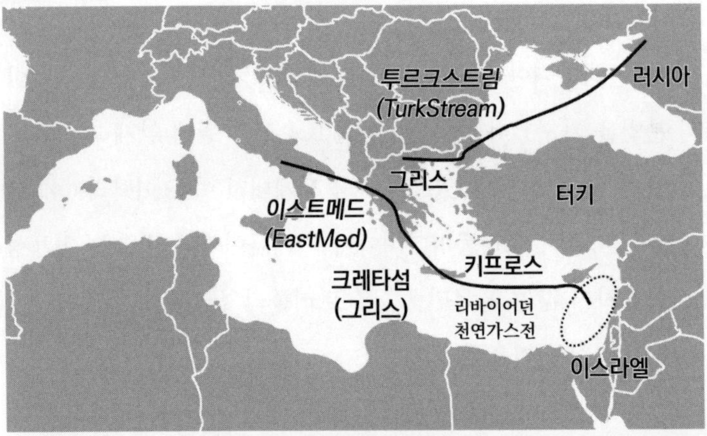

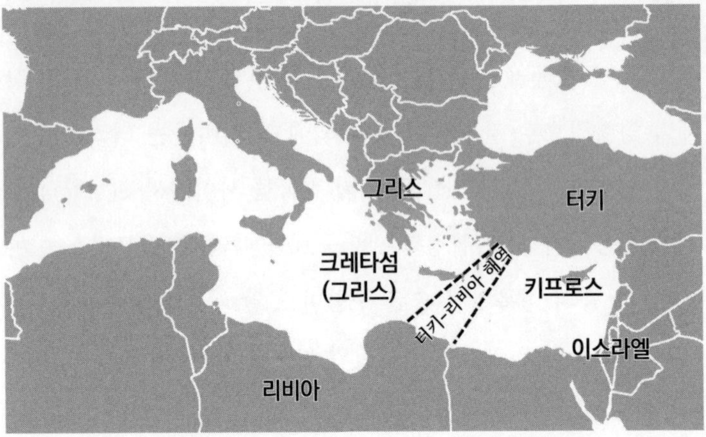

다. 그런 이유로 키프로스 역시 터키에 대해 적대적이다.

이스라엘은 "내 적의 적은 내 친구"라는 원칙에 입각해 그리스와 키프로스에게 동맹을 맺을 것을 요청했다.

3개국은 2020년 1월 2일 지중해 동부 리바이어던(Leviathan) 천연가스전에서 나오는 천연가스를 수송할 목적으로 이스트메드(EastMed) 천연가스 파이프라인 건설 계약을 체결했다.

이 프로젝트는 2020년 1월 1일 운영을 시작한 터키와 러시아 사이에 체결된 투르크스트림 프로젝트와 경쟁 관계에 서게 될 것이다. 터키의 경우 투르크스트림은 러시아 천연가스에 의존하기 때문에 EU/NATO와의 관계에서 활용되고 있다. 이스라엘-키프로스-그리스 간 대체 가스관이 존재하면 터키의 전략이 무효가 되기 때문에, 에르도안 총리는 이스트메드의 통로를 바로 뚫고 지나가는 터키와 리비아 사이의 영해를 분할해 이스트메드 계획을 저지하려고 하였다.

2020년 1월 12일, 리비아 분쟁 당사국들을 위한 정상회담이 러시아 모스크바에서 개최되어 탈출구를 논의했다. 그러나 합의점을 찾을 수 없었고 하프타르가 트리폴리에 대한 새로운 공격을 감행했다. 리비아의 국가 정체성 해체와 함께, 외세의 개입은 리비아의 평화를 아득히 멀어 보이게 만들었다.

수단 21

오마르 알 바시르(Omar al-Bashir) 수단 대통령의 30년간의 통치는 알 바시르 정부에 반대하는 수단 국민들이 3개월 동안 대규모 시위를 벌인 후, 2019년 4월 11일 아흐메드 아와드 이븐 아우프(Ahmed Awad ibn Auf) 중장에 의해 전복됨으로써 갑자기 종식되었다.

한때 알 바시르는 북아프리카에서 지네 엘 아비딘 벤 알리(튀니지), 호스니 무바라크(이집트), 무아마르 카다피(리비아)와 함께 악명 높은 독재자였다. 그들은 모두 아랍의 봄 동안 타도되었다.

알 바시르는 카다피와 많은 유사점을 공유하고 있다. 둘 다 쿠데타로 집권한 대령이었고 수피 지도자였던 국가 원수를 쓰러뜨렸다. 카다피는 1969년 사누시파 지도자였던 이드리스 국왕을, 알 바시르는 1989년 안사르(Ansar) 종파 지도자였던 사디크 알 마흐디(Sadiq al-Mahdi)를 타도했다.

수단 지도자로서 알 바시르는 1983년부터 수단 중앙정부와 수단 남부지역 사이의 내전 문제를 물려받았다. 2003년에 시작된 다르푸르 분쟁은 이 나라의 상처를 더욱 아프게 만들었다. 다르푸르 전쟁은 국제사회가 집단학살로 간주하고 있으며, 2009년 국제형사재판소(ICC)가 알 바시르에 대한 체포영장을 발부하

였다. 수단은 영국 식민주의에 의해 만들어진 인위적인 국가의 또 다른 예이다. 수단의 핵심 영토인 다르푸르와 정체성과 문화면에서 전혀 이질적인 남수단과의 통일은 끝없는 혼란으로 이어졌다.

수단이라는 단어는 아랍어 "아스와드(aswad)"(검은색)에서 유래되었는데, 이는 나일강 하류의 누비아인들의 피부색을 가리키는 말이다. 기원전 8세기 초에 쿠시(Kush) 왕국을 세운 누비아인들은 아랍화와 함께 기독교화와 이슬람화를 겪었다.

나일강 하류를 통치한 마지막 무슬림 왕국은 1882년 이집트의 총독 무함마드 알리 파샤에 의해 정복된 펑지스탄(Funjistan) 술탄국이었다. 영국이 이집트를 식민지화하면서 수단에 있는 안사르(Ansar) 종파의 지도자 무함마드 아흐마드가 반란을 일으켰고, 그는 이맘 마흐디를 자처하고 마흐디스트 수단*을 세웠다. 영국이 마흐디야(Mahdiyah) 반란을 진압한 것은 1898년이었다.

영국은 마흐디스트 수단과 마흐디스트 수단 남쪽 지역을 통일했는데, 후자에는 애니미즘(정령 신앙)과 기독교인이었던 딩카(Dinka)나 누어(Nuer) 같은 닐로트 부족이 거주하고 있었으며, 1899년 앵글로-이집트 수단이 되었다. 1916년 영국은 다르푸르 술탄국을 정복하여 영국-이집트 수단에 포함시켰다. 이에 따라 다르푸르의 닐로트 이슬람교와 함께, 아랍-누비아 이슬람교, 닐로트 기독교, 그리고 애니미즘 신봉자들을 통합함으로써 새로운

* 수단 이슬람 마흐디 신국(神國).

지정학적 실체가 탄생하였다.

1956년 수단의 독립 이후 내전이 일어난 것은 놀랄 일이 아니다. 16년간의 전쟁 끝에 자파르 니미에리(Jaafar Nimiery) 수단 대통령은 남부 수단의 부족 대표들과 아디스아바바 조약에 서명하여, 남수단이 자치권을 행사할 수 있는 길을 열었다.

그러나 1970년대 남부 수단에서 석유가 발견되자 중앙정부가 자치권 약속에 등을 돌렸다. 자치권은 남부 수단에서 석유 자원에 대한 독점권을 보유한다는 것을 의미한다. 한편, 중앙정부에서 더 많은 권력을 얻고 있는 이슬람 단체들은 니미에리가 1983년 수단을 이슬람 국가로 선언하도록 이끌었다. 같은 해에 제2차 수단 내전이 발발하였다.

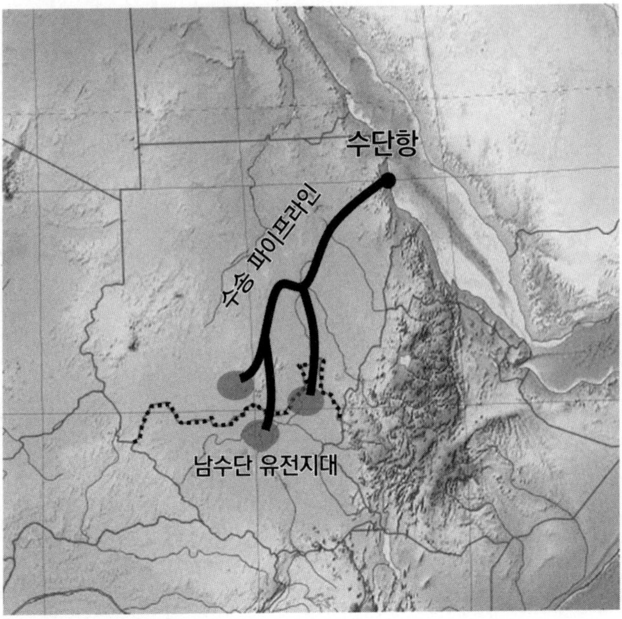

20년간의 전쟁으로 알 바시르 통치하의 중앙정부는 2005년 남부 수단 자유주의자들과의 평화를 선택해야만 했다. 평화협정에 따르면 2011년 남부 수단의 독립 여부를 결정하는 국민투표 실시가 예정되었다. 한편, 수단과 남부 수단 사이의 석유 수입 분배는 50:50으로 하기로 하였다. 그 대가로, 수단 남부 지방은 수단 송유관을 이용하여 석유를 수송할 수 있었다. 2011년 국민투표가 실시되었고, 독립된 남수단은 '남수단공화국'이 되었다.

남수단의 독립은 수단 경제에 중대한 타격을 주었다. 수단의 GDP 성장률은 석유생산량이 2/3로 감소되자 5.2%(2010년)에서 1.9%(2011년)와 1.4%(2012년)로 떨어졌다. 수단의 원유 수출은 연간 90억 달러에서 20억 달러로 감소했다.

외환보유액 부족으로 통화가치 절하가 잦아지면서 심각한 인플레이션 문제(2018년 기준 63%)가 발생했다. 국민들은 부실한 정부 정책에 항의하기 위해 거리로 나섰고, 군부가 알 바시르를 전복시킬 때까지 3개월 동안 보안요원과 시위대 사이에 충돌이 빚어졌다.

처음에 시위자들은 알 바시르의 몰락이 희망했던 민주주의로 이어질 것이라는 높은 기대를 걸었다. 그러나 군부가 권력을 넘겨주기를 꺼리는 바람에 시위자들은 하르툼에서 집회와 시위를 계속 이어나갔다. 얼마 후인 2019년 6월 3일 군이 시위대에 대한 진압에 나서 수백 명의 사상자가 발생했다.

시위대를 공격한 세력은 다르푸르에서 악명 높은 전쟁 범죄로 유명한 신속지원군(RSF)이었다. 모하메드 함단 다갈로(Mohamed

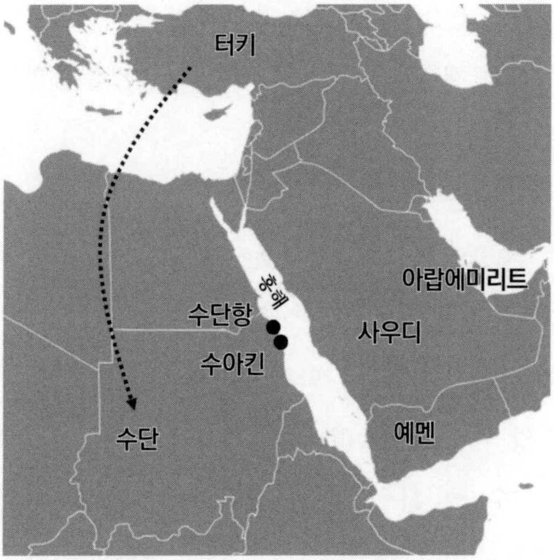

Hamdan Dagalo)는 군사정권의 부의장으로 임명되었다. 군대가 그들의 목소리 때문에 알 바시르 정부를 전복시켰다는 시위자들의 가정은 틀렸다. 사실 진짜 이유는 그가 외교 정책에서 실수를 하였기 때문이다.

2011년 남수단이 독립한 이후 알 바시르는 경제적 문제를 극복하기 위해 사우디아라비아, UAE와 우호적인 관계를 맺기 시작했다. 수단은 석유를 잃을지도 모르지만, 여전히 국토를 가지고 있다. 실제로 홍해 반대편에 위치해 있는 수단은 사우디-UAE가 예멘에서 공동작전을 펼치기 유리한 곳에 있기 때문에, 그들의 전략적 동맹국이 되었다.

이 때문에 알 바시르는 이란과의 관계를 단절하고 예멘에 군대를 파견해 사우디-UAE 군사작전을 지원했다. 그 대가로 양국은 알 바시르를 경제 원조를 통해 돕기로 하였다. 그러나 동시에, 알 바시르는 특히 2018년 1월 터키가 사용할 목적으로 수아킨 항구를 개발한다는 계획을 발표한 후 터키와 관계를 맺었는데, 이에 대해 사우디와 UAE가 우려하였다.

수아킨은 높은 전략적 가치를 가지고 있는 곳이다. 이곳은 1517년 술탄 셀림이 정복한 후 오스만 칼리프 제국의 매우 중요한 항구가 되었다. 수아킨을 소유함으로써 오스만 제국은 헤자즈를 포함한 홍해 지역을 장악할 수 있었다.

아마도 알 바시르는 특히 예멘에서의 군사작전이 약간의 성공을 거둔 후 수단이 사우디와 UAE에 의존하지 않도록 관계 다변화를 원했을 것이다. 불행하게도 수단과 터키의 조약 체결은 항상 터키를 신(新)오스만으로 보는 사우디와 UAE의 레드라인을 넘어서는 것이었다.

따라서 수단에서의 쿠데타는 사우디와 UAE의 이익을 보호하기 위한 계획이었을 가능성이 가장 높다. 그 외에도, 수단을 점령한 압델 파타 알 부르한(Abdel Fattah al-Burhan) 군사정부 의장은 사우디나 UAE와 긴밀한 관계를 맺고 있었다. 그 사이 아랍의 봄은 교훈을 가져다주었다. 사우디와 UAE는 지역 국가(이집트, 리비아, 튀니지)의 민주화 과정으로 인해 터키와 카타르로 기울어진 이슬람 정당들이 크게 부상하였기 때문에, 수단이 완전한 민주화를 달성하지 못하도록 할 것이다. 결론적으로, 수단 국민들이 가까운 시일 내에 그들의 나라가 민주 국가로 바뀌는 것을 보기는 어려울 것이다.

북동아프리카(Horn of Africa) 22

2019년 노벨 평화상은 아비 아흐메드 알리(Abiy Ahmed Ali) 에티오피아 대통령에게 수여되었다. 이는 1998년부터 시작된 에티오피아와 에리트레아의 전쟁을 2018년 그의 역사적인 에리트레아 방문으로 종식시키기 위해 노력한 공로 때문이었다.

아비(Abiy)는 '아프리카의 뿔' 지역(북동아프리카)에서 노벨 평화상을 받은 첫 번째 수상자였다. 간접적으로, 그는 거의 잊혀진 지역에 국제적인 관심을 집중시켰다.

'아프리카의 뿔'은 뿔처럼 생긴 지형 때문에 그렇게 이름 붙여졌다. 이곳은 세계에서 가장 낙후된 지역 중 하나이다. 이 지역의 4개국, 즉 에티오피아, 에리트레아, 지부티, 소말리아는 모두 세계에서 가장 가난한 나라들이며, 유엔의 분류상 가장 후진국에 속해 있다. 국제통화기금(IMF)이 선정한 2019년 1인당 국내총생산(GDP) 순위 186개국 가운데 지부티, 에티오피아, 에리트레아가 각각 128위, 161위, 184위를 차지하고 있다. 소말리아는 더 이상 정상적으로 국가 기능이 작동하지 않고, 이용할 수 있는 자료가 부족했기 때문에 포함되지 않았다.

최근 에티오피아는 2010년 연간 10~15% 성장을 목표로 한 성장 · 변혁계획(GTP)이 시행된 이후 급속한 경제 발전을 거듭하고 있다. 에티오피아는 아프리카의 사자로 알려져 있다. 이 이미지는 한때 위대한 악숨(Aksum) 문명을 건설했던 에티오피아와 솔

로몬 왕조 통치 시기의 에티오피아 제국에 더 적합하다. 에티오피아 황제[혹은 악숨 시대의 네거스/나자시(negus/najasyi)]는 '유다의 사자'를 상징으로 삼아, 자신을 이스라엘 부족 출신의 솔로몬과 시바 여왕의 후손이라고 주장했다.

북동아프리카는 19세기에 아프리카를 지배하기 위해 몰려든 파괴적인 유럽 강대국들을 피하지 못하였다: 에티오피아의 일부였던 에리트레아는 이탈리아에 의해 점령당했고, 지부티는 프랑스에 의해 지배당했으며, 소말리아는 이탈리아와 영국 사이에 분단되었다. 반면 에티오피아는 1936년 베니토 무솔리니의 이탈리아 파시스트 정부에 넘어갈 때까지 독립을 유지했다.

에티오피아와 에리트레아에 대한 이탈리아의 통치는 2차 세계대전이 끝나고, 무솔리니가 이탈리아에서 살해된 후 종식되었다. 에티오피아 황제 하일레 셀라시에(Haile Selassie)는 에리트레아와 에티오피아를 통일했다. 그러나 대부분의 에리트레아는 티그라족(Tigrayans)인 반면, 황제는 암하라족(Amhara)이었기 때문에 에리트레아는 1961년부터 독립을 요구하기 위해 무장 반란을 일으켰다.

에리트레아가 반란을 일으켰을 때, 하일레 셀라시에 황제는 1974년 멩기스투 하일레 마리암(Mengistu Haile Mariam) 중령에 의해 전복되었고, 마리암은 사회주의 정부를 세웠다. 반(反)멩기스투파는 1991년 에리트레아의 자유투사들에게 가담하여 멩기스투를 공동으로 물리쳤다.

멩기스투 정권이 붕괴된 후 에티오피아는 민주국가를 수립했고, 1991년 에리트레아는 독립을 이루었다. 하지만 곧 에티오피아와 에리트레아는 1998년에 다시 싸우게 되었다. 전쟁의 원인으로는 에리트레아가 에티오피아의 티그레이(Tigray) 지역을 장악하려는 욕심이 있었고, 독립 이후 에티오피아의 바다 쪽으로 접근할 수 없었기 때문이었다.

에티오피아-에리트레아 전쟁 외에, 소말리아도 1991년 이후 내전의 혼란에 빠져 중앙정부 구성에 실패했다. 소말릴란드(Somaliland)와 푼틀란드(Puntland) 같은 소말리아 영토들은 각각 독립을 선언했다.

정치적 불안정은 알 샤바브(Al-Shabaab)와 같이 이슬람교를 오용하는 해적과 극단주의로 이어졌다. 동아프리카는 가난하고 만족할 줄 모르는 곳임에도 불구하고, 홍해, 바브엘만데브해협, 아덴만 옆에 위치해 있어 지리적으로 매우 전략적인 곳이다.

이 지역은 세계의 주요 교역로로서 기능하는 것 외에, 아라비아반도와도 가깝다. 이러한 지리적 요인으로 인해 동부아프리카(특히 에티오피아)와 아랍인들 사이에 많은 상호 교류를 가져왔던 무슬림의 첫 히즈라(Hijrah, 옮겨가기/성스러운 옮김)는 메디나로의 히즈라보다 9년 앞서 악숨으로 먼저 있었다. 카바를 파괴하려 했던 아브라함은 원래 악숨 왕국에서 온 예멘의 총독이었다.

당시 악숨은 비잔틴의 동맹국이었으며, 비잔틴이 페르시아(사산 제국)에 대항하는 그들의 라이벌 관계에서 예멘을 통제하는 것은 특히 중요했다. 현 시대에는, 무역로 방어의 필요성 때문에 미국, 중국, 프랑스, 일본, 인도, 이탈리아가 동아프리카에 군사기

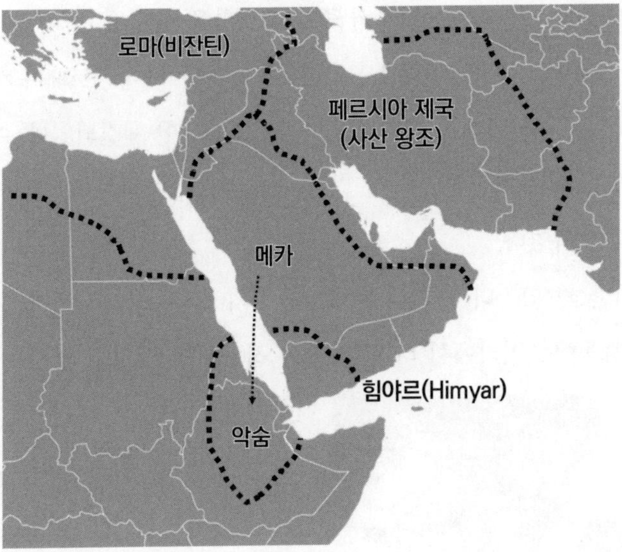

지를 건설하기 위한 세력 경쟁을 이어가고 있다. 일본과 중국은 각각 소말리아 내전으로 인한 해적행위로부터 화물선을 보호한다는 명분으로 2011년(일본), 2017년(중국) 첫 해외 군사기지를 설치할 장소로 지부티를 선택했다.

게다가 아랍의 봄은 북동아프리카에 대한 지역 강대국들의 관심을 고조시켰다. 아브라함의 이야기가 보여주듯, 동아프리카는 예멘에서 사우디-UAE의 군사작전이 성공하기 위해 필수적이다. 그뿐만 아니라, 이란은 2008년부터 에리트레아 아삽(Assab)에 오랫동안 해군기지를 설치해왔다. 따라서 사우디와 UAE가 아무런 조치를 취하지 않을 경우 이란이 예멘을 장악하게 된다.

에티오피아와 에리트레아 사이의 평화는 사우디와 UAE가 에리트레아에서 영향력을 행사할 수 있는 기회의 문을 열었다. 그것 말고도, 두 나라는 평화의 중재자 역할을 한다.

이 평화를 통해, 사우디-UAE와 에티오피아-에리트레아 사이의 더 긴밀한 관계를 맺기 위한 많은 조약들이 체결되었다. 이와 함께 UAE는 이란의 전철을 밟아 에리트레아 아사브에 군사기지를 구축하였다.

이란 외에도 터키-카타르의 행동주의(activism)도 사우디-UAE가 북동아프리카에서 더 큰 역할을 하도록 압박하고 있다. 아랍

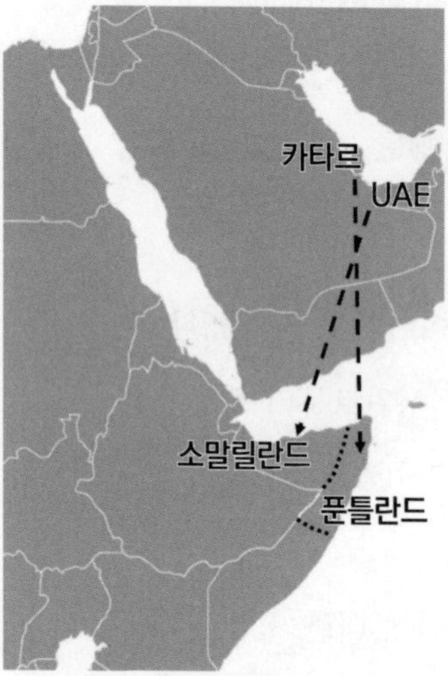

에미리트(UAE)와 카타르는 각각 소말리아 중앙정부로부터 독립을 선언한 지역인 소말릴란드와 푼틀란드를 지원하고 있다. 동시에 터키는 모가디슈에 있는 소말리아 중앙정부에 지원을 제공하고 있다. 북동아프리카 국가들이 지역 강대국들의 세력을 유치할 기회를 잡으면서, 연안이 없는 에티오피아는 불리해질 수밖에 없다. 그렇더라도 지부티, 에리트레아, 소말릴란드, 푼틀란드의 행동은 주권적인 측면에서 어떤 위험을 불러올 수 있다. 따라서 에티오피아에 해안이 없는 것은, 성장 · 변혁계획(GTP)과 같은 계획을 통해 산업 발전에 집중할 수 있도록 하는 '숨겨진 축복'이 될 수 있다.

예멘 23

예멘의 분쟁은 4년째에 접어들었다. 시리아나 위구르에 비해 독자들의 관심을 덜 받는다고 해도, 그것은 최악의 인도주의적 위기 중 하나로 표현되는데, 매일 130명의 예멘 어린이들이 항구 봉쇄로 인한 기아로 사망했다. 이 분쟁은 2015년 1월 수도 사나(Sanaa)를 장악한 후티 무장세력의 반란에서 뿌리를 찾을 수 있다.

압드라부흐 만수르 하디(Abdrabbuh Mansur Hadi) 예멘 대통령은 2012년 2월 알리 압둘라 살레(Ali Abdullah Saleh)의 몰락 이후 사우디의 지원을 요청했고, 사우디-UAE가 후티 무장세력을 진압하기 위해 공습을 감행했다.

후티는 살레 정권을 무너뜨리기 위해 2004년 설립된 극단주의 무장단체다. 둘 다 자이디야파(派)이다. 그러나 살레가 몰락한 후, 후티와 살레는 하디의 정부를 무너뜨리기 위한 협정을 맺었다. 다시 한번 말하지만, 이 상황은 정치에 영원한 적이 없다는 것을 증명한다. 살레의 이 같은 행보는 2017년 12월 후티가 무장단체에 등을 돌리고 사우디-UAE 동맹을 지지한 뒤 살해당하면서 역효과를 냈다.

사우디의 개입은 후티족의 시아(Shia)파 종교 때문이 아니다. 1962년 사우디는 이집트 대통령 가말 압델 나세르의 동맹인 압둘라 알 살랄을 막기 위해 북예멘의 국왕이자 자이디야파 이맘(Zaidiyah Imam)이었던 무함마드 알 바드르(Muhammad al-Badr)를 도와 북예멘에 개입했다. 사우디를 지정학적으로 위협한 나세르의 영향력을 차단하기 위한 개입이었다. 두 가지 개입의 유일한 차이점은 나세르 대통령은 예전의 위협이었고, 이란은 오늘날의 위협이라는 것이다(17장 참조).

하지만 사우디는 4년간의 개입으로 후티 무장세력을 결정적으로 물리칠 수 없었다. 실제로 2019년 9월 아부카이크(Abqaiq)와 쿠라이스(Khurais)에 있는 아람코 석유시설에 대한 드론 공격은 사우디 방어의 약점을 폭로한 사건이다.

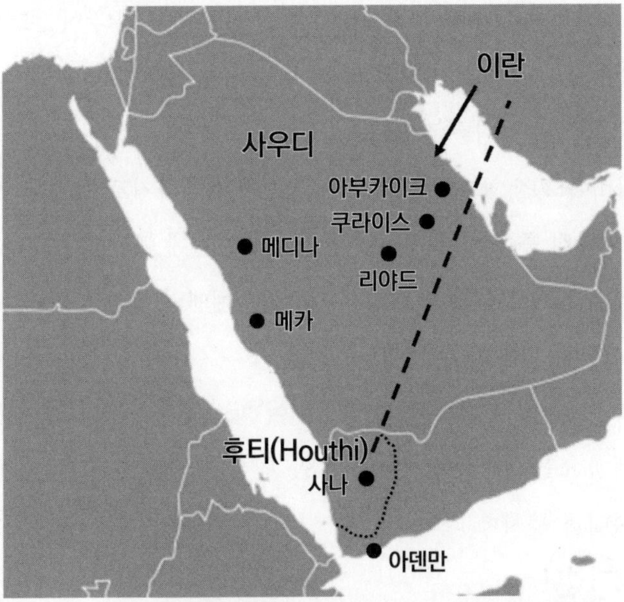

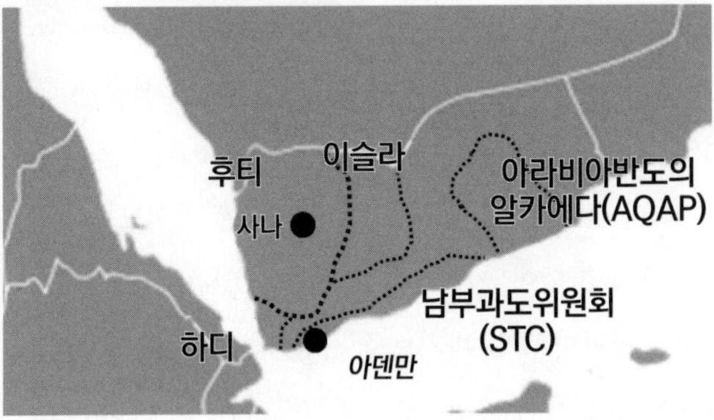

그것은 사우디에게 더 나빠질 수 없는 최악의 상황이었다. 후티와는 별개로 반(反)후티 동맹은 서로 마찰을 빚고 있다. 남부운동(Al-Hirak al-Janubiyy, 알 히라크 알 자누비야)을 측면에 두고 있는 남부과도위원회(STC)는 하디(Hadi)와 그의 충성파이자 무슬림 형제단의 한 분파인 '타지마무 알 야마니 릴 이슬라[Tajammu al-

Yamani lil-Islah(Al-Islah 알 이슬라)]"*와 갈등을 빚고 있다(이 경우 사우디에서 지원). 그 외에도 아라비아반도의 알카에다(AQAP)는 영향력을 행사할 기회를 잡았다.

리비아(20장 참조), 수단(21장 참조)과 마찬가지로 예멘은 지리적, 역사적 틀에 따른 정체성의 차이로 혼란에 빠졌다. 예멘 내전에서 부족이 분열되는 양상은 남과 북 예멘의 역사적 차이를 잘 보여준다.

예멘은 1990년 북예멘과 남예멘이 합병하면서 형성된 나라다. 북예멘 또는 예멘아랍공화국은 897년부터 1962년까지 북예멘의 고지대를 통치한 라시 가문이 자이드 이맘을 전복시켜 1962년 설립되었다.

라시 가문은 사이이디나 하산 이븐 알리(Sayyidina Hasan ibn Ali)의 후손으로, 사이이디나 후세인 이븐 알리(Sayydina Hussein ibn Ali)의 손자인 자이드 이븐 알리 자인 알 아비딘(Zaid ibn Ali Zain al-Abidin, 695~740)의 추종자가 되었다. 이 추종자들은 자이드를 그들의 이맘으로 받들고 있어 '자이드파'로 알려져 있다. 그들을 이라크와 이란에서 무함마드 알 바키르를 지지하는 이트나 아샤리스(Ithna Asharis)와 혼동해서는 안 된다. 자이드파는 알리, 하산, 후세인, 알리 자인 알 아비딘 단 자이드(Ali Zain al-Abidin dan Zaid)의 지도력과 동질성만을 인정해 '다섯 이맘(Fivers Shia)파'로도 알려져 있으며, 이는 무함마드 알 바키르의 후손에서부터 열두 번째 이맘

---

* 예멘 최대의 야당. —역주

인 무하마드 알 마흐디를 인정하는 '이트나 아샤리스(열두 이맘, Twelver Shia)'와는 극명한 대조를 이룬다.

한편, 남예멘은 1967년에 설립된 예멘 인민민주공화국으로, 영국의 식민지였던 남아라비아 연방과 남아라비아 보호국이 합병되었다. 비록 남아라비아 보호국에 있는 하드라마우트(Hadramawt)가 남아프리카공화국 동쪽 해안과 말레이군도에까지 이슬람을 전파한 사이이디족(Sayyids)*의 본거지임에도 불구하고, 남예멘은 사회주의 국가였다.

사회주의 국가로서 예멘은 친소련 정책을 실시했다. 1989년 냉전 종식 이후 남예멘은 '후견인'(소련)을 잃고 북예멘과 합병할 수밖에 없었고, 북예멘 대통령 알리 압둘라 살레가 대통령으로 남았다. 부통령에는 알리 살렘 알 베이드가 임명됐다. 의회 의석 협정은 50:50으로 정해졌다.

그럼에도 1994년 남부의 의석을 휩쓸고 있는 정당인 알 이슬라(Al-Islah)의 등장으로 남북 간에 내전이 발발했다. 남예멘은 반란이 중앙 정부에 의해 진압되기 전에 독립을 선언했다. 그러나 남예멘 독립의 불씨를 다시 피우기 위해 2007년 남부운동이 결성되었다.

사회주의 국가로서의 역사를 바탕으로 남예멘은 사실 세속주의로 기울었다. 이들에게 알 이슬라 등 종교 정당이 장악하고 있는 북쪽의 정치 구조는 짜증스러운 일이다. 그 당은 하시디족

---

* '예언자의 자손들'이라는 뜻.

(Hasyidi) 출신의 알 아흐마르(al-Ahmar) 가문에 의해 설립되었다.

모든 노력이 헛되이 끝나가는 상황을 보고 사우디는 하디(Hadi)에게 리야드 협정에 서명해 남부과도위원회(STC)와 평화협정을 체결하고, STC와 권력분담을 맺도록 압박했다. 그러나 2020년 1월 STC는 협정에서 손을 뗐다.

사우디가 남부 국경을 위협한 후티족과의 전쟁에서 승리를 위해 고군분투하는 동안, 동맹국인 UAE는 예멘의 분쟁을 이용하여 세력을 강화할 수 있는 여지가 더 많았다. UAE는 반(反) 후티 조약의 분열을 목적으로 남부과도위원회에 지원을 제공하였다. 혼란이 한창이던 2018년 5월 UAE가 소코트라(Socotra/Soqotra)섬* 을 통제했다.

---

* 아덴만 근처, 북서인도양에 위치한 4개의 작은 섬으로 이루어진 군도(群島).

소코트라섬을 마음대로 사용한다면, UAE는 소말릴란드와 에리트레아의 기지를 연결할 수 있다. 모두가 바쁜 와중에도, UAE는 사우디를 희생해 조용히 기회를 잡았고, 국가 간에는 영원한 친구나 적이 없다는 것을 다시 한번 입증했다. 하지만 이 힘의 게임에서 항상 지는 쪽에 있는 사람은 대중들일 것이다. 『얼음과 불의 노래』에서 바리스가 말한 바와 같이, "고귀한 영주들이 왕위 계승권을 행사할 때, 왜 항상 가장 고통받는 사람은 죄 없는 사람들인가?"라는 말을 생각해볼 필요가 있다.

시리아 24

60만 명의 목숨을 앗아간 시리아 내전이 시작된 지 8년 만에, 전쟁이 거의 끝나갈 무렵 마침내 그 나라는 희망의 빛을 볼 수 있었다. 시리아가 2011년 3월 발발한 내전으로 외세에 의해 국경이 결정되는 인위적인 국가가 된 것은 시리아의 지리적 현실에서 탄생한 비극이다.

1차 세계대전 중 프랑스와 영국 사이에 체결된 사이크스-피코 협정에 따르면 시리아는 '프랑스령'에 있었다(14장 참조). 전쟁이 끝난 후, 프랑스는 시리아를 점령하고 6개의 지방으로 나누었다: 알레포, 다마스쿠스, 알라위야, 자발 알 드루제, 알렉산드레타, 대(大) 레바논. 알렉산드레타는 터키 지방(하타이, Hatay)으로 분할되었다. 이후, 대(大) 레바논은 1943년에 독립하기 전에 1926년에 루브난 공화국(Republic of Lubnan)으로 분할되었다. 한편, 알레포, 다마스쿠스, 알라위야, 자발 알 드루제는 1930년에 합병하여 1945년에 독립한 시리아공화국이 되었다.

독립 이후에도 1948년 아랍-이스라엘 전쟁에서 실패한 시리아는 안정된 국가를 건설해야 하는 엄청난 과제에 직면했다. 후스니 알 자임(Husni al-Za'im)은 1949년 3월 시리아의 초대 대통령 슈크리 알 쿠와틀리(Shukri al-Quwatli)를 전복시키기 위한 쿠데타를 이끌었다. 쿠데타는 현대 아랍 세계 역사상 처음으로 일어난 쿠데타로, 나라를 권력투쟁의 악순환에 빠뜨렸다.

4개월 후, 알 자임은 그의 부하인 아디브 알 시샤클리(Adib al-Shishakli)와 사미 알 히나위(Sami al-Hinnawi)에 의해 전복되었고, 히나위는 군사정권의 지도자로 임명되었다. 4개월 후, 시샤클리는 히나위가 1954년에 제거되는 과정에서 그를 전복시켰다.

쿠데타는 1961년, 1963년, 1966년, 1970년에 잇따라 일어났다. 1970년 하페즈 아사드(Hafez Assad)가 살라 자디드(Salah Jadid)를 전복시킨 후에야 시리아는 연속적인 쿠데타로부터 탈출하였다.

그러나 그것은 안정으로 이루어지지 않았다. 아사드 대통령의 등장은 새로운 불안정의 발판을 마련했다. 아사드는 알라위파

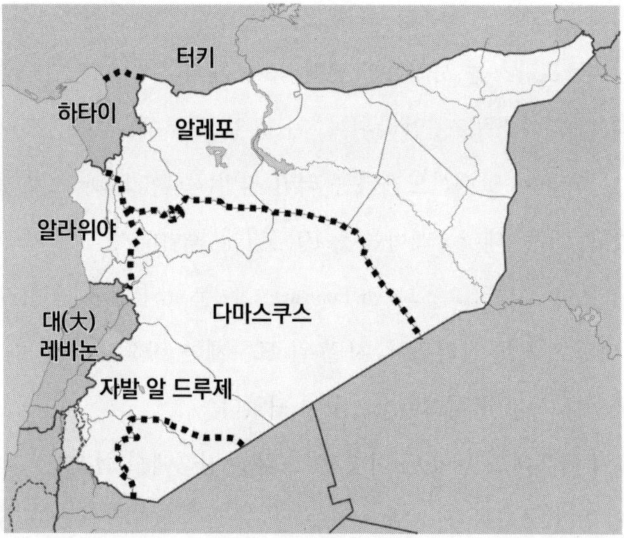

사람(살라 자디드도 마찬가지)이었다. 그래서 그의 통치는 국민의 대부분을 구성하고 있는 수니파에게 호의적이지 않았다. 무슬림 형제단은 1976년에 반란을 일으켰다. 아사드는 끔찍한 잔인함으로 그 봉기를 진압했다. 아사드가 하마(Hama)에서 2만 명의 목숨을 앗아간 초토화 정책을 펼치면서 봉기는 성공적으로 진압되었다.

장기적인 안정과 정통성을 위해, 그는 수니파 학자들과의 관계를 유지하기 위해 많은 신경을 썼다. 동시에 아사드는 모든 국민에게 평등한 권리와 자유를 부여하겠다는 시리아의 세속적인 측면을 강조했다. 외교 정책과 관련하여 아사드는 사우디가 주도하는 수니파와 이란이 주도하는 시아파 모두와 관계를 유지했다. 그의 아들 바샤르는 2000년에 취임했을 때 이 정책을 계속 유지했다. 하지만 아랍의 봄이 나라를 뒤흔들면서 상황이 바뀌었다. 아사드는 권력 상실에 대한 두려움 때문에 폭력으로 봉기를 진압하기로 결심했다. 사람들은 하마(Hama)의 학살에 대한 복수를 할 수 있었고, 그의 알라위파는 모두 살해당할 위기에 처했다.

아사드가 이란과 헤즈볼라에 항쟁 진압을 요청한 것은 수니파 국가들로 하여금 이란의 영향력이 시리아에서 두 블록의 균형을 깨뜨리며 더 강력한 기반을 구축하게 될 것이라는 우려를 낳았다. 그래서 아랍연맹은 시리아의 회원국 자격을 중단했다. 사우디아라비아, UAE, 카타르, 터키는 아사드와 싸우는 무장단체에 지원을 하고 있다. 사우디와 UAE는 살라피스트(Salafists)를 지원하고 있으며, 카타르와 터키는 무슬림형제단과 연계해 돕고 있다. 관심사는 달랐지만, 아사드를 없애려는 목적은 똑같다.

한편, 미국은 개입할 것인가 말 것인가에 대한 딜레마에 빠졌다. 오바마 행정부가 이집트에서의 혼란을 지켜보고 있는 가운데, 악화되고 있는 시리아의 인도주의적 위기와 아사드의 화학무기 사용에 대한 보고는 오바마에 압력을 가했다.

혼란스러운 시리아 정세는 2014년 악명 높은 무장단체 IS, 즉 다에쉬(Daesh, ad-Daulah al-Islamiyah fial-Iraq wa ash-Sham)가 부상하는데 크게 기여했다.

IS는 이라크 알카에다(AQI)와 바트당(사담 후세인의 충성파) 출신들로 구성돼 있다. 둘 다 시아파 쿠르드족이 지배하는 이라크 정부의 적이다. 이 단체는 2011년 이후 계속되고 있는 내전으로 인해 취약한 이라크 정부와 시리아의 혼란을 틈타 2014년 6월 표면으로 드러났다.

2014년 6월 이라크 제3의 도시 모술을 점령한 뒤 IS 지도자인 아부 바크르 알 바그다디는 스스로를 '칼리프 이브라힘'으로 선포하고 공포정치를 시작했다. IS의 영토는 최고조에 달했을 때 시리아 영토의 절반과 이라크의 3분의 1을 차지했고, 전 세계에서 지원병을 유치하는 데 성공했다.

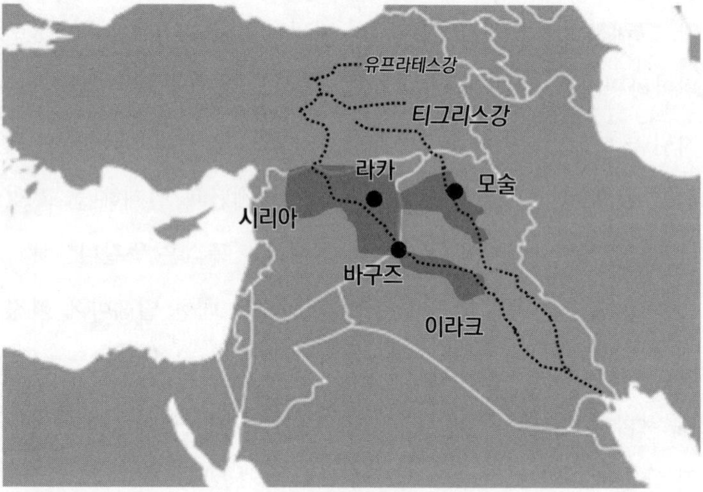

IS는 이라크와 시리아 상황을 조작해서 시아파가 양국을 지배하고 있지만, 그들이 수니파의 챔피언이라는 선전물을 퍼뜨려서 전사들을 모집하였다. IS의 선전기관 알 하야트(Al-Hayat)는 그들이 외세가 아랍에 강요하는 구조에 대항하는 것처럼, '100년 전

의 합의'*(14장 참조)를 기념해 2016년 '사이크스-피코 협정의 종말'이라는 제목의 동영상을 게재했다.

IS의 부상은 미국을 딜레마에 빠뜨렸다: IS에 대항하는 아사드를 도우면 IS가 더욱 단단히 자리 잡게 될 것이며, 가만히 있으면 IS가 승리하고 그들이 더 중대한 위협 요인이 될 것이다.

이에 따라 미국은 시리아민주군(SDF)에 대한 무기 및 훈련 지원을 선택했다. SDF는 시리아 내 쿠르드족이 세운 민주연합당(PYD)의 군사 기구인 인민보호부대(YPG)가 통제하고 있다.

러시아는 2015년 9월 그들의 오랜 동맹국을 돕기 위해 개입했다. 러시아는 유럽에서 압력을 받고 있는 와중에 시리아 문제에 개입함으로써 시리아에 대한 통제를 원활하게 할 수 있는 새로운 공간을 얻을 수 있었다. 러시아와 시리아의 관계는 냉전 시대로 거슬러 올라간다. 시리아 내 타르투스와 라타키아 항구는 러시아에 중요한 항구이다. 따라서 러시아가 시리아에 주둔하게 되면, 자신의 군사 자산을 지중해로 바로 이동시킴으로써, 동유럽에서의 나토의 제재를 뛰어넘을 수 있다.

미국과 러시아의 개입은 마침내 IS의 동력을 잃게 만들었다. 이 무장단체는 2017년 7월 모술에 대한 통제권을 상실했고, 이어서 2017년 10월 라카에 대한 통제권을 상실했다. 2019년 3월, IS가 마지막으로 정착한 시리아 바구즈(Baghuz)가 SDF에 의해 정복되었다. 오래지 않은 2019년 10월 26일, 트럼프는 시리아 이들리브

* 지금부터 거의 100년 전인 1916년 5월 체결된 '사이크스-피코 협정'을 말함. 중동에 인위적인 국경선이 그어지게 된 결정적 사건임.

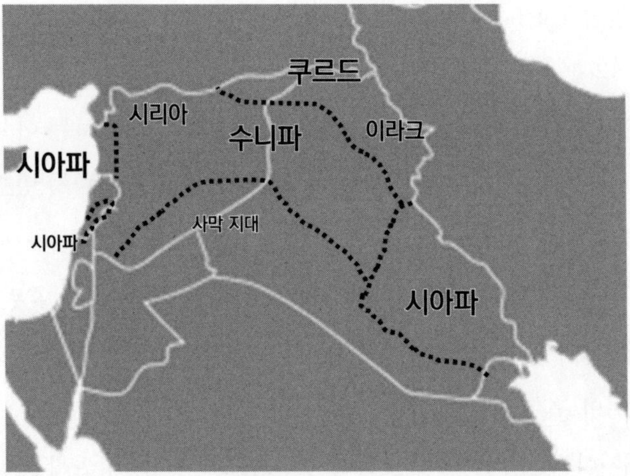

(Idlib)에서 미군의 공습으로 자폭한 것으로 추정되는 알 바그다디의 사망 소식을 확인해주었다.

시리아 사태가 안정되면서 트럼프 대통령은 2018년 12월 미군을 철수할 수 있었다. 그는 선거운동 때부터 IS를 격퇴한 뒤 미군 철수의 필요성을 주장해왔다. 트럼프 대통령에게 시리아는 러시아의 세력권이고, 시리아 문제에 개입하지 않음으로써 푸틴의 부탁을 들어주려 했다.

러시아의 원조와 미국의 철수에 힘입어 아사드의 입지는 점점 강해지고 있으며, 사우디와 UAE, 터키, 카타르의 후원을 받는 무장세력은 패배에 직면했다. 터키는 시리아에 대한 그들의 이익을 지키기 위해 러시아와 협상해야 했다.

시리아는 전쟁 중에 단절된 아랍 국가들과의 관계를 재개하였다. 시리아는 이제 안정을 향해 나아가고 있다. 중앙 정부는 현재

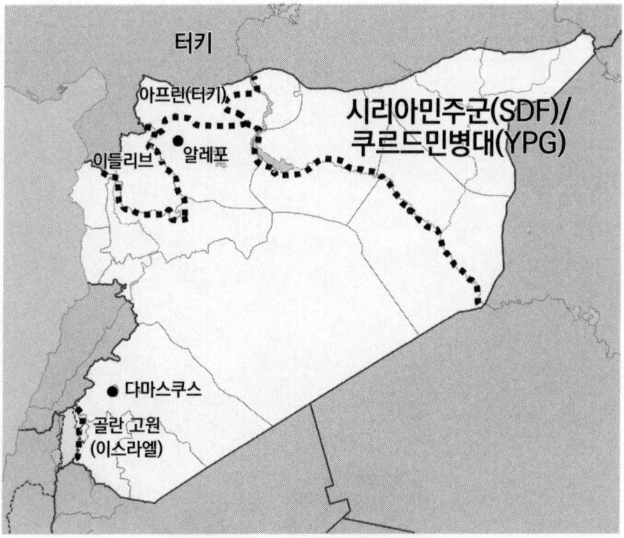

터키와 SDF 사이에 분쟁이 되고 있는 시리아와 터키 국경을 제외하고, 반군이 통치하던 모든 영토를 회복하였다.

저항세력의 마지막 거점인 이들리브(Hayat Tahrir al-Sham)는 2020년 1월 현재 아사드 정권하에 들어와 있다.

그러나 상황이 평화로 이어지지는 않고 있다. 시리아 내부 문제는 아직 해결되지 않았다. 그것은 수면 아래에 잠겨 있고, 미래에 다시 떠오를 것이다. 게다가 시리아-터키 국경에서 쿠르드족의 입지가 강화되면 새로운 분쟁이 발생할 수 있다.

쿠르디스탄 25

2019년 10월 9일, 터키는 시리아와의 국경 30km, 480km에 "안전지대"를 설정하기 위해 '평화의 봄 작전(Operation Peace Spring)'을 개시했다. 이는 시리아 내전 이후 국내로 밀려온 시리아 난민들을 송환하기 위해서였다.

그러나 진짜 의도는 시리아민주군(SDF)과 쿠르드민병대(YPG)에서 IS와의 전쟁 이후 점점 강해지고 있는 쿠르드족 전사들을 막으려는 것이었다. 그들은 IS로부터 빼앗은 지역에 로자바(Rojava)라는 자치주를 세웠다. 'Rojava'는 쿠르드어로 "서쪽"을 의미하며, 쿠르디스탄의 서쪽을 가리킨다. 그것은 아프린(Afrin), 코바네(Kobane), 자지라(Jazira)로 이루어져 있다.

터키에게 국경의 쿠르드족은 위협적인 존재인데, 왜냐하면 SDF와 YPG가 있는 지역은 쿠르드족 지역인 터키 남동부와 연결되어 있기 때문이다. 이 밖에도 터키는 YPG를 터키 정부가 테러분자로 지목한 정당인 쿠르드노동당(PKK)의 지부로 인식하고 있다.

에르도안 대통령은 쿠르드족을 이용해 터키를 찌르려는 미국의 의도를 알아챘다. 2016년 7월 15일 쿠데타 이후 미국과 옥신각신한 에르도안 대통령은 2016년 8월 '유프라테스 방패 작전'에 착수해 아프린과 코바네의 연결고리를 끊었고, 이어 아프린을 장악하기 위해 2018년 1월 '올리브가지 작전'을 벌였다.

에르도안 총리는 터키의 입장을 굳힌 뒤, 2019년 쿠르드족 전사들을 국경 밖으로 몰아내겠다는 내용의 안전지대 계획을 제안했다. 트럼프 대통령은 미군(2018년 12월 철수 후 남은 200명)에게 터키 군사작전을 위해 '길을 열어주라'고 지시했다. 트럼프가 에르도안 대통령에게 무리하게 행동하지 말고, 쿠르드군을 해치지 말라고 경고를 하였지만, 그의 행동은 미국 정치권과 언론으로부터 그동안 미국의 동맹으로 간주되던 쿠르드족을 배신했다는 비판을 받았다.

쿠르드족 또한 그의 행동을 배신으로 본다. 초강대국들이 쿠

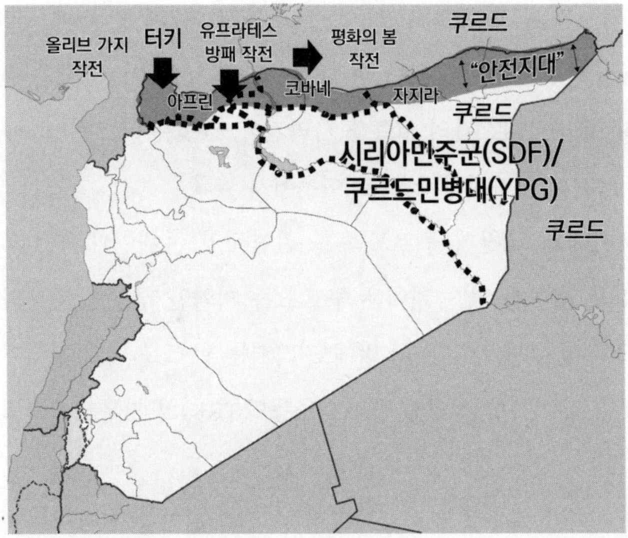

르드족을 배신한 것은 처음이 아니다. 쿠르드족 속담 '친구는 없고, 산(山)만 있다(ne hevalên lê çiyayan tune)'은 자신들에게 '친구로 다가온 외국의 초강대국들이 나중에는 그들을 배신할 뿐'이라는 뜻으로, 외세에 대한 거부감의 표현이다.

3천만 명의 인구를 가진 쿠르드족은 중동에서 아랍인, 페르시아인, 터키인에 이어 네 번째로 많은 민족이다. 대부분의 쿠르드족은 터키(1,400만 명), 이란(800만 명), 이라크(500만 명), 시리아(200만 명) 순으로 거주하고 있다. 수세기 동안, 그들은 터키 남동부, 이라크 북부, 그리고 시리아 북동부의 고지대를 점령했다. 이 지역은 오스만과 사파비 왕조 사이에 경쟁이 심했던 지역이고, 쿠르드족의 거주가 금지된 지역은 두 강대국에 의해 분할되었다.

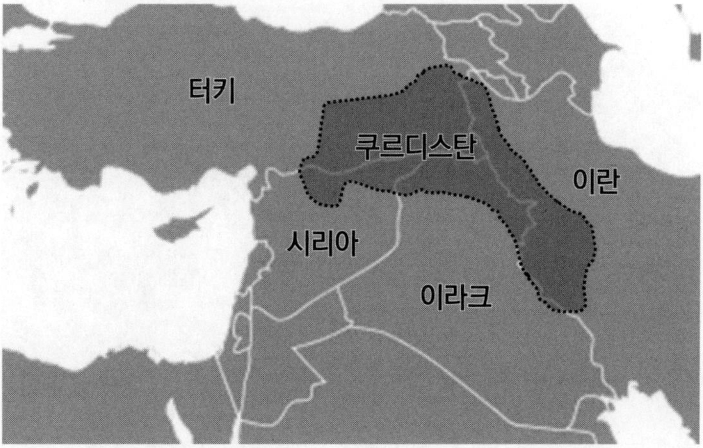

오스만 제국의 몰락은 현재의 터키, 시리아, 이라크를 낳았다. 오스만 지방의 쿠르드족도 국경을 기준으로 분단되었다. 쿠르드족은 1차 세계대전 승전국들의 동맹이었지만, 강대국들은 그들이 국민국가를 세우도록 돕겠다는 약속을 이행하지 않았다. 쿠르드족이 서구 열강에 배신을 당한 것은 그때가 처음이었다.

쿠르드족 정치투쟁은 두 가지로 분류될 수 있다. 첫째, 쿠르드 민족주의자들은 이라크 쿠르드족을 위한 쿠르드 정부 수립을 위해 이라크에서 투쟁한다. 이 운동은 1946년 쿠르드민주당을 탄생시켰고, 여기에서 경쟁자였던 쿠르드애국동맹(PUK)이 1975년에 분리되었다. 쿠르드민주당(KDP)은 우파(보수)로 기울었고, 다른 하나는 좌파(사회주의)로 기울었다.

자치권에 대한 요구는 쿠르드 민족주의자들과 이라크 정부 사이의 갈등으로 이어졌다. 쿠르드족은 사담 후세인 시대인 1986년부터 1989년까지 대규모 학살을 당했는데, 거의 10만 명의 쿠

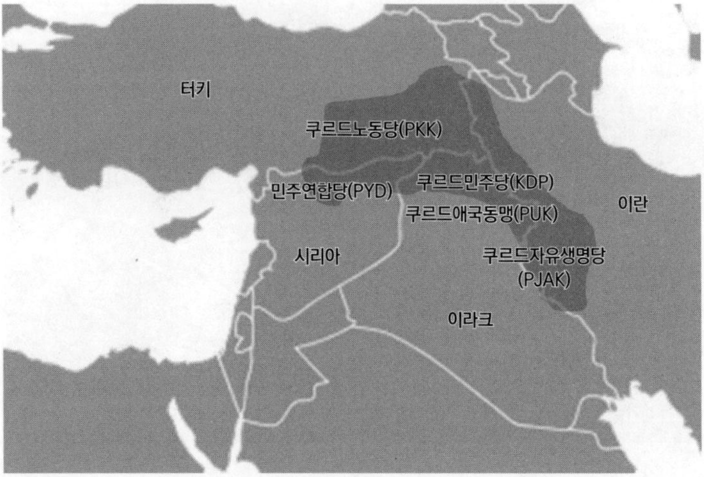

르드족이 죽임을 당했다.

따라서 1990년부터 1991년까지 걸프전 이후, 미국과 동맹국들은 이라크 북부에 쿠르드족을 보호하기 위해 비행금지구역을 설정하였고, 1992년에는 쿠르드 지방정부(Kurdistan Regional Government, KRG) 설립을 허락하였다. 이라크 독재자의 몰락 이후, KRG의 자치권은 이라크 정부에 의해 인정되었고, KDP와 PUK는 중요한 정당으로 간주되었다.

그다음은 1978년 PKK를 세운 압둘라 외칼란[Abdullah Öcalan, 아포(Apo)라고도 알려진 그의 초상화는 이 장의 시작 부분 그림에서 쿠르드족 전사들이 착용한 팔 배지를 장식하고 있다]이 벌이고 있는 쿠르드 공산주의 투쟁이 있다. 시리아의 PYD와 이란의 쿠르드자유생명당(PJAK)은 PKK의 지부로 여겨지고 있다. 우파인 KDP는 PKK와 그 연장선인 조직에 대해 의견을 같이하고 있지 않은 반면, 좌

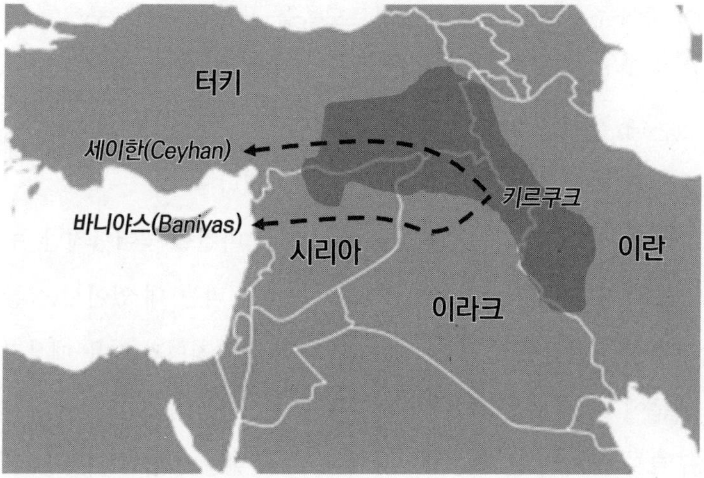

파인 PUK는 PKK 편을 들고 있다.

IS의 등장으로 시리아와 이라크에서 쿠르드족의 목숨이 위태로워졌지만, 쿠르드족이 시리아와 이라크 영토를 장악할 기회의 문을 열어주었다. 시리아에 있는 쿠르드족은 로자바를 설립했고, 이라크 KRG는 2014년 7월 이라크군이 IS의 공격으로 퇴각하자 키르쿠크를 점령했다.

이라크의 쿠르드족은 오랫동안 키르쿠크를 그들의 수도로 꿈꿔왔다. 키르쿠크는 이라크 남부 바스라의 루마일라(Rumaila)에 이어 가장 큰 유전지대를 보유하고 있다. 그곳은 또한 두 개의 송유관이 키르쿠크에서 터키의 세이한(Ceyhan)과 시리아의 바니야스(Baniyas)로 석유를 수송하는 지역이기도 하다.

2017년 9월, KRG는 키르쿠크를 포함한 이라크의 쿠르드 지역을 대상으로 독립을 위한 국민투표를 실시하였다. IS의 위협이 줄어들자 이라크 정부는 쿠르드족을 공격하고 키르쿠크를 구출했다. 이라크의 행동은 터키와 시리아에 의해서도 지지를 받고 있는데, 독립을 위한 국민투표가 자국 내 쿠르드족에게 같은 일을 하도록 부추길 것을 우려하기 때문이었다.

터키, 시리아, 이라크, 이란은 항상 서로 마찰을 빚어왔지만, 쿠르드족이 그들의 국민국가를 세우는 것을 막는 데 있어서는 상당히 일치단결하고 있다. 쿠르디스탄의 산악지형과 석유 매장지 때문에 너무나 전략적이어서 누구도 손을 떼지 못한다. 게다가 쿠르드 국가의 존재는 쿠르드족과 서구 열강의 협력 기록을 살펴볼 때 '제2의 이스라엘'이 될 가능성도 있다. 동시에 쿠르드족에 대한 이스라엘의 지원은 더 이상 비밀이 아니다.

쿠르드족 속담인 "친구는 없고, 산만 있다"는 말도 쿠르드족의 실체를 짐작게 하는 말이다. 100년 동안 배반과 탄압을 받아온 쿠르드족은 남을 믿지 못하는 성격을 가지게 되었고, 그 결과 동맹을 맺기도 거의 불가능하다. 따라서 자신들의 나라를 세우겠다는 쿠르드족의 꿈은 아직 멀었다. 이 쓰라린 현실은 쿠르드족을 중동의 비극적인 민족으로 만들고 있다.

레바논 26

2019년 10월 17일, 정부에 대한 대규모 시위가 베이루트 거리를 뒤덮었고, 10월 29일 사드 하리리(Saad Hariri)는 총리직에서 사임해야 했다.

그 원인은? 정부가 왓츠앱(Whatsapp)의 인터넷 전화(VoIP: Voice over Internet Protocol) 사용에 대해 0.20달러까지 세금을 부과할 것을 제안했기 때문이다.

왜 레바논 정부가 왓츠앱에 세금을 부과하고 싶을 정도로 욕심을 부리게 되었는가?

이번 세금 인상은 레바논 정부가 5년 안에 적자폭을 최대 5%까지 줄이겠다는 약속의 일환인데, 이는 2018년 4월 국제기구로부터 110억 달러(약 1조 5천억 원)를 대출받는 데 있어 전제조건이었다.

다만, 실업률이 높은 시기의 증세, 특히 청년층의 실업률(17%)이 높을 때 증세를 시도한 것은 상황과 맞지 않았다. 이 분노를 촉발시킨 것은 하리리가 남아프리카공화국 모델에게 선물로 1600만 달러의 현금을 보낸 것으로 보도됐기 때문이다. 지도자가 사치스러운 삶을 누리는 동안 국민들이 힘든 생활을 할 때, 무엇이 그들의 분노를 잠재우게 할 수 있을까?

이와는 별도로, 국민들은 1943년 프랑스로부터 독립한 이래 계승된 관습인 민족에 따라 지위 및 권력을 나누는 기존의 레바논 정치 구조에 불만을 가지고 있었다. 이 시스템은 국민협약(Al-Mithaq al-Watani)으로 알려져 있다.

지중해 북동쪽에 위치한 레바논은 전 세계 무역상과 일반상인을 끌어들여 복잡한 인구 구조를 형성하고 있다.

레바논의 이 제도는 대통령직은 마론파(maronite) 기독교인이, 총리는 수니파가, 국회의장은 시아파가 맡도록 규정하고 있다. 마론파 기독교인은 군대의 총사령관 직위를 겸할 수 있다. 또 다른 기독교 종파인 그리스 정교회는 부총리 겸 국회의장직을 가지게 되어 있다.

의회 의석도 6:5 비율에 따라 배분된다. 99석 중 54석은 기독교인(마론파 20석, 그리스 정교회 11석, 그리스 가톨릭 6석, 아르메니아 정교회 4석, 아르메니아 가톨릭 1석, 개신교 등에게 나머지 의석)에게, 45석은 수니파(20석), 시아파(19석), 드루즈파(6석)에게 주어진다. 비록 세 종파가 모두 상당히 독특하지만, 그들은 모두 레바논 정치 방정식에 따르면 이슬람교도들이다.

다인종 사회의 안정을 위해 모두를 기쁘게 하는 것 외에, 이 제도는 기독교인들이 그 나라를 둘러싼 아랍 국가에 흡수되지 않도록 보호하는 방법이기도 하다. 따라서 국민협약은 독특한 페니키아 국가로서의 정체성을 지키기 위해 필수적이다.

이 시스템은 1975년부터 1990년까지의 레바논 내전에서 거의 파괴되었다. 1960년대부터 1970년대까지 일어난 이스라엘-팔레스타인 소요로 인해 대규모 팔레스타인 난민들이 레바논 남부에 홍수처럼 몰려들기 시작했으며, 이로 인해 무슬림 인구가 40%에서 75%로 급증했다. 기독교도와 이슬람교도의 균형을 잃은 기독교도는 위협을 느끼기 시작하였고, 그 결과 무력충돌이 발생했다. 내전은 이스라엘과 시리아의 개입을 초래하였는데, 왜냐하면 두 나라는 그들 사이에 끼인 레바논에 영향력을 행사하기를 원했기 때문이다.

15년 동안 15만 명의 목숨을 앗아간 전쟁은 1989년 10월 타이프(Taif) 협정으로 끝났다. 6:4 비율이 예전처럼 5:5로 바뀌면서 권력 공유 방식이 다시 정상 궤도에 올랐다.

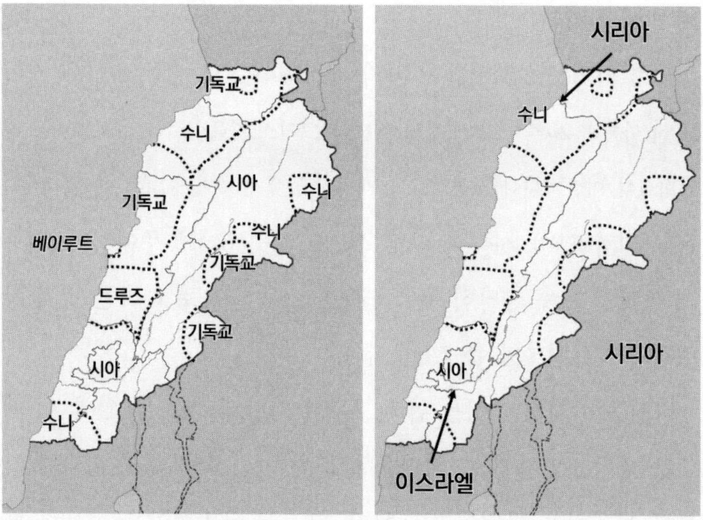

타이프 협정에 따라, 시리아는 레바논의 정치적 안정자 역할을 맡게 되었다. 시리아는 2005년 3월 14일 백향목 혁명(Cedar Revolution)이 발발할 때까지 레바논을 점령했는데, 백향목 혁명은 사드 하리리(Saad Hariri)*의 아버지이자, 전 총리였으며 수니파였던 라피크 하리리(Rafik Hariri)의 암살 배후로 지목된 시리아에 대한 대규모 시위였다.

백향목 혁명 이후의 레바논 정치는 시리아에 대해 우호적인 정서와 반우호적인 정서가 혼재되어 이루어졌다. 헤즈볼라와 아말 등 시아파 정당들은 시리아에 우호적인 반면, 수니파와 기독교계는 분열되어 있다. 자유애국운동(Free Patriotic Movement)은 시

---

* Saad El-Din Rafik Al-Hariri(1970년 4월 18일~)는 레바논의 정치인으로서, 2009~2011, 2016~2020 두 차례 레바논 총리를 역임하였다. 2005년 암살된 라피크 하리리 전 레바논 총리의 둘째 아들이다.

리아에 우호적인 기독교인들로 이루어졌으며, 그들의 반대편에 있는 측은 레바논군과 카타에브*이다. 반면 아즘(Azm) 동맹은 시리아에 우호적인 반면, 사드 하리리가 이끄는 미래운동(Future Movement)은 그렇지 않다.

두 블록의 경쟁은 시리아에 우호적인 정당들이 집권할 경우 자신들의 이익이 영향을 받을 것을 우려한, 사우디아라비아와 이스라엘과 같은 외국 국가들의 레바논 정치에 대한 개입을 길을 열어놓았다. 이스라엘과 레바논의 충돌은 2006년 레바논-이스라엘 전쟁을 촉발시켰으며, 이 전쟁은 말레이시아 대대(MALBATT-850)가 참가한 '유엔 레바논 평화유지군(UNIFIL)'이 창설되고, 휴전으로 종결되었다.

레바논의 정치적 혼란은 정부 구성을 어렵게 만들었고, 2005년 이후 경제에 영향을 미쳤다. 따라서 국민들은 경제발전에는 전혀 신경 쓰지 않고 권력투쟁과 자리다툼에 열중하고 있는 구태의연한 정치체제에 대해 지겨움을 느꼈다. 이후 젊은이들은 깨어나고 있으며, 권력분점제를 능력주의로 대체할 것을 요구하고 있다.

헤즈볼라와 같은 단체들은 시위를 비난했다. 정부 전체의 퇴진을 요구하는 시위가 자신들의 이익을 위협하기 때문인데, 시위로

---

* Kataeb는 레바논의 기독교 민주 정당인 레바논 팔랑주당(Lebanese Phalanges Party)을 말함. 이 정당은 레바논 내전(1975~1990)에서 중요한 역할을 하였다. 1980년대 후반부터 90년대까지 쇠퇴하였으나, 2000년대 초에 서서히 재등장했고, 현재 '3월 14일 연합(March 14 Alliance)'에 속해 있다.

인해 시아파 정당들이 정부 내에 자리를 차지할 수 있는 길이 열릴 수 있게 되었다. 하산 디아브(Hasan Diab) 신임 총리는 하리리의 사임 이후 헤즈볼라에 손가락 하나 대지 않았다. 그럼에도 불구하고 차이점은, 그의 정부는 정당의 구성원이 아닌 전문가들로 가득 차 있다는 것이다.

인종적인 경계를 넘어서는 정치가 구현되기를 바라는 레바논의 꿈이 실현되기에는 아직 이르다. 사실, 지정학적 측면에서 상당히 민감한 레바논과 같은 국가에게는 너무 이상적이라고 말할 수 있다.

이라크 27

레바논의 시위 이후, 대규모 시위가 이라크를 휩쓸며 보안군과 충돌해 수백 명의 이라크인들이 목숨을 잃었다.

이라크의 시위 사례는 레바논과는 달랐다: 그것은 경제적인 문제라기보다는 정치적인 이슈에 가까웠다. 이번 시위는 정부가 2019년 9월 27일 이라크 대테러사령부(ICTS) 부사령관인 압둘 와합 알 사디(Abdul Wahab al-Saadi) 중장을 국방부로 전보하기로 결정하면서 촉발됐다.

알 사디는 2014년부터 2017년까지 IS를 좌절시킨 역할로 국민

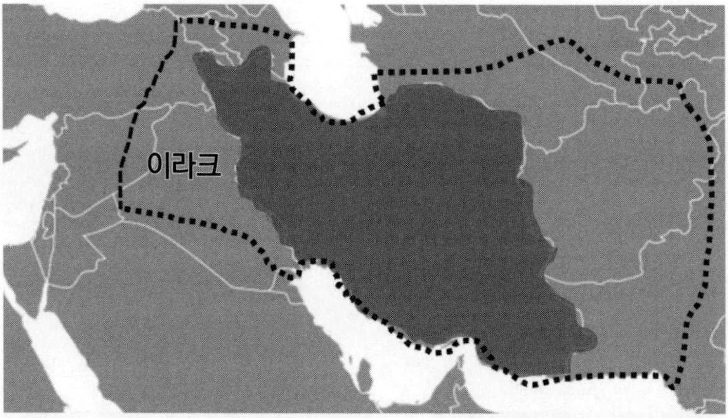

들의 많은 사랑을 받고 있는 국가적 정치 아이콘이다. 국민들에게 그의 전임은 강등 징조이며, 그것이 불만을 초래하였다. "#우리는 모두 알 사디이다"라는 해시태그가 이라크의 인터넷상에 넘쳐났고, 아딜 압둘 마흐디(Adil Abdul Mahdi)가 이끄는 정부에 대한 대규모 시위가 이어졌다.

알 사디는 국민들의 호감을 받고 있지만, 진정한 이라크의 주인, 즉 이란으로부터는 같은 호의를 받지 못하고 있다. 이러한 수많은 시위는 2003년 사담 후세인이 몰락한 이후 계속되는 이란의 이라크 개입에 반대한다는 의사표시이기도 하다.

이란은 오래전부터 이라크나 메소포타미아 지역을 자신들의 영향권이자 서방으로부터의 위협을 회피할 수 있는 중요한 완충지대로 인식해왔다. 이라크를 통치하는 사람이라면 누구나 우마르 알 카타브(Umar al-Khattab)* 시대의 이슬람 칼리프처럼 이란(또

* 우마르 치하에서 칼리프 왕국은 전례 없는 속도로 팽창하여 사산조 페르시아 제국과 비잔틴 제국의 3분의 2 이상을 지배하였다. 사산조 페르시아 제국에 대한

는 페르시아)을 위협할 수 있을 것이다.

그것은 사파비 왕조가 1532~1555년, 그리고 1623~1639년 오스만 제국과 전쟁을 벌였기 때문에 언급된 것이다. 이라크에 대한 통제력 상실은 사파비 왕조의 쇠퇴를 초래하였고, 1736년에 왕조의 운명이 다하였다.

이라크를 더욱 힘들게 만드는 것은 인구이다. 이라크 인구 중 60%는 이란인과 같은 '열두 이맘 시아파'이다. 그들은 오스만 통치 시절 바스라 주였던 남부 지역에 거주한다. 터키 제국이 멸망한 후, 영국은 오스만 제국의 영토인 모술, 바그다드, 바스라를 메소포타미아의 위임통치령으로 통일했다.

그러나 식민주의자들에 대항한 메소포타미아 봉기 이후, 영국은 더 이상 메소포타미아를 통제할 수 없다는 것을 깨달았다. 그래서 영국은 그곳의 이름을 이라크로 바꾸었고, 오랜 친구인 파이살 이븐 후세인(Faisal ibn Husayn)을 초대하여 왕좌에 앉혔다.

그 결과 시아파가 다수(60%)인 다민족 국가가 되었고, 수니파 아랍인과 수니파 쿠르드족이 각각 대략 15~20%씩 차지하였다. 시아파는 남쪽에, 수니파는 서쪽에, 중앙 영토는 시리아와 접해 있으며, 쿠르드족은 북쪽에 있다. 이라크는 또한 야지디족, 아시리아인, 투르크멘인과 같은 다른 소수민족의 본거지이기도 하다.

그의 공격은 2년 안에 페르시아를 정복하는 결과를 낳았다(642~644). 유대인의 전통에 따르면, 우마르는 유대인에 대한 기독교의 금지를 무시하고, 그들이 예루살렘으로 들어가 예배드리는 것을 허락했다. 우마르는 결국 644년 페르시아인 피루즈 나하반디에 의해 살해되었다.

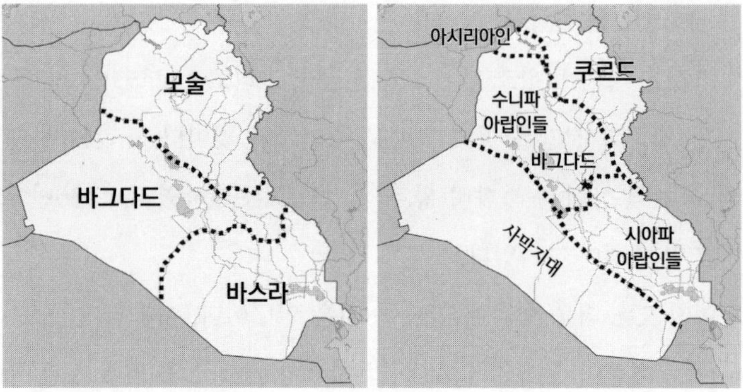

수니파는 파이살 왕 시대부터 이라크 통치자의 자리를 차지했다. 1958년 군주제가 무너지고 나라가 공화국으로 바뀐 후 바트당은 이라크 정치를 지배했다. 이 아랍 민족주의 정당은 사담 후세인 시대(1979~2003)에 쿠르드족이 아랍인으로 동화되도록 강요했다. 바트당도 시아파를 탄압했다. 그들은 이란에 치우쳐 이라크에 위협이 된 제5열(비슷한 정체성의 외세에 더 공감하는 집단)*로 평가된다. 그 당시에 이라크는 이란과 전쟁 중이었다.

2006년 사담의 죽음은 시아파와 쿠르드족의 형세를 유리하게 만들었다. 레바논에서 행해진 대로(26장 참조), 행정권을 포함하는 권력분점 구조가 정착되었는데, 총리 자리는 시아파에게 주어지고, 대통령의 상징적 역할은 쿠르드족에게 주어지며, 국회의장은 수니파에게 주어졌다. 다수로서 시아파는 총선에서도 대부분의 의석을 차지하게 된다.

---

* 적과 내통하는 집단.

물론 시아파들은 모든 탄압이 끝난 후 새로운 이라크에서 더 나은 미래를 희망하고 있다. 불행하게도 시아파 사람들은 스스로를 배신했다. 부패가 만연해 있고, 또한 깨끗한 물 공급 문제는 시아파 다수가 살고 있는 바스라시에서도 인내의 한계점*에 도달하였다.

게다가, IS의 부상 이후 이란 역시 이라크에 대한 지배력을 너무 꽉 쥐고 있는 것처럼 보인다. 이란은 IS와 싸우기 위해 바드르(Badr) 조직과 카타입 헤즈볼라(Kata'ib Hezbollah) 등 친이란 무장세력으로 구성된 알 하스드 알 샤비(Al-Hashd al-Shaabi), 즉 이라크 민중동원군(PMF)**을 창설해 나약한 이라크군을 지원했다. 그러나 IS에 승리한 후에도 PMF는 여전히 이란의 대리인으로 이라크를 차지하고 있다.

2018년 5월 선거에서 바드르 조직 지도자 하디 알 아미리(Hadi al-Amiri)가 이끄는 파타 연합은, 이란의 간섭에 맞서 민족주의 투쟁을 벌인 무크타다 알 사드르(Muqtada al-Sadr)와 사이룬 연합(Saairun coalition)***을 결성하여 이라크 의회에서 두 번째로 큰 연합체로 부상했다.

2018년 9월 하이드르 알 아바디(Haider al-Abadi) 총리가 바스라 시위 이후 사임하면서 이라크 정계의 또 다른 전환기가 찾아왔

---

* tipping point. 작은 변화들이 어느 정도 기간을 두고 쌓여, 이제 작은 변화가 하나만 더 일어나도 갑자기 큰 영향을 초래할 수 있는 상태가 된 단계.

** 정부가 승인 한 준군사 통솔 기구.

*** Saairun. 단어의 의미는 "전진"이지만 "개혁을 향한 동맹" 또는 "개혁을 향한 행진"이라고도 하며, 포퓰리즘과 민족주의 정당으로 볼 수 있음.

다. 국민들은 수천 명의 사람들이 입원하게 된 식수 오염에 대해 격분하였다. 알 아바디는 아딜 압둘 마흐디(Adil Abdul Mahdi)로 교체되었는데, 압둘 마흐디는 어느 정당 출신도 아니며 이라크 정치에서 판도를 바꾸는 인물로 여겨졌다. 그러나 압둘 마흐디가 알 사디(al-Saadi) 사건을 처리한 방식은 많은 사람을 실망시켰다. 이들이 보기에, 이번 결정은 이란의 거센 압력 때문이었다. 알 사드르는 압둘 마흐디의 사임을 요구했고, 반면 알 아미리는 압둘 마흐디 편에 섰다.

이란은 자국의 이익을 위협하는 레바논 시위와 동시에, 이라크에서의 상황 전개에 대해 우려하고 있다. 이에 따라 이란은 이번 시위를 (미국을 겨냥한) 외국의 음모라고 일축하고, 카젬 솔레이마니 쿠드스군(Quds Force) 사령관을 바그다드를 장악할 목적으로 보냈다. 솔레이마니는 폭도들을 사정없이 진압하였다.

이란의 주장은 의심의 여지가 있지만, 확실한 것은 트럼프가 반이란 감정을 조작해 이란에 최대한의 압력을 행사하고, 이란에 핵 협상을 강요하려 했다는 것이다(18장 참조). 2019년 12월 27일, 미국은 자국 공군기지가 30발의 로켓 공격을 받아서 미국 도급업자 1명이 사망하였다고 주장했다. 이에 따라 미국은 12월 29일 이라크-시리아 국경지역의 PMF 소속인 카타입 헤즈볼라(Kata'ib Hezbollah)의 무기창고와 지휘센터에 대한 반격에 나서, 헤즈볼라 전사 25명이 죽었다.

이 공격으로 카타입 헤즈볼라의 회원과 지지자들의 분노가 이어졌고, 그들은 2019년 12월 31일 미국 대사관을 에워싸고 공격하였다. 트럼프 대통령은 미국이 수수방관하지 않을 것이라는 경고를 보냈고, 그 위협은 2020년 1월 3일 솔레이마니의 암살로 이어졌다. 많은 시위대가 그의 죽음에 환호했지만, 알 사드르가 미국에 비난의 화살을 퍼붓고 친이란 파벌 편을 들어 미군의 이라크 철수를 촉구하자, 트럼프의 행동에 대한 비난이 쏟아졌다.

알 사드르는 이란이나 미국에 대한 두려움이나 호의가 없는 민족주의자로 자처하고 있다. 그래서 그는 미국이 이라크 땅에서 레드라인을 넘은 것에 대해 화가 났다. 반면, 아야톨라 알리 알 시스타니(Ayatollah Ali al-Sistani) 같은 종교인들은 이란의 지배를 허용한 알 사드르의 행동에 동의하지 않는다. 알 시스타니는 호메이니의 '빌라야트 알 파키흐(Wilayat al-Faqih, 최고 법학자 통치)'에 대항한 이라크 최고참 아야톨라*였으며, 그는 미군의 이라크 주둔을 이란의 영향력에 대한 세력균형으로 보고 있다.

알 시스타니는 뛰어난 종교인으로서 많은 추종자가 있고, 사람들의 존경을 받고 있지만 나이가 너무 많다. 그의 후계자는 알 사드르나 다른 사람들과 같은 위신을 갖지 못할 수도 있다.

확실한 것은 이라크의 지리와 정체성은 이란과 다른 반(反)이란 세력들 사이에서 자국민들을 시달리게 만들 것이라는 점이다.

---

* 이슬람 시아파의 종교 지도자.

오만 28

1970년부터 오만의 통치자였던 술탄 카부스 알 사이드(Qaboos al-Said)는 2020년 1월 11일 마지막 숨을 거두었다. 50년간의 통치는 그를 아랍 현대사에서 가장 오래 재위한 통치자로 만들었다.

비록 오만이 낮은 지위의 나라일지라도, 술탄의 죽음은 중동 지정학에 지각 변동을 일으킬 것이다.

술탄 카부스 치하에서 오만은 모두의 친구였으며, 누구의 적도 아니었다. 오만은 사우디, 이란, 터키, 이스라엘, 카타르, UAE, 인도, 파키스탄, 미국, 러시아 등 어떤 지역 국가와도 적극적인 관계를 맺지 않았다. 오만은 누구의 편도 들지 않았다. 여기에 예멘과 같은 지역분쟁에서 중재자가 되었다. 이로 인해 사우디와 이란의 냉전에 족쇄가 채워진 다른 중동 국가들이 찾는 나라가 되었다.

오만은 독특한 정체성과 지리 덕분에 중도적 입장을 취할 수 있었다. 오만은 수니파도 시아파도 아니다. 사실, 오만은 카와리즈(Khawarij)파의 분파인 이바디(Ibadi)파에 속한다. 그 독특함은 오만이 냉전에서 어느 편도 들지 못하게 했다. 왜냐하면 "수니 대 시아" 구도의 영향을 받지 않기 때문이다. 이바디파는 역사를 통해서 카르발라(Karbala)에 있는 시아파에 대한 와하비-사우디 공격이나, 아랍-투르크 간의 경쟁과 같은 이렇다 할 눈에 띄는 경쟁관계를 가지지 않았다.

그 외에도, 통치 왕조인 알 사이드를 포함한 대부분의 오만 인구는 카타니(Qahtani) 가문 출신이며, 이들은 아랍 혈통의 다수를 차지하고 있는 아드난 가문(예언자 이스마일 후손)과는 다른 혈통이었다.

따라서 오만은 아랍이나 이슬람의 정체성으로 '무장'하고 있지만, 지역 분쟁에는 관여하지 않는다.

페르시아만의 주요 길목(choke point)을 장악하고 있는 오만의 위치는 이곳을 전략적 가치가 높은 나라로 만들었다. 그 위치는

19세기 프랑스와 영국 사이의 다툼의 원인이었지만, 오만은 우호적인 관계를 맺어 독립을 유지했다. 1891년부터 1970년까지만 영국의 보호령이 되었다.

그 외에 오만의 무산담(Musandam)반도* 망루(overwatch)는 오만과 이란을 호르무즈 해협을 공유하는 나라로 만들었다. "오만을 지배하는 자, 특히 무산담을 지배하는 자가 걸프만을 지배하게 된다." 지리적으로 UAE는 무산담에 더 가깝다. 그럼에도 알 사이드 왕조와 영국 사이의 우호적인 관계로 인해 영국은 무산담[UAE는 '투르시알국(國)'이라는 이름으로 영국 아래에 있었다]을 오만에 양도하였다.

1970년 이후 모든 나라와 우호적인 관계를 유지하고, 또한 영

* 아라비아반도 끝부분에 위치하며, 오만의 영토이지만 오만 본토와는 마치 섬처럼 떨어져 있다. 걸프만의 호르무즈 해협 돌출 부분에 위치해 군사적 요충지이다.

국과 우호적인 관계를 유지하려는 오만의 정책은 전략적으로 민감한 지리를 저주가 아닌 축복으로 만들었다. 어느 한쪽 편을 든다는 것은 다른 상대편이 위협을 느껴서 현 정부를 전복시키는 등 그들의 안정을 위해 가능한 모든 방법을 동원한다는 것을 의미한다. 이런 점에서 오만은, 민감한 말라카 해협에 위치해 있어 중립정책을 펴는 말레이시아와 많은 유사점을 공유하고 있다.

더 흥미로운 것은, 말레이시아처럼 오만은 17세기에 한때 무스카트에서 아프리카의 잔지바르까지 인도양의 서쪽 해안 전체를 지배했던 해양 제국을 건설한 적이 있다. 1856년에야 오만과 잔지바르가 분리되었고(1824년 말레이시아의 조호르와 리아우의 분리와는 다른 모습으로, 46장 참조), 잔지바르 술탄국은 1964년에 막을 내렸다.

영국 록밴드 그룹 '퀸(Queen)'의 보컬 프레디 머큐리*는 영국으로 이주하기 전에 잔지바르에서 살았다. 잔지바르는 탕가니카와

* 영화 〈보헤미안 랩소디(Bohemian Rhapsody)〉로 최근 한국 사회에서 다시 뜬 영국 록밴드 퀸(Queen)의 리드보컬 프레디 머큐리(Freddie Mercury, 1946~1991)는 잔지바르(Zanzibar)라는 아프리카의 섬에서 태어났다.

합병하여 탄자니아가 되었다.

술탄 카부스는 왕좌의 게임(Game of Thrones)으로 알려진 『얼음과 불의 노래』에 나오는 도란 마르텔과 같았다. 마르텔은 웨스테로스 말기에 도른(Dorne) 왕국의 통치자였으며, 웨스테로스의 종족인 퍼스트 맨(Fisrt Man)이나 안달족과는 다른 로이나르(Rhoynar) 가문 출신이다. 마르텔은 모든 웨스테로스 왕조와 관련된 분쟁에서 중립적인 정책을 실시하여, 국민들이 혼란스러운 지역에서 귀중한 평화를 누릴 수 있도록 하였다. 그러나 술탄 카부스는 결혼하지 않았고 아이도 없었다. 그의 사촌인 하이탐 빈 타리크 빈 타이무르(Haitham bin Tariq bin Taimur)가 그를 계승하였다. 타리크는 경험이 풍부한 외교관이었지만, 오만의 지역 강대국과의 관계에 있어서 균형자 역할을 하고 있는지에 대한 판단을 내리기에는 아직 이르다. 이 문제는 오만을 중동세력 간 왕좌의 싸움에서 장기판이 되게 할 것이다.

아프가니스탄 29

18년이 지난 후에도, 미국이 아프가니스탄에서 벌인 전쟁은 여전히 교착 상태에 빠져 있다. 1965년부터 1973년까지 지속된 베트남전쟁을 제치고 미국의 최장기 전쟁으로 알려져 있는 이 전쟁에서 미국은 탈레반에 최종 타격을 가하지 못하였다.

9·11 이후 미국은 아프가니스탄을 침공했고, 미국은 아프가니스탄의 탈레반이 유명한 알카에다 지도자이자 9·11 뉴욕 세

계무역센터 공격의 주모자인 오사마 빈 라덴을 숨기고 있다고 비난하였다. 탈레반은 미국과 동맹국들에 의해 전복되었고, 하미드 카르자이(Hamid Karzai)를 대통령으로 한 민주정부가 수립되었다.

그러나 2006년 탈레반은 미국과 나토군에 대한 게릴라 공격으로 아프가니스탄을 괴롭혔다. 버락 오바마 대통령은 이라크 전쟁을 재빨리 끝내면서, 아프가니스탄으로 모든 관심을 돌리기를 바랐지만 성공하지 못했다.

아프가니스탄 전쟁 종식을 희망하는 트럼프 대통령은 탈레반과 아프간 주둔 미군을 14,000명에서 8,500명으로 감축하는 협상을 벌였다. 트럼프 대통령의 행동은 이번 결정이 배신 행위라고 생각하는 사람들, 특히 아프가니스탄 정부에 의해 비난을 받았다.

아프가니스탄은 제국의 묘지(graveyard of empires)로 알려져 있다. 많은 제국주의 세력이 그 나라에서 좌초되었다. 그중 하나는 제1차 영국-아프가니스탄 전쟁(1839~1842)에서 패배한 영국이다. 비록 아프가니스탄은 제2차 영국-아프가니스탄 전쟁(1878~1880)에서 패망하여 영국의 보호국이 되었지만, 영국은 1919년 제3차 영국-아프가니스탄에서 다시 패배하여, 39년 만에 그 나라를 떠나야 했다.

1979년부터 1989년까지 소련의 침공도 비슷한 운명을 맞았고, 소련군의 후퇴로 끝났다. 소련은 아프가니스탄의 공산주의자들이 모하메드 다우드 칸(Mohammed Daoud Khan) 정부를 전복하도록 지원함으로써 아프가니스탄을 위성국가로 만들려고 노력하였고, 1978년 아프가니스탄 민주공화국을 세웠다. 친소련 지도자(누르 무함마드 타라키)가 반소련 인사(하피줄라 아민)로 교체되자 소련은 다시 아프가니스탄에 대한 공격을 개시하였고, 아프가니스탄에 대한 통제권을 확립하고자 시도하였다. 하지만 이 계획은 아프가니스탄 사람들이 지하드(聖戰)를 시작한 이후 산산조각이 났다.

아프가니스탄의 산악 지형은 외세가 아프가니스탄에 대한 효과적인 통제권을 확립하는 데 실패한 이유였다. 산에 있는 동굴과 고갯길은 게릴라전에 충분히 활용되었다. 공격하고, 도망치고, 숨었다가 다시 공격하였다. 이런 일은 시간이 걸리고 큰돈이 필요해서, 외세의 사기를 떨어뜨린다.

전쟁에서의 승리와 행정은 별개이다. 아프가니스탄의 지리적 요인 때문에, 카불의 중앙정부는 실용적인 통치규율을 세우기가 어려웠다. 미국이 카불을 점령한 후, 타도된 탈레반은 남쪽으로 도망가 재집결할 시간을 가졌다. 카불의 통치자는 나타났다가 사라질 수 있지만, 지리적인 민족 분단은 남아 있다.

파슈툰족은 아프가니스탄을 세웠다. 아프간(Afghan)은 페르시아어로 파슈툰족을 일컫는 말이다. 시아파인 사파비 왕조의 탄압에 대항해 파슈툰족은 호탁 왕조(Hotak, 1709~1738),* 두라니 왕조(Durrani, 1747~1826), 바라크자이 왕조(Barakzai, 1826~1973) 등의

---

* 아프가니스탄 파슈툰계 길자이족이 칸다하르를 중심으로 세운 왕조로, 근대 아프가니스탄 독립 국가 건설의 기반이 되었다.

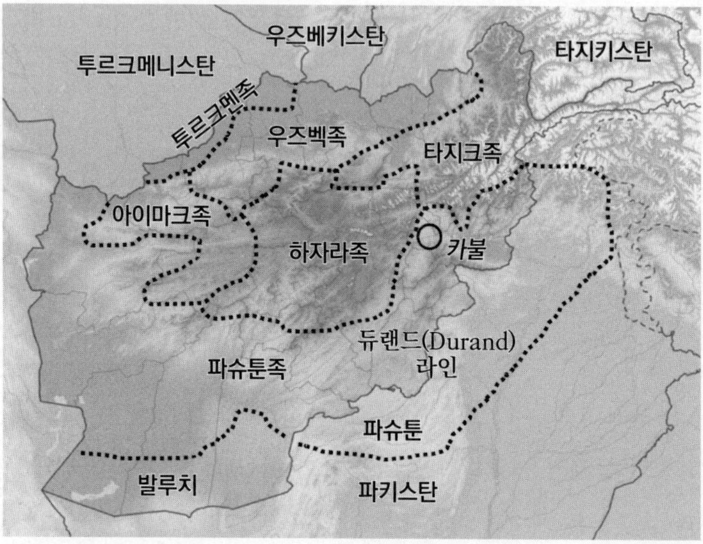

이름으로 독립 왕국을 세웠다. 다른 부족(타지크, 우즈벡, 하자라, 아이마크)에 대한 파슈툰족의 정복은 아프가니스탄의 국경을 형성했다. 파슈툰족이 정복자라는 사실과, 중부 아프가니스탄의 고지대에 있다는 인식은 아프가니스탄의 정체성 형성을 어렵게 만들고 있다.

제2차 영국-아프가니스탄 전쟁 후, 영국은 1893년 파슈툰과 발루치 영토를 분할하여 영국령 인도 식민지와 접경하는 국경을 세웠다. 이 노선은 아프가니스탄과 협상했던 영국 대표 모티머 듀랜드(Mortimer Durand)의 이름에서 따온 '듀랜드 라인'으로 알려졌다. 듀랜드 라인의 존재는 아프가니스탄이나 파키스탄의 파슈툰 민족영토 회복주의자들 사이에서 파슈툰 영토를 재통합하려는 야심을 불러일으켰다.

소련에 대항한 지하드는 공동의 국가 정체성을 구축하기 위한 최고의 기회였지만, 무자헤딘의 계급은 민족과 신념에 따라 채워져 있다. 외부세력은 이 상황을 재고의 여지도 없이 그들에게 유리하게 이용하고, 분열을 조작하려고 시도하였다. 사우디는 압둘 라둘 사야프(와하브파 믿음을 가진 파슈툰인)가 이끄는 이티하드 이 이슬라미(Ittihad-I Islami)*를 지지했고, 파키스탄은 굴부딘 헤크마티아르(파슈툰)가 이끄는 히즈브 이 이슬라미(Hezb-e Islami)**를 지지했다. 반면에 이란은 시아파 하자라족(Hazaras)으로 구성된 아프가니스탄 통일당(Hizb-e Wahdat, 히즈브 이 와흐다트)을 지지하였다.

1992년 소련이 철수하고, 소련의 꼭두각시 공산정권이 전복된 후 무자헤딘은 그들끼리 싸웠다. 헤크마티아르(Hekmatyar)는 파키스탄의 지원을 받아 타지크 출신인 부르하누딘 랍바니(Burhanuddin Rabbani) 정부를 상대로 전쟁을 일으켰다. 파키스탄은 친파키스탄 파슈툰 정부를 수립하기를 원했다.

그러나 2년이 지난 후에도, 헤크마티아르는 카불을 점령하려는 시도에서 여전히 성공하지 못했다. 그래서 1994년 파키스탄은 탈레반을 지원했다. 탈레반은 1996년 카불을 점령하는 데 성공하였고, 정부를 수립하였다. 라바니(Rabbani)***와 그의 사령관인

---

* Ittihad-I Islami, 즉 '아프가니스탄 해방을 위한 이슬람 연합(IUA)'은 Abd Al-Rab Abdul-Rassul Sayyaf에 의해 설립되었다.

** 아프가니스탄의 이슬람 정당. 1975년 아프가니스탄 공산주의 노선 정부와 소련이 연합을 유지하는 것에 대항하며 조직된 이슬람 정당이다.

*** 부하누딘 라바니(Burhanuddin Rabbani)는 1992년 아프가니스탄 대

아흐마드 샤 마수드(Ahmad Shah Massoud, 타지크 출신)는 타지크의 북동부 지역으로 후퇴하여, 아프가니스탄 북부에 있는 우즈베키스탄인들과 '북부동맹(Jabha-yi-Muttahid-I)'을 결성하고, 탈레반에 대한 저항을 계속하였다.

탈레반이 몰락한 후, 북부동맹의 회원들은 새로운 아프가니스탄 정부의 일원으로 임명되었다. 미국은 소수민족인 타지크와 하자라 대표들이 행정부에 자리를 차지하였기 때문에, 이를 포용적 민주화(inclusive democratization)로 보았다. 그러나 파슈툰족들은

통령으로 선출되었다. 1997년 탈레반이 정권을 잡고, 나라 이름을 아프가니스탄 이슬람 공화국으로 바꾸었다. 또한 탈레반의 지도자인 물라 오마르(Mullah Omar)를 국가의 최고 지도자인 평의회장으로 세웠다. 그럼에도 라바니는 자신이 여전히 아프가니스탄의 대통령임을 주장하였다.

카불의 새 정부를 소수 정부로 보고 있다. 이러한 상황은 탈레반이 파슈툰족의 보호자로 복귀할 수 있는 길을 열었다.

그런데 만약 미국이 이미 그 나라가 제국들의 무덤이라는 것을 알고 있다면, 왜 아프가니스탄에 주둔하려고 했을까? 그것이 정말 알카에다 때문이었을까?

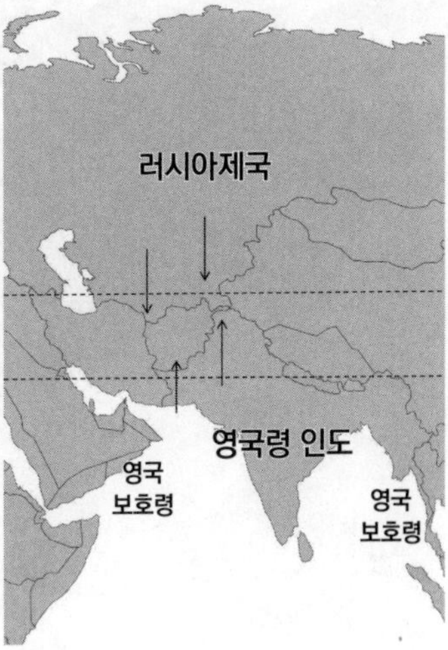

사실 알 카에다는 침략을 위한 명분(casus belli)에 불과하였다. 아프가니스탄은 영국의 러시아제국 진출을 억제하려는 열망으로 일어난 영국-아프간 전쟁과 달리, 미국과 중-러 동맹 사이의 권력투쟁이라는 맥락에서 더 큰 가치를 담고 있다. 러시아 제국은 1850년대에 중앙아시아를 점령했고, 영국의 인도 국경과 가까워지고 있었다. 아프가니스탄에 대한 지배권을 얻기 위한 경쟁은 '거대게임'* 으로 불렸다. 미국의 딥스테이트(deep state)**들에게 아프가니스탄은 2001년 6월 상하이협력기구(SCO)가 설립된 이후 새로운 거대게임을 위해서 더욱 중요해졌다. SCO는 러시아, 중국, 카자흐스탄, 우즈베키스탄, 키르기스스탄, 타지키스탄으로 구성된 안보 협력체이다. 다시 한번 유라시아 양대 강대국(러시아와 중국)의 협력은

* Great Game. 중앙아시아에 대한 미—중—일—러의 경쟁을 말함.

** 민주주의 제도 밖의 숨은 권력집단.

중심부 이론(heartland theory) 지지자들에게 우려를 자아내게 만들었다.

트럼프와 탈레반의 협상이 성공하면, 지난 18년 동안 미국이 아프가니스탄에서 벌인 권력 플레이에 영향을 미칠 것으로 보인다. 미군의 철수는 러시아와 중국이 기꺼이 채워줄 힘의 공백을 만들 것이다. 그들 역시 아프가니스탄이라고 불리는 무덤에 발이 묶이게 될 것이다.

인도와 파키스탄 30

2019년 카슈미르 문제로 인해 인도와 파키스탄 사이에 긴장이 다시 한번 고조되었다.

나렌드라 모디 인도 총리는 당초 2018년 8월 임란 칸이 파키스탄 총리에 임명됐을 때 양국 관계 개선에 관심을 보였다. 하지만 지금은 양국 간의 긴장감이 이전보다 훨씬 고조되었다.

2019년 2월 14일, 인도령 카슈미르의 풀와마(Pulwama)에서 테러 공격으로 46명의 인도 경찰이 사망했다. 이에 대한 대응으로, 인도군은 파키스탄이 장악하고 있는 카슈미르로 들어가 테러리스트를 추격하는 한편 파키스탄을 공격의 배후로 지목했다. 무력 충돌은 파키스탄이 2019년 2월 27일 두 대의 인도 전투기를 격추했을 때 절정에 달했다.

두 나라 모두 핵무장을 하고 있기 때문에, 이 사건은 3차 세계대전의 가능성에 대해 전 세계가 우려하도록 만들었다. 그러나 이 위기는 인도와 파키스탄에 의해 분쟁이 단계적으로 축소된 후 끝났다. 비록 카슈미르 문제로 두 나라 간 전쟁이 두 번(1947년, 1965년) 발생하였지만, 1974년 인도가 핵무기를 개발하고, 뒤이어 1998년 파키스탄도 핵무기를 개발함에 따라 두 나라 간 전쟁은 더 이상 없다.

카슈미르 문제는 1947년 8월 15일 영국령 인도가 인도와 파키스탄으로 분리되면서부터 시작됐다.

영국이 도착하기 전에는, 인도 아대륙(亞大陸)은 결코 정치적 실체가 하나로 통일되지 않았다. 북쪽은 항상 이슬람교도에 의해 지배되었고, 힌두 왕국은 중앙과 남쪽을 지배했다.

인도의 지리에 근거해 볼 때, 인도 아대륙에서는 역사상 중국의 한제국과 같은 통일 제국을 찾아보기는 어렵다. 심지어 무굴제국(1526~1857)도 인도의 아대륙 통일에 실패하였다.

오직 영국만이 이슬람교도와 힌두교를 '영국령 인도'라고 불리는 하나의 정치적 실체 아래에 둘 수 있었다. 그러고 나서, 영국은 이슬람교도와 힌두교도가 함께 봉기를 일으키는 것을 피하고자 분할 통치를 도입했다. 영국은 힌두교도에게 약간의 이점을 주었고, 이로 인해 이슬람교도는 경제, 정치, 그리고 사회적 측면에서 뒤처지게 되었다. 그 상황은 힌두교와 이슬람교도들 사이의 적대감으로 이어졌다.

그렇게 함으로써 영국은 통치에 대한 어떤 도전도 피해 나갈 수 있었다. 만약 힌두교가 반란을 일으키면, 이슬람교도는 공포에 떨면서 반대할 것이고, 이슬람교도가 무기를 들고 일어나면 힌두교도들의 반대에 부딪히게 될 것이다.

민족주의의 들불이 영국령 인도에 퍼지자, 민족주의자인 마하트마 간디는 영국의 통치에 도전하기 위해 종교적 정체성을 뛰어넘는 국가 정체성을 확립하려고 시도했다. 그러나 무함마드 알리 진나(Muhammad Ali Jinnah)와 무함마드 이크발(Muhammad Iqbal) 같은 이슬람 지도자들은 힌두-이슬람 통합에 대한 간디의 생각에 냉담하게 반응했다. 이들은 이슬람교도들을 펀자브, 아프가니스탄, 카슈미르, 신드, 발루치스탄으로 구성된 '파키스탄'이라고 불리는 새로운 국가로 분리하자고 제안했다.

두 종교 간의 갈등 악화로 인해 영국령 인도는 마침내 종교적 신념에 따라 분할되었고, 이슬람교도가 다수인 지역은 파키스탄 아래에, 힌두교도가 대부분인 지역은 인도 아래에 놓였다.

카슈미르인은 주로 이슬람교도이지만, 통치자 마하라자 하리 싱(Maharaja Hari Singh)은 힌두

교도였다. 하리 싱은 인도나 파키스탄에 가입을 거부하며 카슈미르 독립을 유지하기를 원하였다. 카슈미르가 친파키스탄 파슈툰 민병대의 공격을 받은 후 하리 싱은 인도의 지원을 요청했고, 이에 따라 1947년 10월부터 1948년 12월까지 제1차 인도-파키스탄 전쟁이 발발하였다.

두 나라는 휴전 협정을 맺었고, 카슈미르 지역은 부분별로 나뉘어 양국이 통제하게 되었다: 카슈미르 지역의 5분의 2가 현재 파키스탄의 통제하에 있고, 인도는 나머지를 통제하고 있다.

카슈미르를 둘러싼 제2차 전쟁이 1965년에 일어났지만, 양측의 영토 통제는 바뀌지 않았다. 그 이전에, 1962년에 일어난 중국과 인도 사이의 전쟁은 중국이 악사이 친(Aksai Chin) 지역을 인도로부터 빼앗아 성공적으로 합병하였다. 따라서 현재 카슈미르

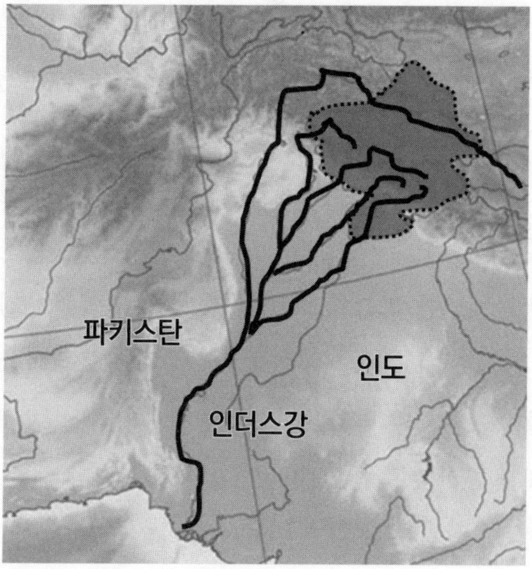

지역은 파키스탄 통치하의 카슈미르('아자드 카슈미르'와 '길기트 발티스탄'으로 관리), 인도 통치하의 카슈미르(잠무, 그리고 카슈미르로 관리), 중국 통치하의 카슈미르[파키스탄이 항복한 '악사이 친'과 카라코람 패스(Karakoram Pass)] 등 3개 지역으로 나뉜다.

양국이 핵무기를 획득한 후, 인도와 파키스탄은 1999년 카르길 전쟁과 2001~2002년 전면전을 피한 긴장상황 등에 대처하는 데 더욱 신중해졌다. 지난 2001~2002년 분쟁처럼, 2019년 사건은 파키스탄이 후원한 것으로 추정되는 카슈미르 지역 테러분자에 의해 발생하였다.

카슈미르가 무엇이기에 두 나라는 70년 이상 동안 갈등을 빚고 있는 것일까?

파키스탄으로서는 카슈미르가 인더스강의 상류가 있는 곳이다. 인더스강은 파키스탄의 주요 상수원이다. 파키스탄은 카슈미르를 통제하지 못하면 자신의 수자원이 위태로워질 수 있다. 한편, 카슈미르에 대한 인도의 중요성은 전략적 측면이 더 강하다. 인도는 카슈미르 지역의 높이를 이용하여 파키스탄과 중국에 대항할 수 있다.

지정학적 이해관계 외에도 인도와 파키스탄의 적대감은 각각 인도와 파키스탄의 정체성을 유지하기 위한 '필요악'이기도 하다.

오늘날까지 인도와 파키스탄은 여전히 자국 내 통합에 있어서 걸림돌에 직면하고 있다. 파키스탄은 발루치스탄의 분리주의자들(이란에 있는 발루치족과 함께 자신들의 나라를 세우고자 하고 있음)과 아프가니스탄과의 합병을 원하는 파슈툰족 사이에서 고통을 받고 있는 다민족 국가이다.

인도의 민족 관계도 펀자브인, 마라티인, 벵골인, 타밀인, 고아인에 이르는 수백 개의 부족들로 구성되어 있어 복잡하기는 마찬가지이다. 힌두트바(힌두 민족주의) 같은 이데올로기가 없으며, 인도는 강대국이 될 잠재력을 스스로 억눌러왔기 때문에 모든 인도인을 단결시킬 만한 구심력이 없다.

많은 사람에게 모디 총리는 인도-파키스탄의 긴장의 원인이었으며, 이는 2019년 4~5월에 예정된 인도 선거에 대한 지지를 얻기 위한 시도로 보였다. 모디의 승리 후, 인도는 2019년 8월 5일 잠무와 카슈미르 자치권을 폐지하였고, 두 곳을 중앙정부 산하 연방직할령으로 선포하여 주(Rajya)에서 현(Pradesh)으로 격하시켰다.

인도 헌법은 제370조를 통해 잠무와 카슈미르에 자치권을 부여했다. 제35 A조는 다른 주에서 온 인도인들이 잠무와 카슈미르에 있는 땅을 매입하거나, 양국 주정부에서 직책을 맡는 것을 금지하였다. 그럼에도 불구하고 자치권은 카슈미르의 힌두교도들이 차별받는 이유라고 인식했기 때문에 모디의 정당인 인도인민당(BJP)은 이를 선호하지 않았다. 카슈미르에서는 이슬람교도가 다수라서, 자치정부는 이슬람교도의 복지에 편승할 것이기 때문이었다.

따라서 선거운동 기간 중 BJP의 공약 중 하나는 제370조 및 제35 A조의 폐지였다. 이 폐지는 안보상의 이유 외에도 카슈미르 힌두 집단의 권리를 보호하기 위해 필요한 것으로 보인다.

주 정부들은 분리주의자들을 제압하지 못하고, 파키스탄을 배신하지 못한 것으로 보인다. 따라서 모디에게는 잠무와 카슈미르를 중앙정부의 직접 통제하에 두는 것이 해결책이었다.

힌두트바는 모디가 이끄는 BJP 정부의 힘을 강화했지만, 인도 사회에서 이슬람교도의 소외를 초래하기도 했다. 2019년 12월 통과된 시민권법은 파키스탄, 방글라데시, 아프가니스탄 무슬림 난민에 대한 시민권 부여를 법으로 제외해 논란이 일었다. 인도가 힌두교 국가가 되는 것을 보고, 세속주의자들과 이슬람교도들은 시위를 벌이며 이 법에 반대해왔다.

인도와 파키스탄의 적대감은 탈식민화의 불완전한 과정의 결과이다. 식민주의자들은 인도와 파키스탄 두 나라에 그들의 국경과 적개심을 물려주었는데, 이 두 나라는 아직도 이 둘을 하나로 묶기 위해 애쓰고 있다.

중국 31

2019년 10월 1일 중화인민공화국은 역사상 대규모 군사 퍼레이드로 건국 70주년을 기념하였다. 공산주의 통치하에서 중국의 본질적인 역사를 기념하는 것 외에도, 그것은 세계에 대한 중국의 무력시위이기도 했다.

1949년 10월 1일 중국 내전에서 중국 공산당이 국민당(國民黨)을 패배시킨 후 중화인민공화국이 탄생했다. 공산주의자들은 봉건주의와 자본주의의 족쇄에서 벗어난 '신중국'을 세우기를 원했다.

마오쩌둥의 지도 아래, 중국은 공격적인 외교 정책을 실행했다. 그는 신중국이 이념적으로 공산주의 국가지만 동유럽 국가들처럼 중국이 소련의 속국이 되는 것을 거부했다. 반면 마오쩌둥은 미국이 주도하는 제1세계와 소련이 주도하는 제2세계 사이에 제3세계를 만들 수 있는 자신의 능력을 보았다. 그래서 마오쩌둥은 핵무기를 개발하였고, 소련과 미국에 도전하기 위해 말레이 공산당과 북칼리만탄 공산당을 포함한 다른 나라의 공산주의 운동에 지원을 아끼지 않았다.

마오쩌둥은 잔인하긴 했지만 협정을 맺는 것이 얼마나 중요한지 그리고 중국이 동시에 두 적과 싸울 수 없다는 것을 잘 알고 있었다. 그래서 1972년, 마오쩌둥은 미국 대통령 리처드 닉슨으로부터 역사적인 국가 방문을 받고 전략적 관계를 수립하였다. 그의 첫째 아들이 6·25전쟁에서 미군 폭격으로 목숨을 잃었음에도 소련 세력에 대항해 균형을 맞추려는 지정학적 이해관계가 개인적인 원한보다 우선하였다.

미국이 1974년 중국과 외교관계를 수립했을 때, 말레이시아를 포함한 많은 나라가 중국이 공산주의 체제를 유지하고 있었음에도 미국의 선례를 따라 외교관계를 맺었다. 1978년 개혁파 지도자 덩샤오핑은 자본주의가 발을 디디게 해, 공산주의 방식(일당지배)과 자본주의 경제를 동시에 실천하는 하이브리드 국가로 탈바꿈시켰다.

많은 인구와 천연자원을 마음대로 사용할 수 있게 되면서, 중국은 부족한 것이 많았던 공산주의 국가에서, 2009년부터는 세계에서 가장 큰 수출국이 되었다. 2011년 이후에는 세계 제2위의 경제대국으로 부상하면서 성공적인 변모를 이루었다.

중국은 자랑할 만한 눈부신 경제 발전을 이루었지만 권위주의적 정치체제 때문에 미국 등 서방국가의 의혹을 받아야 했다. 미국의 강경파들은 미중 관계의 타당성에 의문을 제기하고 있다. 그들이 볼 때, 미국은 적국의 부흥을 돕고 있는 것처럼 보인다.

게다가 2012년 시진핑이 후진타오로부터 통치권을 넘겨받은 이후 중국의 위협론이 설득력을 얻고 있다. 후진타오(2002~2012)나 장쩌민(1992~2002)과는 달리 시 주석은 중국의 힘을 과시하는 분발유위(奮發有爲, fenfa youwei)로 도광양회(韜光養晦) 교리를 대체하였다.

덩샤오핑은 중국 대외 정책의 지침으로 도광양회 교리를 발전시켰다. 그의 의견으로는, 중국이 살아남으려면 권력을 잡으려 하지 말고, 몸을 낮추어야 했다. 덩샤오핑은 중국이 세계와 계속 문제를 일으켰던 마오쩌둥 시대를 지나온 경험이 있다. 따라서 그는 미래의 중국 지도자들에게 같은 실수를 반복하지 말라고 충고하였다.

하지만 시 주석은 그 전통을 깨려고 노력하고 있다. 중국은 남중국해에 인공섬과 지부티에 첫 해외 군사기지를 건설하고 있다.

중국은 아시아인프라투자은행(AIIB)을 통해 세계은행 및 아시아개발은행과 경쟁하고 있다. 시 주석은 또한 실크로드 경제벨트와 21세기 해상 실크로드를 아우르는 일대일로(一帶一路) 정책을 추진하였다. 둘 다 고대 중국의 실크로드와 유사하다.

중국은 유라시아 지역의 연결성을 높이기 위해, 두 노선을 따라 철도, 고속도로, 항만 등 대규모 인프라를 구축할 계획이다. 그러나 중국의 계획은 부채의 함정을 통해 작은 나라들을 새로운 종류의 식민지로 만들고 있다고 보는 경쟁국과 회의론자로부터 거센 비판을 받았다. 이들에게 일대일로는 초강대국이 되려는 중국의 야심을 실현하는 정책이다. 하지만 중국은 초강대국이 될 준비가 되어 있을까? 사실 일대일로와 같은 정책은 국력이 향상하는 징조가 아니다. 대신, 지리적 관점에서 중국의 약점을 드러내고 있다.

연대표를 살펴보면, 일대일로 정책은 2011년 오바마 대통령이 도입한 '아시아 회귀 정책(Pivot to Asia)'에 대한 중국의 대응이다. 미국은 일본, 한국, 필리핀 등 옛 우방국과의 관계 강화와 말레이시아와 인도네시아 등 잠재적 파트너와의 관계 구축에 역점을 두겠다는 뜻을 밝혔다.

오바마의 발표는 중국에는 악몽이다. 지리적으로 볼 때, 중국 동쪽에 있는 미국의 동맹국들이 중국의 안보를 위협하고 있다.

미국의 동맹국(일본, 대만, 필리핀)이 중국의 해로를 차단하는 사슬을 형성했다. 미국이 지리적 고려를 바탕으로 동맹국을 선택한 것은 우연이 아니다. 냉전시대에 미국은 공산주의 중국을 막기 위해 이들 국가가 필요했다. 탈냉전 시대에도 미국은 여전히 중국을 유라시아를 지배할 수 있는 잠재적 위협으로 보고 있다. 따

라서 미국은 이들 동맹국과 대응적 협력관계를 선택하였다.

이 사슬은 중국의 엘리트 정책 입안자들 사이에서 제1 도련선(島連線)으로 알려져 있다. 제2 도련선(島連線)은 미국의 통제하에 있는 괌과 북마리아나 제도 같은 섬들로 이루어져 있다. 오늘날까지 중국은 여전히 두 개의 사슬을 끊지 못하고 있다.

사슬이 존재한다는 것은 미국이 중국에 대해 언제든지 제재를 가할 수 있다는 것을 의미한다. 중국은 2대양 전략(two-ocean strategy)을 억제책으로 개발할 필요가 있다. 그것은 인도양을 대

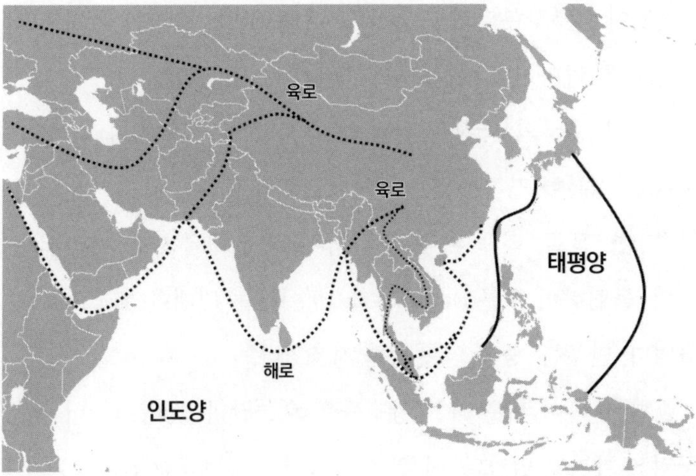

안으로 만드는 것을 의미하는데, 왜냐하면 태평양에만 의존하는 것은 자살과 비슷하기 때문이다.

일대일로 정책은 육로와 해로가 혼합된 항로를 통해 대체 항로를 설정함으로써 중국의 목표 달성을 도울 수 있을 것이다. 말라카 해협에만 의존하던 중국은 미얀마와 파키스탄을 거쳐 중국 내륙과 인도양을 연결하는 길을 닦았다. 반면 육로는 중국과 유럽을 철도로 연결한다. 이 모든 것이 태평양 항로에 대한 중국의 의존도를 감소시킨다.

우리가 제1 도련선의 개념을 이해한다면 중국의 본심을 이해하기 어렵지 않을 것이다. 중국은 그곳의 어업 자원을 지배하고 싶어 하지 않는다. 그 대신 제1 도련선의 서쪽 해역에 대한 통제권을 확보하는 것이 더 낫다. 남중국해를 통제해야만 중국이 그 사슬을 끊을 수 있다.

이것이 외부로부터의 도전이다. 내부로부터 중국은 국가의 지리를 더욱 약화시킬 분리주의에 맞서 싸워야 했다.

오늘날 중국의 국경은 한족의 마지막 제국인 명나라(1368~1644)를 정복한 만주제국(청나라)으로부터 물려받은 것이다. 청은 만주, 한, 몽골, 티베트, 신장을 합쳐 '가운데에 있는 나라'라는 뜻의 '둘림바이 구룬(Dulimbai Gurun)'이라는 거대한 제국으로 만들었다. 만주는 '중국'의 진정한 시조였다.

한편, 한족이 세운 다른 왕조들은 오늘날의 중국보다 더 작은 국경을 가지고 있었다. 한 왕조의 국경은 한제국(기원전 206~기원후 202)에 근거지를 두고 있었다. 한 왕조는 왕조가 수, 당, 송, 명나라로 바뀌면서도 스스로를 한족이라고 부르는 중국의 정체성을 구축하였다. 그 외에도, 한족이 분열할 때마다(삼국 시대, 5대 10국 시대와 같이), 한족의 정체성은 굳어졌기 때문에 다시 통일되

었다.

중화민국의 창시자인 쑨원은 한족 민족주의자였다. 그는 만주 통치로부터 한족의 자유를 위해 싸웠는데, "야만족을 추방하라"는 뜻의 '쾨주달루(驅除韃虜)'라는 슬로건을 내걸었다. 그러나 그는 한나라의 역사에서 교훈을 얻은바, 청나라가 한나라의 중심부에 완충지대를 구축하여 한나라보다 더 안정적이었다는 걸 깨달았다. 북방 유목민들의 손에 넘어간 송나라나 명나라와는 달리 청나라는 내부혁명 이후에야 멸망했다. 그것은 유럽의 강대국들과 마주한 후에도 그대로 유지되었다.

그래서 그는 좁은 한족의 이념을 타파하고 '5개 종족의 화합'이라는 뜻의 '우자궁허(五族共和)'를 구호로 내걸었는데, 중국은 한족, 만주족, 몽골족, 무슬림(회족과 위구르족), 티베트인 들을 위한 나라라는 것이다. 중국의 안정을 위해 만주, 몽골, 신장, 티베

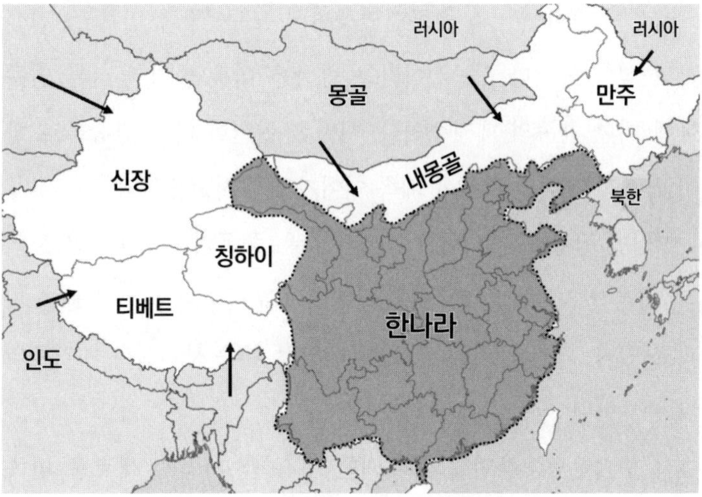

트의 완충지대를 유지하자는 취지였다. 그러나 이 지방들은 무력에 의해 억지로 딸려 왔다. 그러므로 청이 멸망한 후에도 그들이 남아 있어야 할 이유는 없다.

따라서 몽골과 티베트는 중화민국이 설립된 후 1913년에 독립을 선언하였다. 위구르는 동투르크스탄을 세우려고 시도했으나 성공하지 못했다(32장 참조).

공산주의자들이 중화민국을 타도하고 중화인민공화국을 건국한 후에도 같은 정책을 유지하였는데, 그것은 바로 '날개 국경(Wing border)'을 유지하는 것이다. 하지만 소련의 압력 때문에 중국은 몽골의 독립을 인정해야만 했다. 중국은 소련의 동생이기 때문에 반대할 수 없었다. 대신, 몽골의 일부를 유지했다—내몽골은 국경 안에 있다. 중국은 1959년 티베트의 독립 시도를 좌절시켰고, 이후 티베트의 지도자 달라이 라마는 인도로 피신하였다.

말로는 중화민국과 중화인민공화국 모두 '중국 민족'을 건설하고 싶어 하지만, '중국'이라는 발상은 이를 둘러싼 다른 민족들에 대한 한족의 패권주의다. 이러한 현실이 다른 민족들로 하여금 분리를 위한 투쟁을 계속 이어가도록 하고 있다.

이러한 상황을 이용해서 일본과 같은 중국의 경쟁국들은 도덕적, 재정적 지원을 통해 신장, 티베트의 분리주의 운동에 불을 지피고 있다. 거기에 더해, 홍콩 사례처럼 한족 사이에도 지역주의가 존재한다.

시 주석은 '중화민족의 위대한 부흥'을 기치로 새로운 민족주의를 내세우지만, 신장의 위구르족에 부과되는 각종 금지 등 시 주석의 한족 중심 정책 시행은 그것이 단순한 한족 패권주의임을 다시 한번 입증하였다. 게다가, 미국과의 무역전쟁과 COVID-19 위기에 대처하는 방식은 중국이 그렇게 대단하지 않다는 것을 보여주고 있다.

신장 32

2019년 화제가 됐던 중국 신장 재교육 캠프 문제가 국제사회로부터 거센 비판을 받았다.

신장은 중국의 자치구 중 하나이다. 위구르족(46%)은 신장에서 가장 큰 민족으로 한족(39%), 카자흐스탄족(7%), 회족(4.5%), 키르기스족(0.9%) 순이다. 이들은 한족, 장족, 회족, 만주족에 이어 다섯 번째로 큰 민족을 형성하고 있다.

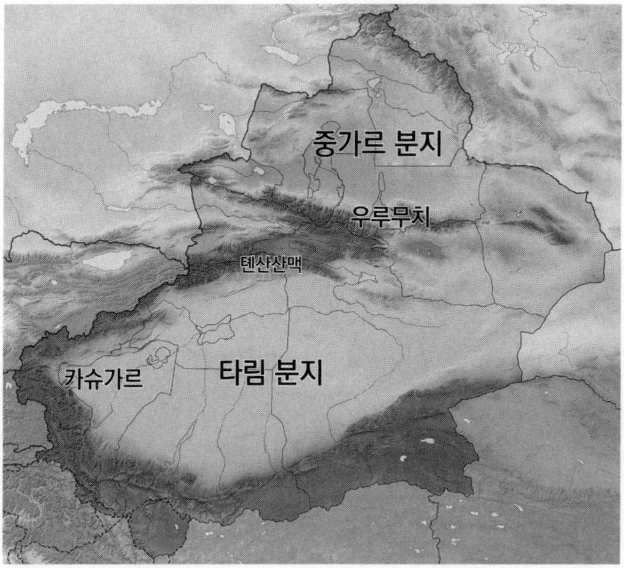

위구르족은 무슬림이지만 중국계(한) 무슬림인 회족과는 다르다. 위구르족은 모국어가 위구르어인 터키계 종족이며, 다른 터키계 언어, 특히 우즈벡어(우즈베키스탄의 공용어)와 현저하게 가까운 언어이다.

앞 장에서 설명한 바와 같이, 신장은 청 왕조 동안에만 중국의 일부가 되었다. 1759년 청은 중가르(Junggar)와 타림(Tarim) 분지를 병합하여 이 지역을 신장(新疆, 새로운 국경선)으로 명명했다. 중가르 분지는 중가르(Dzungar) 칸국의 옛 지방이었다. 중가르 칸국은 몽골 제국의 분파로 1755년 청에 의해 정복당하였으며, 타림 분지 또는 알티샤흐르[위구르어로 "6개의 도시"를 의미—카슈가르, 야르칸드, 호탄, 아커수, 우치 투르판 단 쿠차(Uch Turfan dan Kucha)]는 위구르의 주(州)이다.

위구르인들은 마니교도와 불교도였다. 이들은 한때 몽골의 전 지방을 통치하던 위구르 칸국을 세웠고, 765년 중국의 수도 장안을 정복했다. 840년 키르기스 부족에게 패배한 후 위구르족은 분열되었고 대다수는 타림 분지로 이동하였다.

이곳에서 위구르인들은 카라한 왕조(Qara-Khanid)와 몽골 제국의 분파인 차가타이 칸국과 그 뒤를 잇는 왕국인 모굴리스탄과 야르켄트 칸국의 통치시절에 하나피(Hanafi) 종파의 이슬람을 받아들였다.

1680년 야르켄트 칸국은 불교신자인 왕이 통치하는 중가르에 의해 정복되었다. 왕은 낙쉬반디(Naqshbandi) 교단의 마흐둠(makhdum, 지도자)이었던 부르하누딘 코자(Burhanuddin Khoja)와 그의 형제 자한 코자(Jahan Khoja) 등 위구르족의 종교 지도자들을 감옥에 가두었다. 그들은 청나라가 중가르를 물리친 후에 풀려났다.

청나라는 부르하누딘과 자한 코자를 지역 지도자로 임명하였으나, 얼마 지나지 않아 자한 코자가 반기를 들고 지하드(聖戰)를 선언하면서 청에 대항하였다. 부르하누딘은 처음에는 꺼려했지만, 그 뒤를 따랐다. 청은 1759년 반란을 진압하고 알티샤르를 직접 통치지역으로 만들었으며, 이에 따라 중국 지배하의 위구르족의 역사가 시작되었다.

코자의 후손들은 코칸드 칸국(오늘날의 우즈베키스탄)에서 지하드를 계속했다. 코칸드 칸국은 야쿠브 베그를 보내어 부르주크 칸(Burzug Khan, 부르하누딘의 증손자)에 알티샤르를 재탈환하는 것을 돕도록 하였다. 그러나 야쿠브 베그는 부르주크 칸을 없애고 자신을 알티샤르의 통치자로 선언하였으며, 1864년에 예티샤하르(Yettishahar)라는 왕국을 세웠다. 예티샤하르는 "7개의 도시"를 의미하는데, 알티샤르에 있는 도시들과 투르판(Turfan)이 추가되었다.

1877년 청이 야쿠브 베그를 무찌르긴 했지만, 그의 이전 업적은 중국으로부터 자유를 추구하는 위구르인들에게 영감을 주고 있다. 야쿠브 베그가 일으킨 반란의 영향으로 위구르인들 사이에서 코자와 같은 사람들의 종교적 권위가 쇠퇴하였고, 이후 범투르크 민족주의로 대체되었다.

이 이데올로기는 위구르 지식계 출신의 (Qadim으로 알려진 구세대에 대항하는) 자디드(Jadid, 젊은이들)에 의해 도입되었다. 그것이 러시아에 퍼져서, 투르크학 연구(터키어의 언어와 문화에 대한 연구)가 집중적으로 이루어지게 되었다.

범투르크 민족주의자들은 중앙아시아를 투르크의 모국인 투르키스탄으로 간주했다. 신장은 동투르키스탄의 동쪽에 위치해 있다. 카자흐스탄, 우즈베키스탄, 투르크메니스탄, 키르기스스탄을 포함하는 지역은 서투르키스탄이다. 모든 투르크 민족을 통일시킨 투르크 국가를 세우는 것이 범투르크 민족주의자들의 목적이다.

1933년 11월에 동투르키스탄 국가를 세우려는 첫 시도가 있었다. 당시 국민당 휘하에서 청나라는 없어지고 중화민국으로 대체되었다. 동투르키스탄 이슬람 공화국이 카슈가르에서 선포되

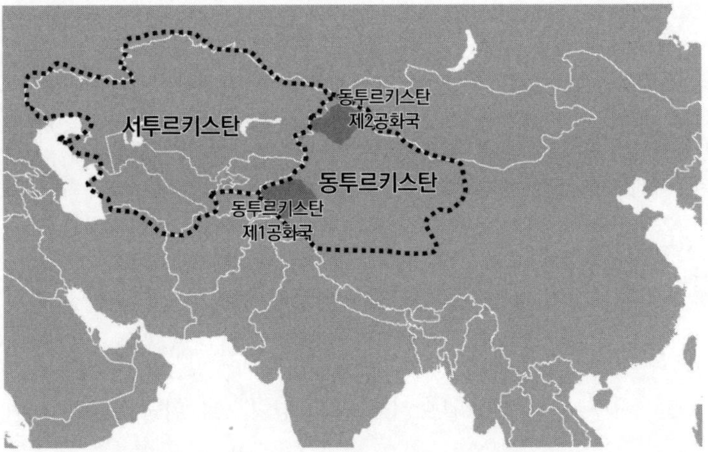

었고, 코자 니야즈(Khoja Niyaz)가 대통령으로, 사비트 다물라(Sabit Damulla)가 총리로 임명되었다. 그러나 동투르키스탄 정부는 신장 전역을 통제하기도 전에 국민당(회족 무슬림 장군 마충잉이 이끄는) 세력의 공격으로 5개월 만에 붕괴되었다. 이 사건으로 많은 위구르인이 회족에 원한을 품게 되었다.

두 번째 시도는 1944년에 일어났다. 동투르키스탄 공화국이 일리(Ili)에 수립되었고, 처음에는 엘리한 토레(Elihan Tore)가, 나중에는 에흐메트잔 카심(Ehmetjan Qasim)이 이끌었다. 두 번째 시도는 공산주의 소련이 지지했기 때문에 '이슬람'이라는 단어를 사용하지 않았다. 제2 공화국(1944~1949)은 제1 공화국보다 조금 더 오래 지속되었지만, 공산주의에 신물이 난 범터키 민족주의자들 사이에서는 지지를 얻지 못했다.

무함마드 아민 부그라, 이사 알프테킨, 마수드 사브리, 부르한 샤히디 등 반소련계 범투르크 민족주의자들이 입장을 바꾸기 시작했다. 그들은 더 이상 동투르키스탄을 바라지 않았고, 중국 체제하에서 위구르의 이익을 옹호하기로 결정했다. 마수드는 1947년 국민당과의 협상에 의해 신장 총독으로 임명되었다. 역사상 처음으로 위구르 지도자가 신장을 통치했다.

하지만 중국 공산당이 국민당을 물리친 후 상황이 역전되었다. 그들은 공산주의 러시아의 그늘에서 벗어나, 다시 공산주의 중국에 의해 삼켜졌을 뿐이었다. 피바다를 피하기 위해, 신장성 총독 부르한(마수드의 후계자)은 1949년 9월 26일 중국공산당에 투항을 선언했다. 부르한은 신장성 인민정부 주석에 임명되었고, 무함마드 아민과 이사(Isa)는 터키로 피신했다. 터키는 범터키 민족주의자들의 온상이 되었고, 특히 민족주의 운동당(MHP)에서 동투르키스탄(터키어로 Doğu Türkistan)에 대한 발상이 일부 지지를 얻었다.

부르한 이후 동투르키스탄 제2 공화국 치하에서 교육부 장관이었던 사이푸딘 아지지(Saifuddin Azizi)가 뒤를 이었다. 1955년 사이푸딘은 신장 자치구 지위를 획득했고, 이 지역은 신장 위구르 자치구로 개칭되었다.

신장은 1980년대 이슬람주의자들의 흐름을 벗어나지 못했다. 아프가니스탄과 가까운 지역적 위치로 인해, 소련과 싸웠던 많은 옛 '무자헤딘'들이 신장을 해방시키기 위해 신장에 잠입해서 동투르키스탄이슬람운동(ETIM) 등 무장단체들을 조직하는 것을 가능케 했다.

또한 레비야 카데르(Rebiya Kadeer)가 설립한 세계위구르회의,

안와르 유수프 투라니(Anwar Yusuf Turani)가 설립한 동투르크 망명정부 등 비군사적 분리주의 운동도 벌어지고 있다. 둘 다 2004년에 설립되었고, 서로가 위구르 종족을 분열시키고 있다고 비난하였다.

모든 동투르키스탄 운동은 신장에서의 중국 통치의 정당성을 위협한다. 중국은 경제발전의 격차가 분리주의로 이어졌다는 사실을 깨닫고, 신장 등 서부지역 개발을 확산시키기 위해 '서부대개발(西府大開發)' 정책을 시작하였다. 그러나 개발은 중국 한족의 신장으로의 이주와 함께 추진되었다. 1953년, 위구르족과 한족 인구 비율은 각각 75%, 6%였다. 2015년에는 그 숫자가 46%와 39%로 바뀌었다.

위구르인들이 고국에서 소수민족이 되는 것에 대한 두려움은 2009년 7월 우루무치에서 일어난 건과 같은 폭동들로 이어졌으며, 거의 200명의 목숨을 앗아갔다. 중국 정부는 ETIM이 사건의 배후라고 비난했다. 지난 2014년 31명의 목숨을 앗아간 윈난 쿤밍의 철도역 습격 사건 이후, 시진핑 중국 정부는 무장단체를 척결하기 위해 보다 엄격한 접근법을 취하였다.

시 주석은 '급진적 이슬람'을 위구르 분리주의의 원천으로 보고, 급진적인 성격을 보여주는 위구르인들의 탈급진화를 목표로 하는 재교육 캠프를 도입했다. 중국의 정책은 종교의 자유를 남용한다는 이유로 많은 비난을 받았다. 특히, 게이 맥두걸(Gay McDougall)이 2018년 8월 13일에 열린 인종차별철폐위원회(CERD) 정상회의에서 발표한 성명서에서 중국이 최대 100만 명

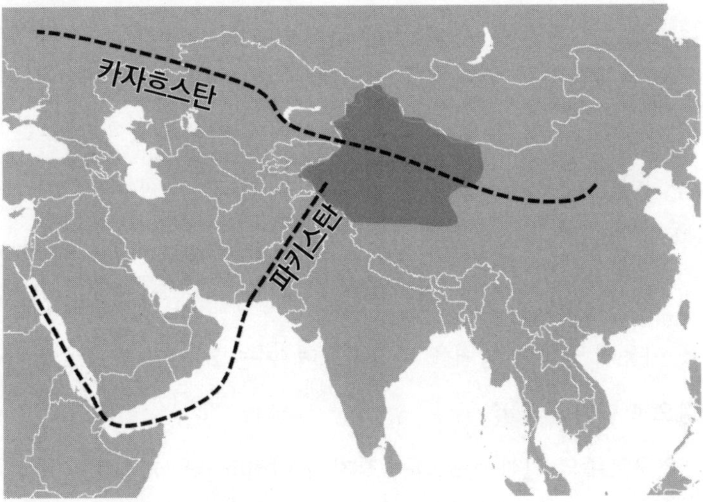

의 위구르인들을 구금했다고 주장한 이후, 재교육 캠프는 위구르족에 대한 집단 문화학살로 불렸다.

유엔 보고서를 토대로 미국, 영국, 일본, 호주 등 23개국이 중국을 규탄하는 공동성명을 제출하고, 재교육 캠프의 폐쇄를 촉구했다. 그러나 이슬람협력기구(OIC) 회원국 중 중국을 비판하는 국가는 없었다. 사실, 사우디, 이란, 파키스탄, 방글라데시와 같은 나라들은 중국에 대해 지지를 표명했다.

비난이 중국의 입장을 바꾸지는 않을 것이다. 동투르키스탄 운동에 대한 어떤 지원도 중국의 주권에 도전하는 것으로 보인다. 신장의 전략적 위치는 중국이 이 지역을 항상 중국의 일부가 되도록 보장한다는 것을 의미한다. 신장은 완충지대의 역할을 하는 것 외에, 중국과 일대일로(一帶一路) 상에 있는 국가들을 잇는 연결고리 역할을 하고 있다.

중국의 적대국들은 이것을 깨달았다. 따라서 인권이라는 이름으로 행해진 많은 연대 운동을 통해 중국에 부담을 줄 계획이다. 일본은 1930년대부터 동투르키스탄이 중앙아시아의 '만주국'이 되기를 바라며 동투르키스탄 운동을 지지했다(만주국은 일본의 이익을 도모하기 위해 1932년 만주에 세워진 일본의 꼭두각시 국가였다). 미·중 관계의 열기 속에서, 트럼프 대통령은 또 위구르의 상황을 이용해 중국에 압력을 가하였으며, 이는 2019년 위구르법 제정으로 이어졌다.

위구르족의 진짜 목소리는 각자가 이해타산을 가지고 경쟁하는 많은 당사국의 함성 속에서 사라지고 있다. 그것이 위구르족의 운명이다.

홍콩 33

홍콩은 2019년 6개월간 지속된 시위와 폭동으로 세계를 충격에 빠뜨렸다.

시위는 홍콩 정부가 범죄 용의자가 홍콩에 있을 때 체포해 재판받을 수 있도록 하는 '범죄인 인도법'을 도입하려다 빚어졌다.

홍콩은 중국의 일부이지만, 자국의 법률, 통화, 자유를 허용하는 특별행정구(SAR) 지위를 누리고 있다. 이 법은 홍콩인들의 자유를 침해하기 때문에 홍콩인들의 분노를 촉발시켰다.

홍콩의 특별행정구 지위는 1978년부터 1992년까지 중국의 최고 지도자였던 덩샤오핑의 '사회계약'이다. 덩샤오핑은 홍콩이 150년간 영국의 통치 끝에 1997년 중국에 반환된 후 '일국양제(한 나라 두 체제)'를 구축할 것이라고 약속했다.

1842년 중국이 영국과의 아편 전쟁에서 패한 후, 홍콩섬을 영국에 할양하였다. 중국이 제2차 아편전쟁(1860년)에서 패망한 후, 구룡(Kowloon)반도도 넘어갈 수밖에 없었다. 1898년 영국은 현재 '신계 지역(New Territories)'으로 알려진 영토를 99년 동안 임대했다. 이 세 부분은 총독이 이끄는 영국 왕실 식민지인 '브리티시 홍콩'을 형성하였다.

영국은 한 어촌마을이었던 홍콩을 국제적인 대도시로 발전시켰다. 영국인들은 홍콩에 많은 관심을 가지고 있었음에도 99년

이후인 1997년에 신계 지역을 반환한다는 조약을 준수하였다. 사실, 영국 수상 마거릿 대처는 1997년에 홍콩의 모든 지역을 중국으로 반환하는 데 동의하였다.

법치와 언론의 자유를 실천한 영국의 통치 아래 생활하는 데 익숙했던 홍콩인들에게 권위주의 체제를 실천한 중국의 통치는 우려스러운 일이다. 1997년 이전에, 홍콩인 수천 명이 미국이나 캐나다로 이주했다. 중국 정부가 수천 명은 아니더라도 수백 명의 학생들을 탄압한 1989년 6월 4일 천안문 사태는 중국에 대한 홍콩인들의 공포심을 억제하는 데 도움이 되지 않았다.

그래서 덩샤오핑은 홍콩인들의 불안을 완화시키기 위해 '일국양제 시스템'을 도입했다. 그는 현 상태가 50년(1997~2047) 동안 유지될 것이라고 맹세했다. 그런데도 홍콩 국민은 여전히 중국의 통치를 의심하고 있다. 그들은 매년 7월 1일(홍콩이 양도된 날) 공개 선거와 같은 더 많은 자유와 자치를 요구하는 시위를 벌였다. 범죄인 인도법에 대한 항의는 충격적인 일이 아니다.

충격적인 일은 폭도들의 끈기였다. 백만 명의 인파가 거리로 몰려들어 2019년 7월 9일 법이 철회되었음에도, 홍콩의 최고 통치자인 캐리 람(Carrie Lam)은 시위자들의 네 가지 요구를 이행하지 못하고 있었다. 요구 사항에는 경찰 잔혹성 조사, 시위 도중 체포된 모든 사람을 석방할 수 있도록 '폭동' 지정 철폐, 보편적 참정권 제도 도입 등이 포함되어 있다. 시위대는 이러한 요구를 '5대 요구(五大訴求)'라고 불렀다. 캐리 람은 마지막 요구를 들어줄 수 없었고, 베이징의 중앙정부도 결코 동의하지 않을 것이다.

홍콩정부와 시위대 모두 굴복하지 않고 계속된 갈등으로 이어졌으며, 시위는 더 나쁜 국면으로 접어들었다.

시위대는 두 진영으로 나누어졌는데, 한 진영은 화리비파(和理非派)로 평화(和平), 이성(理性), 비폭력(非暴力)을 슬로건으로 내걸고 있고, 다른 진영은 더 급진적이고 폭력적인 용무파(勇武派)이다. 용(勇)은 "용기"를, 무(武)는 "폭력"을 의미한다. 그들은 화리비파 방식이 너무 온순하다고 비판하였는데, 너무 온순하기 때문에 정부가 요구를 들어주지 않는다고 보고 있다. 이 밖에도 홍콩정부가 2019년 7월 21일 유엔롱(原朗)역 시위대를 공격하기 위해 조직폭력배를 고용한 것은 용무파가 더 격렬하게 행동하도록 하는 이유가 되었다.

용무파는 누군가가 죽으면 그들의 목적(중국으로부터의 독립 등)을 달성하는 데 도움이 되기 때문에, 국제적인 동정을 얻기 위해 경찰이 더 잔인하게 행동하도록 유인하려고 하였다. 베이징의 강경파들도 홍콩에 주어진 자치권을 제한하기 위해 홍콩 문제에 직접 개입하는 것이 정당화될 수 있도록 상황이 통제 불능이 되기를 바라고 있다.

'일국양제 시스템'을 잃는 것에 대한 두려움 외에도, 홍콩과 본토인들 사이에 정체성의 충돌이 있다. 표준 중국어(Mandarin)—홍콩인들의 모국어는 광둥어이다—와 간자체 중국어 사용 의무화 등 홍콩과 중국의 문화적 통합이 홍콩인들의 정체성을 잠식하는 것으로 인식된다.

한 세기 반쯤 된 영국의 식민주의는 홍콩인들의 우월감을 강화시켰다. 홍콩은 중국이 막 문을 열었던 1980년대에 이미 아시아의 호랑이였다. 따라서 중국 경제와 문화가 그들의 삶에서 더 우세해질 때, 그들의 우월욕망(megalothymia)은 도전을 받게 된다. 그 시위는 홍콩이라는 도시가 자체의 정체성을 가지고 있으며, 그들의 가치 체계가 중국보다 훨씬 우월하다는 것을 전 세계에 보여주는 하나의 방법이다. 거기에 더해, 영국 국기와 영국령 홍콩 국기를 흔드는 시위대의 행동은 영국 통치 시절의 향수를 보여주는 것이었다.

1999년에 중국에 반환된 유럽 식민지였던 마카오도 홍콩과 같은 문제에 직면하지는 않았다. 비록 포르투갈이 442년 동안 식민지로 지배했지만, 영국과 같은 위신을 누리지는 못했다.

게다가, 마카오 사람들은 충분한 정신적 준비를 했다. 마카오의 반환은 반환 25년 전인 1974년에 발표되었지만, 홍콩인들은 15년밖에 되지 않았다. 인구 규모도 이 상황에 영향을 미쳤다. 홍콩 인구 700만 명에 비해 마카오의 인구가 60만 명에 불과하기 때문에, 마카오의 목소리는 홍콩에 비해 결코 크지도 않았고, 의미심장할 수도 없었을 것이다.

국제적인 도시로서, 계속되는 혼란은 중국뿐만 아니라 홍콩 경제에도 타격을 주었다. 그것 말고도, 홍콩의 상황 전개는 바다를 가로지르는 또 다른 '국가'*에서의 정치적 발전에도 영향을 미칠 것이다.

---

* 대만.

대만 34

2020년 1월 11일 대만 총통선거에서 차이잉원(蔡英文)은 2016년 총통선거(56%)보다 높은 57% 득표율로 연임에 성공하였다.

다만, 차이잉원의 당인 민진당은 중간선거로 간주되는 2018년 11월 지방선거에서 선전하지 못했다. 민진당은 국민당에 대패했다. 뿐만 아니라 가오슝(高雄)에 있는 민진당의 아성은 정치 신예 한궈위(韓國瑜, 차이잉원에 대응한 국민당의 총통 후보)에게도 패하

였다.

차이잉원과 민진당의 운명이 반전된 원인은 무엇인가? 정답은 홍콩이다.

대만의 공식 명칭은 중화민국으로, 원래 정부는 1912년부터 1949년까지 중국 본토를 통치했다. 국민당은 1926년부터 대만을 통치해왔다. 중국공산당에 패배한 후 국민당은 대만으로 도피하여 대만의 지배를 재개하였다.

대만 외에, 중화민국은 펑후(澎湖), 진먼(金門), 그리고 마조(馬祖)도 통치했다. 진먼과 중국 해안지역 간 거리는 10km도 안 되지만, 1940년대부터 1950년대까지 중국공산당의 해군력 부족에 힘입어 국민당은 가까스로 대만까지 탈출해 진먼과 마조에서 방어선을 구축했다.

대만의 중국 영토로서의 역사는 17세기에야 시작되었다. 유럽인들에게 포모사(Formosa, '아름다운 섬'이라는 뜻의 Ilha Formosa에서 유래)로 알려진 대만은 1683년 중국(청 왕조)이 점령하기 전에, 스페인과 네덜란드에 의해 정복되었다.

청나라가 1894~1895년 청일 전쟁에서 패한 후 대만은 1945년까지, 즉 일본이 이 섬에 대한 영유권을 포기할 때까지 일본에 복속되었고, 그 후 국민당에 반환되었다.

국민당은 중국 본토를 탈환하기를 원했고, 1955년 미국과 군사 협정을 맺었다. 중화인민공화국을 설립한 공산주의 중국도 중화민국의 예전 영토에 대한 통제권을 되찾을 기회를 기다렸다. 각각은 유일한 합법적 중국 정부라고 주장했고, 따라서 "하나의 중국 원칙"은 둘 중 어느 한 나라와 외교 관계를 맺기를 원하는 국가들을 위해 제정되었다. 중화인민공화국을 인정한다는 것은 중화민국을 인정하지 않는다는 것을 의미하며, 그 반대의 경우도 마찬가지이다.

1979년, 미국은 대만과의 관계를 끝내고 중국과 외교 관계를 맺었다. 이러한 상황 전개로, 국민당은 더 이상 중국 본토를 탈환하고 싶지 않았지만, 동시에 중국 본토와 통일되는 것을 거부하였다. 이에 따라 1992년 국민당과 중국공산당은 처음으로 대화를 개최하여 "하나의 중국만이 있을 뿐이다. 중국 본토와 대만 모두 같은 중국에 속한다. 그에 대한 해석은 임의에 따른다"라는 데 의견을 같이했다. 사실 그 말은 '하나의 중국' 원칙이 그대로 유지된다는 의미일 뿐이다. '1992년 합의'로 알려진 이 협정은 대만 내 정치 논쟁의 근본 원인이 되고 있다.

이러한 원칙 때문에, 많은 나라들은 중국과 관계를 맺는 것을 선택하였다. 대만과 외교관계를 맺은 나라는 15개국(UN 회원국 14개국, 바티칸)에 불과해 중국과 외교관계를 맺은 180개국(UN 회원국 177개, 쿡제도, 니우에)과 대조적이다.

그 원칙 때문에 대만은 어떤 국제기구에서도 '중국'이라는 표현 사용이 금지되었고, 동시에 중국에서도 분리하지 않기 위해 '대만(Taiwan)'이라는 표현을 단독으로 사용하지 않는다.

대만이 아시아태평양경제협력체(APEC), 세계무역기구(WTO) 또는 올림픽과 같은 국제기구에 가입하기를 희망한다고 가정하자. 이 경우, "Chinese Taipei"라는 이름을 사용해야 한다.

중화민국이 여전히 중국(사실상 몽골도 마찬가지이다. 왜냐하면 대만은 몽골의 독립을 인정한 중국의 조치를 인정하지 않고 있기 때문이다)에 대한 영유권 주장을 펴고 있지만, 실제로는 대만(대부분의 사람들은 펑후, 진먼, 마조에 대해 간과하고 있다)만 지배할 수 있다. 시간이 지남에 따라, 사람들은 대만과 중화민국을 연관 짓는다. 그것은 민진당으로 대표되는 민족주의 정치의 부흥으로 이어졌다.

민진당은 "대만"이라는 정체성을 위해 싸웠다. 그들의 주장에 따르면, 청의 통치(1683~1895), 일본의 점령(1895~1945), 국민당의 독재 통치(1945~1992)는 외국의 정권으로 간주된다. 대만인의 정

체성은 본성인(本省人, benshengren)*(17세기~1945년까지의 중국 이민자)과 아미스(Amis), 아타얄(Atayal), 파이완(Paiwan) 등 오스트로네시아 원주민의 문화를 기반으로 해야 한다. 민진당의 경우, 외성인(外省人, waishengren) 또는 1945년 이후의 이민자(국민당 엘리트 포함)는 타이완 원주민과 역사를 공유하지 않는 외국인 및 식민주의자이다.

장제스(1949~1975), 옌자간(嚴家淦, 1975~1978)으로부터 장징궈(1978~1988)까지 중화민국 총독들의 명단은 중국 본토에서 태어난 외성인들로 이루어져 있다. 리덩후이(1988~2000)는 타이완에서 태어난 최초의 지도자였다. 2000년 대만 총통선거에서 천수

* 타이완(臺灣)성 출신자. 타이완에서 사용하며 '외성인(外省人)'과 구분하여 말할 때 씀.

이벤(陳水扁)이 승리하면서 51년간의 국민당 통치가 끝났다.

천수이볜 총통은 중국적 정체성을 불식시키고 타이베이에 있는 장제스 대로(大路)를 대만의 한 부족인 케타갈란 대로(Ketagalan Boulevard)로 개칭하는 것과 같은 오스트로네시아인의 정체성으로 대체하기 위해 노력했다.

천 총통은 또한 2008년 '오스트로네시아 포럼'을 설립해 대만과 오스트로네시아 국가 간 격차를 좁혔으며, 이 포럼의 회원국으로는 키리바시, 팔라우, 마셜 제도, 나우루, 괌, 하와이, 뉴질랜드, 필리핀뿐만 아니라 말레이시아와 인도네시아도 포함되었다.

천 총통은 대만을 국가로 묘사하는 것을 부끄러워하지 않았고, 대만의 독립을 요구했다. 그의 행동은 중국과의 관계에 파문을 일으켰다. 중국은 2005년 분리독립 반대법을 통과시켜 대만이 독립을 주장할 경우 무력을 사용하겠다고 위협했다. 2008년 국민당이 승리한 이후, 마잉주 총통은 친중 정책을 시행했다. 그는 2015년 시진핑 주석과 회담을 가졌는데, 1945년 마오쩌둥이 장제스를 만난 이후 중화민국과 중화인민공화국의 최고지도자 간 만남은 처음이었다.

2016년 차이 총통이 집권한 후, 남방지향(Southbound) 정책을 도입하고, 오스트로네시아 포럼을 다시 활성화하는 등 천 총통의 유산을 이어갔고, "대만은 대만"이라고 언급해 중화민국의 정체성을 거부하였다.

중국과의 균형을 맞추기 위해 차이는 미국과의 관계 개선에 나섰다. 2016년 12월 차이 총통과 트럼프 대통령의 통화는 1979년 미국이 인연을 끊은 이후 양국 정상 간 첫 통화였다. 중국은 이러한 상황 전개를 좋아하지 않는다. 그래서 중국은 대만에 대한 압력을 강화했다. 21개국이 차이가 총통이 되기 전에 대만을 인정했다. 그러나 중국의 압력에 따라 그 숫자는 7개국으로 줄어들었다.

많은 대만인, 특히 국민당의 정치인과 지지자는 차이 총통이 너무 많은 시간을 정체성 정치에 집중하였기 때문에, 국가의 이익이 심각하게 위태롭게 되었다고 생각한다. 2018년 지방선거와 함께 치러진 주민투표에서 유권자의 55%가 2020년 올림픽에 대비한 중화민국 선수 대표단을 '중국 타이페이' 대신 '대만'이라는 이름으로 출전시키자는 차이의 제안에 반대했다.

2020년 차이 총통에 맞섰던 한궈위 국민당 후보는, 마 총통처럼 좀 더 실용적 접근과 중국 친화적 정책을 주문했다. 만약 총통선거가 지방선거 직후에 치러졌다면 차이 총통은 가망성이 없었을 것이다. 하지만 그녀는 홍콩의 상황을 이용하여 중국에 대한 공포증을 만들었는데, 대만 국민에게 자유를 지켜야 한다고 호소하였다. '오늘은 홍콩, 내일은 대만'과 같은 슬로건은 한궈위의 인기를 떨어트리게 했으며, 전 세계를 휩쓴 보수주의의 물결을 탈 수 있는 국민당의 희망을 날려버렸다.

일본 35

2019년 5월 1일, 나루히토 왕세자는 제126대 일본 천왕으로 즉위했다. 새 시대의 이름(元号)은 레이와(令和)로, 아버지 아키히토(明仁, 1989~2019)의 시대 이름인 헤이세이(平成)의 뒤를 잇는다.

일본인들은 서력 기원에 비해 원호(元号) 연도를 사용하는 것이 일반적이다. 헤이세이 1년(또는 헤이세이 元年)은 1989년, 헤이세이 2년은 1990년이다. 2009년 경제위기는 헤이세이 21년도 경제위기(平成21年度經濟危機)라고 불린다.

1869년(현대 일본의 시작)부터 메이지(明治), 다이쇼(大正), 쇼와(昭和), 헤이세이(平成)를 사용하였으며, 각각 무쓰히토(1868~1912), 요시히토(1912~1926), 히로히토(1926~1989) 천황의 시대를 일컫는다.

원호(元号)의 관습은 중국으로 거슬러 올라갈 수 있다. 중국 역사를 한 번 보면 영락, 강희, 건릉 등의 이름이 나온다. 이것은 그들의 이름이 아니었다. 대신, 그것은 그들의 시대를 나타내고 있다. 영락 황제(1404~1424)의 이름은 주체(朱棣)이고, 아이신교로 호완예(Aisin-Gioro Hiowan-Yei, 愛新覺羅玄燁)는 강희 황제(1661~1722)의 이름이다. 중국의 마지막 황제는 아이신교로 푸이(Aisin-Gioro Puyi)였으며, 그의 시대는 쉬안통(Suantong, 1908~1912)이라고 불린다.

일본은 645년 고토쿠(孝德) 천왕이 중국식 개혁에 착수하면서 원호(元号) 제도를 도입하였다. 그는 자신의 시대를 타이카(大化)라고 불렀고, 따라서 그가 추진한 개혁은 타이카노 카이신(大化の改革)이라고 부른다.

전통적으로, 원호의 이름은 중국 문명의 고전 문구에서 따왔다. 메이지(1868~1912)와 다이쇼(1912~1926)는 『역경(易經)』에서, 쇼와는 『상서(尙書)』에서, 헤이세이는 『사기(史記)』에서 따왔다.

그러나 처음으로 레이와(令和)라는 이름은 어떤 중국 책에서도 인용되지 않았다. 그 대신 759년에 출판된 일본의 가장 오래된 시집 『만엽집』에서 직접 인용되었다. 그것은 "초춘영월 기숙풍화(初春令月, 氣淑風和)"라는 시 한 줄에서 따온 것으로, 해석하면 다음과 같다.

초봄 아름다운(令) 달에,
공기는 상쾌하고 바람은 부드럽네(和).

따라서 이 문맥에서 "레이와"는 "아름다운 조화"를 의미한다. "레이"라는 단어는 질서를 의미하며, "와"는 일본의 고전적인 이름이다. 그것은 쇼와(Showa)와 거의 같게 발음되며, "와(和)를 주장하다"는 뜻이다. 결과적으로 레이와가 함께 발음할 때, '보통(헤이, 平) 업적(세이, 成)'을 의미하는 '헤이세이'보다 더 공격적으로 들린다는 것이다.

2019년 5월 아베 총리는, 일본은 일본식 이름을 서양식 이름 배열(이름, 성)에서 원래 배열(성, 이름)로 바꿀 것이라고 발표했다. 신조 아베(晋三安倍)는 아베 신조(安倍晋三)로 바뀌었다. 메이지 시대(1868~1912)부터 도입된 서양식 스타일은 서양을 발전 모델로 만들도록 하였다. 이 두 가지 상황 변화는 일본의 정체성을 강조하고, 일본의 부흥을 알리는 신호탄이다. 이러한 변화는 일본의 지정학적 현실과 외교 정책에 대한 접근 방식과 유사하다.

일본이 2차 세계대전에서 패한 후, 일본은 평화주의적이고 반군사적인 외교 정책을 시행했다. 1947년 헌법 제9조는 일본이 국가의 주권으로서의 전쟁을 '자발적으로' 포기하고, 국제 분쟁을 해결하기 위한 수단으로서의 위협이나 무력 사용을 포기한다고 규정하였다. 일본이 방어력만 갖춘 자위대(SDF) 외에는 군대를 유지하지 않는 것도 이 때문이었다.

이 조항의 기원은 1946년부터 1954년까지 일본의 총리였던 요시다 시게루로부터 유래되었다. 그에게는 전쟁에서 패한 일본이 전후복구에 더 집중하는 것이 맞는 선택이었다. 일본은 안보 목적으로 미국의 주둔(1945~1952)을 이용해야 했다. 초강대국의 동반자로, 일본은 모든 관심을 경제에 돌릴 수 있었다.

요시다의 정책은 요시다 독트린으로 알려져 있다. 이 교리를 종교적으로 지지하면서, 일본 정부는 미국과 군사 및 경제 면에서 더 긴밀한 관계를 맺었고, 동시에 군사 예산이 일본 GDP의 1%를 넘지 않도록 보장했다.

21세기를 앞서 달려가면서, 요시다 독트린에 도전하는 목소리가 높아지고 있으며, 극우파들은 9조를 개정해 일본이 주권을 자유로이 지킬 수 있는 '정상적' 국가(보통국가)로서의 지위를 되돌려줄 것을 요구하고 있다. 이들은 '신보수파'로 불리는데 아베 총리도 그중 한 명이다.

아베는 총리는 첫 임기(2006~2007) 동안 방위청을 방위성으로 격상시킴으로써 일본을 변화시키고자 하는 자신의 소망을 분명히 보여주었다. 또한 두 번째 임기 동안 4자 안보 대화의 핵인 "광범위한 아시아(Broader Asia)"의 아이디어를 소개하고 추진했다(36장 참조).

아베 총리는 2012년 12월 총리로 돌아온 뒤 인도, 호주, 미국(쿼드) 등과 관계를 돈독히 하고 제9조 개정을 시도하였다.

그러나 제9조 개정문제는 여전히 대부분 금기사항이며, 반전

평화주의자들이 결사적으로 지키고자 하고 있다. 2차 세계대전이 남긴 트라우마는 이들 반전주의자들에게는 여전히 너무 크다. 그들에게 있어 제9조를 폐지하는 것은 일본의 재무장화로 이어질 것이고, 이를 통해 주변국들과 전쟁을 일으킬 수도 있다.

실제로, 일본의 주변 환경은 점점 더 어려워지고 있다. 북한은 이미 제멋대로 핵무기를 보유하고 있다. 중국은 국경 밖의 영토를 통제하는 데 점점 더 적극적으로 나서고 있다. 그것 외에도, 일본은 관대한 태도로 해결될 수 없는 영토분쟁, 즉 한국과 독도 분쟁, 중국과 조어도(Senkaku) 분쟁, 러시아와 쿠릴열도(Chishima)

분쟁을 하고 있다.

신보수주의자들이 볼 때, 평화주의에 대한 집착은 일본이 2차 세계대전에서 저지른 죄 때문에 일본의 이익에 등을 돌리는 '자학외교(自虐外交)'를 할 수밖에 없도록 만들고 있다. 따라서 진정한 일본의 정체성을 홍보하기 위해 레이와(令和)를 원호로 선택한 것은 일본의 잠재력 실현을 방해하는 사과적 태도를 바꾸고, 자신감을 불어넣기 위한 노력의 일환으로 볼 수 있다.

트럼프의 등장은 일본의 태도변화에도 정당성을 가져왔다. 트럼프는 일본이 언제까지나 미국에 의존할 수 없다는 증거, 즉 일본에 대한 미국의 약속이 성경이 아니라는 증거의 구현이었다. 그것은 언제든지 바뀔 수 있다. 따라서 일본이 스스로 방위책임을 지는 것을 금지하고 미국에 의존하는 것은 어리석은 짓이다.

트럼프가 이란을 제재하자 아베 총리는 2019년 6월 이란 방문 기회를 잡았으며, 1979년 이란 혁명 이후 처음으로 이란을 방문한 일본 총리가 됐다. 아베 총리는 일본이 미국의 동맹국이라는 사실과 국익을 챙기는 것(일본의 원유 수입이 페르시아만의 긴장에 영향을 받지 않도록 하는 것) 사이에서 후자를 선택하였다.

요시다 독트린은 아베 독트린으로 대체되어 사문화된 것으로 볼 수 있다. 그러나 아베의 새로운 접근 방식은 이웃 국가인 중국과 한국으로부터 의혹을 불러일으켰다. 그들에게 아베는 2차 세계대전의 교훈에 귀를 기울이지 않는 군국주의자이며, 특히 아베는 전범으로 기소된 기시 노부스케 전 총리(1957~1960)의 외손자이다.

미국에 이어 제2의 경제대국이었던 서독을 앞질렀던 1968년의 향수를 불러일으키며, 일본은 2020년에 다시 한번 올림픽을 개최하였다.

일본에게 두 번째 부흥의 시대가 올 것인가? 시간만이 알 수 있다.

인도-태평양 36

"내 적의 적은 내 친구다"라는 속담이 있다. 중국의 급격한 부상은 표면적으로는 별로 공통점이 없는 인도와 일본 두 나라 사이의 관계를 긴밀하게 만들었다.

2차 세계대전 동안, 인도와 일본은 공동의 적인 영국을 제거하기 위해 협력했다. 인도를 영국 통치에서 해방시키기를 꿈꿨던 인도 국수주의자 수바스 찬드라 보스(Subhas Chandra Bose)가 영국과 전쟁 중이었던 일본과 협상을 타결했다.

영국은 더 이상 아시아에 있지 않다. 반면에, 중국의 부상은 인도와 일본 두 나라를 통일시키고 있다. 일본은 중국 때문에 아시아태평양에서 영향력이 급감하고 있다고 느끼고, 인도는 자국의 안보가 위태롭다고 보고 있다.

비록 인도가 브릭스(BRICs) 블록(브라질, 러시아, 인도, 중국, 남아프리카공화국)의 중국 파트너임에도 불구하고, 인도는 여전히 중국에 대해 의심을 품고 있다. 해결되지 않은 국경 분쟁 외에도, 중국은 인도의 앙숙인 파키스탄과 너무 사이좋게 지내고 있다. 거기에다가, 인도는 최근 중국이 인도양에까지 영향력을 행사하는 것으로 보고 있다.

인도는 인도양에 다른 전력(戰力)이 존재하지 않도록 함으로써 안전을 지키려고 노력할 것이다. "누구든 인도양을 지배하게 되면, 인도를 지배하게 될 것이다"라는 말은 인도 현대사에서 유명한 전략 사상가 파니카르(K. M. Panikkar)의 말이다.

미얀마, 스리랑카, 파키스탄에서 명백하게 볼 수 있는 중국의 인프라 및 항만 건설 프로젝트는, 인도가 보기에, 숨겨진 의도를 가진 트로이의 목마이다.

이 항구들을 연결해보면, 우리는 인도를 둘러싼 사슬을 볼 수 있다. 미국의 컨설팅 회사인 부즈 앨런 해밀턴(Booz Allen Hamilton)은 그것의 모양을 따라 "진주 목걸이(The String of Pearls)"라고 불렀다. 인도에게 진주 목걸이는 아마도 인도에 대한 중-파키스탄의 차크라비유(chakravyuh, 포위) 전략일 것이다. 인도는 그 끈을 끊기 위한 계획이 필요하다.

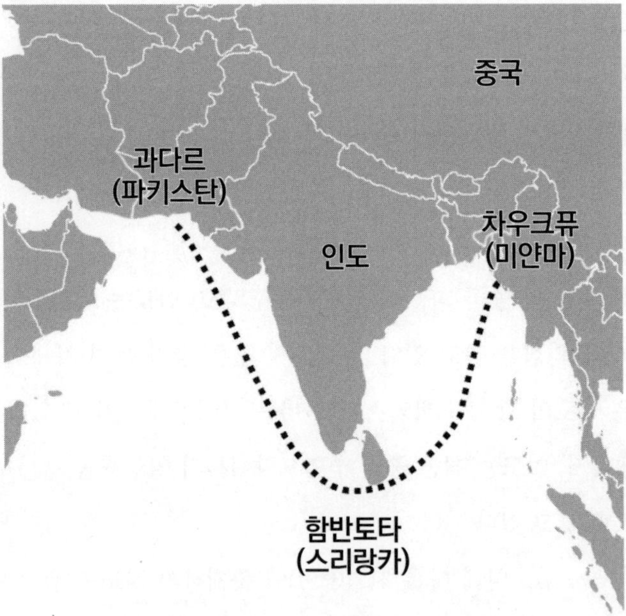

인도가 그렇게 할 수 있는 기회는 일본의 아베 총리가 양국 간의 조약 체결에 대한 생각을 재점화했을 때 찾아왔다. 아베는 2007년 8월 인도 의회에서 연설하면서, 그와 같은 동맹을 '두 바다의 합류(二つの海の交わり)'라고 표현했다. 아베 총리는 태평양 강국 일본과 인도양 강국 인도의 파트너십이 인도-태평양으로 불리는 '더 넓은 아시아'를 위한 기반을 닦을 것이라고 말했다.

아베 총리는 '양쪽 대양을 지배하고 싶다'는 중국의 의도를 잘 꿰뚫어 보았다. 그러므로 양국 간 협정은 중국을 양쪽에서 차단함으로써 막을 수 있다. 아베 총리는 또 미국과 호주를 자신의 구상에 포함시켜, '4자 안보 대화', 즉 쿼드(Quad)를 만들었다.

그러나 아베 총리는 연설 한 달 만에 총리직에서 물러났다. 새

지도부 후쿠다 야스오(2007~2008)와 아소 타로(2008~2009)가 중국 친화적인 일본 민주당으로부터 나왔기 때문에 인도-태평양 전략과 쿼드는 보류되었다. 이와 동시에, 호주의 신임 총리 케빈 러드(2007~2010)도 중국에 우호적이었다.

2012년 12월 26일 아베 총리가 두 번째로 총리로 돌아온 후 쿼드 아이디어는 다시 활성화되었다. 무엇보다 그는 쿼드를 우선순위로 삼았다. 선서를 한 다음 날, 아베 총리는 다이아몬드 모양을 한 쿼드 개념을 더 상세히 설명한 '아시아의 민주적 안보 다이아몬드'라는 기사를 〈프로젝트 신디케이트〉에 기고하였다.

2013년 호주(토니 애벗)와 2014년 인도(나렌드라 모디)에서 보수 지도부가 부상한 뒤 쿼드가 주목을 받았다. 트럼프 역시 인도-태평양이 중국에 맞설 수 있다는 생각을 좋아했고, 미국의 정책으로 '자유롭고 개방적인 인도-태평양'을 만들었다.

그러나 중국과 경쟁하려는 어떤 노력에도 돈 문제가 결정적인 걸림돌이 된다. 중국은 일대일로 정책을 통해 인도-태평양 국가들에게 철도에서 도로, 항만에서 교량까지 개발할 기회를 제공하면서 영향력을 확대하고 있다.

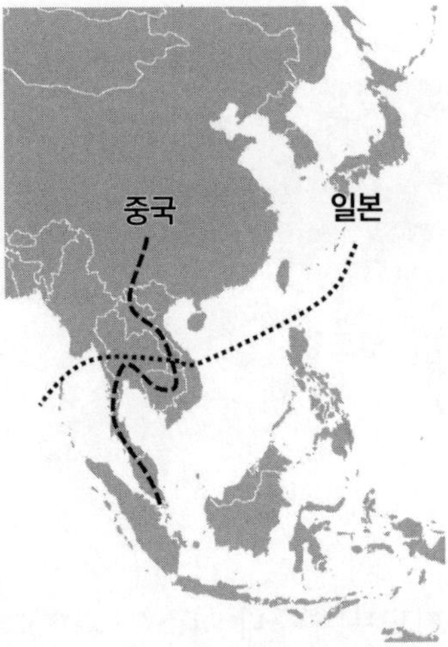

따라서 일본은 인도차이나 국가들에 '지역횡단회랑' 또는 '동서경제회랑(東西経済回廊)'을 제안했다. 중국에서 싱가포르까지 수직으로 뻗어 있는 일대일로와는 달리, 일본식 회랑은 베트남부터 미얀마까지 인도차이나를 가로지르며 횡적으로 놓여 있다. 이로써 일본은 라오스와 캄보디아보다 중국에 덜 우호적인 베트남, 태국, 미얀마 등의 국가들에 대해 대안을 제시하게 되었다.

그러나 베트남을 제외하고는 동남아 국가들이 도전할 가능성은 낮다. 그들 대부분은 수익이 생기는 한 중도 노선을 걷고 있다. 대부분의 나라는 일본과 중국으로부터 돈을 받는 것을 매우 기뻐한다. 일본은 중국의 영향력을 약화시키지도 못하면서, 이들 국가들만 부유하게 만들 수도 있다. 일본을 더 어렵게 만드는 것은, 동남아 국가들의 집단의식에 일본 점령의 기억이 아직도 남아 있다는 점이다. 이런 나라들을 중국에 맞서게 하려는 노력은 엄청난 일이 될 것이다.

한국 37

한국은 28,000명 이상의 미군이 주둔하고 있는 아시아에서 가장 중요한 미국의 동맹국 중 하나이며, 일본(5만 명)에 이어 아시아에서 가장 큰 규모의 미군이 주둔하고 있다. 놀라운 것은 한국이 인도-태평양의 일부가 아니라는 점이다.

미국의 동맹국임에도 불구하고, 한국은 경제를 중국에 의존했다. 한국 수출의 거의 4분의 1(25%)이 중국으로 수출되었다. 따

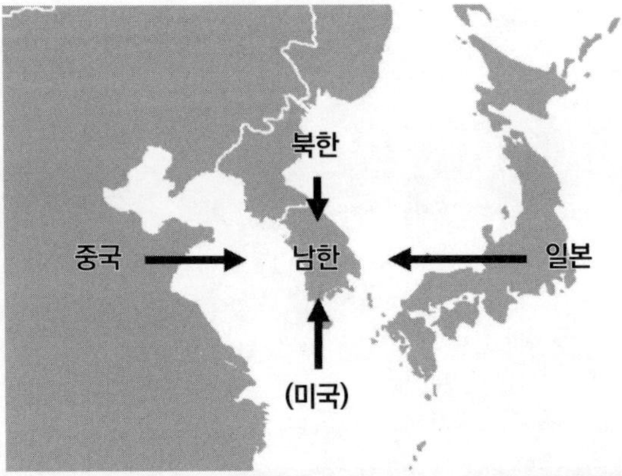

라서 한국는 중국에 대항하는 조약에 가입하기를 원하지 않는다. 2019년에 인도네시아가 인도-태평양에 대한 자체 아이디어(인도-태평양에 대한 아세안의 전망)를 제출한 뒤에야 한국은 '자유롭고 개방적인 인도태평양' 정책을 지지하였다. 그것은 그 제안이 일본보다 중립적인 나라에서 나왔기 때문이었다.

한국의 지리적 위치가 미국, 중국, 일본 사이에 끼어 있어서, 중국과 북한은 한국이 보다 신중한 외교 관계 접근을 하도록 요구하고 있다. 한국은 이 접근 방식을 바람을 이용해서 날아다니는 박쥐의 지혜를 빌려 '박쥐 외교'라고 부른다.

그러나 대부분의 경우 한국은 "고래 싸움에 새우 등 터진다"는 한국 속담처럼 새우에 더 가깝다.

중국과 일본 사이에 위치한 한반도는 두 나라가 그들의 힘을 뻗치는 대상으로 만들었다. 대한 해협과 쓰시마 해협 사이의 거리는 불과 200km에 불과하다. 따라서 역사를 통틀어, 한반도는 중국이 일본을 침략하는 디딤돌이 되었다.

1270년 몽골 제국이 고려를 격파한 후, 몽골은 1274년과 1281년에 일본 침략을 감행하였다. 하지만 두 번의 침략은 폭풍우가 함대를 침몰시켜 실패하고 말았다. 일본은 이 폭풍우를 가미카제, 즉 '신의 바람(神風)'이라고 부르는데, 이는 나중에 2차 세계대전 말기에 일본 자살특공대가 이 폭풍우의 이름을 사용했을 때 많이 두려워했던 이름이다. 일본은 1274년과 1281년의 폭풍우가 그들을 패배로부터 구했듯이, 그 기적이 다시 한번 일어나기를 희망하였다.

한반도를 이용해 중국을 침략한 일본도 마찬가지다. 전국시대(戰國時代, 1467~1590)에 분단된 일본을 통일시킨 후, 도요토미 히데요시는 중국을 정복하기 위해 1592년에 임진왜란을 일으켰다. 명나라(1368~1644)의 도움으로 조선은 구원되었고, 일본은 후퇴하였다. 도쿠가와 쇼군(1600~1868) 시절, 일본은 쇄국정책을 실시하여 더 이상 조선을 괴롭히지 않았다. 한편, 중국에서는 명나라가 1644년에 청나라로 대체되었다.

그러나 메이지 유신(1868년) 이후 일본은 다시 팽창주의 국가가 되었으며, 조선에 대한 관심이 다시 고조되었다. 실제로 야코프 메켈*이라는 일본의 프로이센 출신 군사고문은 조선을 일본의 심장부를 겨냥하는 단검이라고 표현했다. 조선을 둘러싼 중국과 일본의 경쟁은 1894~1895년 청일전쟁으로 이어졌고, 이 전쟁은 일본의 승리로 끝났으며, 중국을 대신하여 조선의 새로운

* 클레멘스 빌헬름 야코프 메켈(Klemens Wilhelm Jacob Meckel, 1842. 3. 28~1906. 7. 5). 프로이센군의 장군이자 메이지 정부의 외교 고문이었다.

주인으로 들어오게 되었다. 1910년 일본은 공식적으로 조선을 식민지로 만들었고, 조선 왕정을 폐지하였다.

디딤돌로서 조선의 존재는 일본의 중국 침략을 용이하게 만드는 데 도움이 되었다. 1931년 9월, 일본군은 중국 북부의 만주를 공격하여 만주국이라는 꼭두각시 국가를 세웠다. 6년 후인 1937년, 일본은 베이징을 공격하여 제2차 중일전쟁을 일으켰다. 2차 세계대전 패전 후, 일본은 한국을 포함한 모든 식민지를 포기하였다.

일본의 지배로부터 자유를 얻게 되자, 여운형이 이끄는 한국의 민족주의자들은 조선인민공화국을 선포했다. 그러나 이틀 후, 미국은 서울에 입성하여 주한 미군정청(USAMGIK)*을 창설하였다. 미국이 이런 결정을 내린 것은 일본이 이미 항복한 상태에서 소련이 한반도의 북쪽을 점령하였기 때문이었다. 미국은 소련이 다음 차례로 일본을 공격함으로써 태평양에 대한 미국의 이익을 위협하기 전에(주변지역 이론) 한반도 전체를 침공할 것을 우려하면서, 소련이 한국의 일부를 지배할 수 있도록 방관하였다.

미국과 소련은 38선을 국경으로 삼아, 북쪽에서는 소련이 김일성에게 조선민주주의인민공화국을 평양에 세우도록 지원했고, 남쪽에서는 미국이 서울에 대한민국을 세웠다. DPRK 또는 'Notrth Korea'로 알려진 북한은 공산주의 체제를 수립하였다. 반

* 정확한 명칭은 '재조선미국육군사령부군정청'(在朝鮮美國陸軍司令部軍政廳, 영어로는 United States Army Military Government in Korea, USAMGIK)이었다.

면 대한민국은 자본주의와 민주주의 체제를 도입하였다(비록 이승만 초대 대통령이 철권통치를 하였지만).

북한은 1950년 통일을 이유로 남한을 공격했고, 그것은 나중에 한국전쟁(1950~1953)으로 알려지게 되었다. 양국은 1953년 7월 판문점에서 휴전협정이 체결된 후 원래의 국경 지대로 철수하였다.

한국전쟁이 끝난 후, 미국은 한국과 군사협정을 맺었다. 이 협정은 오늘까지 계속되며 북한에 대한 억지력으로 간주되고 있다.

그러나 주한미군의 주둔은, 특히 1988년 한국이 민주화를 이룬 후 더욱, 일반 국민과 진보 정치인의 반대에 부딪쳤다(보수가 미국에 더 우호적이긴 하지만). 한국인에게 미국은 반공이라는 명목으로 국민을 억압했던 독재자 박정희(1961~1979)와 전두환(1980~1988)을 지지한 외세이다.

이에 따라 2002년 14세의 여학생 2명이 경기도 양주 국도에서 미군 탱크에 치여 숨진 사건* 이후 반미 정신이 설득력을 얻었다.

반일 감정이 한국인들 사이에서 한미 관계를 더욱 복잡하게 만들었다. 일제 식민지의 역사적 부담, 즉 한국 여성들의 '위안부' 문제와 강제 노역 문제는 한국과 일본 사이의 끊임없는 싸움으로 이어졌다. 이 문제에 대해 중국과 한국은 같은 입장을 취하고 있는데, 이는 중국도 일본에 대해 똑같은 문제를 겪었기 때문이다.

2차 세계대전 당시 강제징용 피해자에 대한 배상 문제는 일본

---

* 일명 '효순이 미선이 사건'.

이 2019년 7월 한국에 플루오린 폴리이미드, 포토레지스트, 불화수소 수출을 제재하는 등 양국 간 극심한 분쟁을 빚었다. 이것들은 반도체 칩 생산에 필수적인 재료이다. 이에 대한 대응으로 한국은 2012년에 체결된 한일 간의 군사정보보호협정(GSOMIA)을 폐기하겠다고 위협했다. 그러나 북한의 위협에 대한 합리적 고려는 양측이 위협을 철회하면서 분쟁을 종식시켰다.

북한은 남한에 위협이 되고 있지만, 한국은 북한에 대한 애착이 있다. 아마도 한국은 "피는 물보다 진하다"라는 속담을 여전히 고수하고 있는 것 같다. 비록 북한이 항상 남한을 침략하고 싶어 하지만, 남북은 서로 다투는 형제와 비슷하다. 북한은 그들의 이익을 위해 남한을 조종하려는 외국세력과는 다르다.

한국이 초강대국과 관계가 틀어질 때마다, 북한과의 관계는 우호적으로 될 것이다. 1972년 박정희는 리처드 닉슨 미국 대통령이 한국에 대한 군사적 약속을 축소하자 김일성과 대화를 하기로 합의하였다.

트럼프 행정부 시절, 미국의 미심쩍은 공약은 문재인 대통령으로 하여금 다시 한번 김정은을 끌어안게 만들었다. 특히 문 대통령이 미국에 지나치게 우호적이지 않은 진보 정치인이므로, 남북한이 가까워지고 있는 것으로 비춰질 수도 있다.

그럼에도 불구하고 통일은 여전히 요원하다. 특히 6·25전쟁을 겪지 않은 젊은이들 사이에서 통일은 그리 바람직하지 않다. 그들에게 북한은 문화와 정체성 면에서 다른 외국이다. 그들은 통일이 한국 경제에 영향을 미쳐 부족한 일자리 기회에 영향을 미칠 것을 우려하고 있다.

거의 대부분, 통일에 대한 한국의 의지는 일방적인 것으로 보이는데, 이는 북한이 정체성에 대해 다른 시각을 가지고 있기 때문이다.

북한 38

트럼프 외에, 언론의 웃음거리가 되는 또 다른 세계 지도자는 김정은일 것이다. 몸집, 언어적 위협, 비언어적 움직임부터 백마 탄 행동에 이르기까지 북한 최고지도자는 거의 언제나 오락과 웃음거리의 대상이다.

한국의 문화와 역사를 거의 이해하지 못하는 사람들에게는 추운 날씨에 백마를 타는 것은 이치에 맞지 않는다. 그러나 북한 주민에게 이것은 많은 상징성을 가지고 있다.

북한의 공식 명칭인 조선민주주의인민공화국은 민주적이었던 적이 없었기 때문에 많은 아이러니를 가지고 있다. 북한은 1948년 수립된 이후 김일성(1949~1994), 아들 김정일(1994~2011), 손자 김정은(2011~현재)이 뒤를 이었다. 김정은이 최고지도자로서 정당성을 갖추기 위해, 그의 가족들을 거의 신처럼 받들기 위한 전통적인 전설에 기초한 신화가 만들어졌다.

백두산과 백마는 한국 최초의 왕인 고조선의 단군 신화와 관련이 있고, 삼국시대(기원전 57~기원전 668)의 왕국인 고구려와 관련이 있다. 백두산은 단군의 출생지였고, 백마는 흰 말을 탄 것으로 믿어지고 있는 고구려의 시조 주몽과 관련이 있다. 김정은이 백두산에서 백마를 타고 있는 선전 이미지는 국민들의 눈에 비친 그의 위신을 끌어올리기 위한 도구에 불과했다.

한국은 많은 사람이 보기에 항상 단일민족 국가였고 1945년 이후에야 분리되었지만, 남북한의 정체성은 오래전부터 위조되어왔다.

삼국시대 지도를 가지고 현재의 한반도 지도와 나란히 놓고 보면 오늘날의 북한은 고구려의 그림자이고, 남쪽의 남한은 백제와 신라의 그림자임을 알 수 있다. 북한의 수도인 평양은 고구려의 수도이기도 했다.

한국에서는, 전라도 사람들과 경상도 사람들이 서로를 싫어했다. 왜냐하면 백제의 옛 영토 안에 전라도가 있고, 신라의 옛 영토 안에 경상도가 있기 때문이다. 기원전 660년 백제를 멸망시킨 신라의 역사와 그 후 전라도 사람들에 대한 차별은 여전히 한국

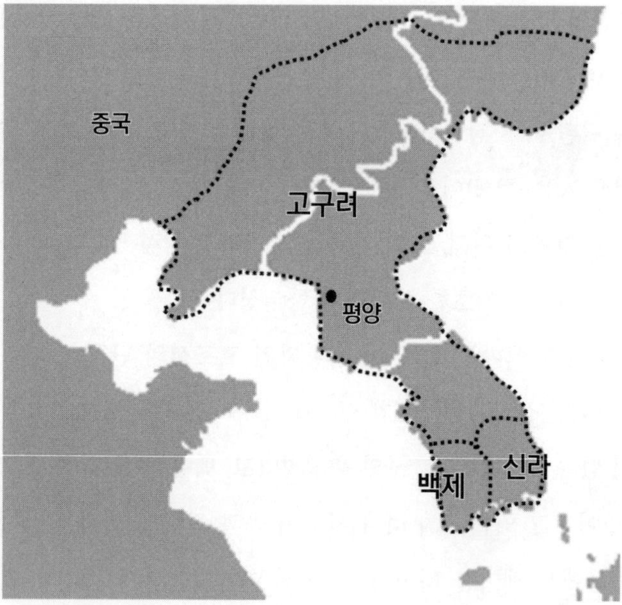

의 지역 간 관계에 영향을 미친다.

북한은 스스로를 고구려의 화신으로 인식하고 있다. 삼국 중 가장 광대한 고구려는 391년부터 413년까지 통치한 광개토대왕 통치하에 가장 전성기를 누렸다. 고구려는 612년과 645년에 한반도를 침략한 중국인들을 무찌르고, 군사력을 강조한 왕국이었다. 안시성 전투(645년) 때, 5,000명의 고구려군이 20만 명의 당나라군에 대항해서 도시를 방어하였다.

668년, 고구려는 신라와 당나라의 연합군에 패배한 후 멸망하였다. 세 나라 모두 신라에 의해 통일되었다.

북한은 공산국가이지만, 김일성은 고구려 역사를 기념하기를 좋아했고 주몽에 대한 숭배를 장려하였다. 1993년에 주몽왕릉이 세워졌다. 고구려는 북한의 역사 설화에 지대한 영향을 주었고, 신라는 외세를 끌어들인 한민족의 반역자라는 딱지가 붙여졌다.

작은 규모에도 불구하고, 고구려는 야심만만했고 외세에 쉽게 굴복하지 않았다. 그리고 이것이 북한이 스스로를 바라보는 시각이다. 고구려에는 동맹국이 필요없었고, 북한은 남한과는 달리 군사력만으로 자립했다.

비록 북한은 냉전 초기 소련과 중국의 동맹국이었지만, 김일성은 북한이 두 강대국에 크게 의존하는 것을 거부하였으며, 북한을 공산진영의 작은 동생으로 만들었다. 이에 김일성은 1955년 마르크스-레닌주의를 대체할 공식 이념으로 주체사상을 개발해서 공산주의 세계와 더욱 거리를 두었다.

1980년대에, 북한은 미국, 소련, 그리고 중국에 대한 억지력으로 핵무기를 개발할 계획을 세우기 시작하였다. 북한은 1990년대 이후 핵실험을 통해 남한 등 강대국들과 긴장을 조성하는 일이 잦았고, 이는 경제 제재로 이어졌다. 이후 북한은 초강대국들을 협상 테이블로 끌어들이기 위해 긴장을 고조시키고, 핵개발 활동을 중단하기 위한 조건으로 제재를 철회하고, 경제지원을 해줄 것을 요구하고 있다.

북한 관측통들은 이를 핵 벼랑끝 전술이라고 부른다. 그것은 전쟁을 일으키지 않으면서 위험한 상황을 만들 수 있는 국가의 능력을 말한다. 김일성은 1993년부터 1994년까지 처음으로 이것을 시행했고, 영변 핵발전소 가동을 폐쇄하는 조건으로 미국으로부터 경제적 원조에 대한 양보를 얻어냈다. 그 당시 북한은 핵 활동을 의심받고 있었고, 아직 핵무기를 생산하지 않았다.

부시에 의해 악의 축으로 명명된 후 김정일은 2006년 10월에 핵실험을 다시 시작하고 핵폭탄을 발사하였다.

이에 대해 미국은 북한이 핵에너지 생산에 사용되는 원자로를 폐쇄하는 조건으로 2007년 2월 4억 달러 지원에 합의했다. 2009년 5월에 북한은 2차 핵실험을 감행했고, 미국은 2012년 2월 식량 지원에 다시 동의했다.

김정은이 젊은 나이(2011년 28세)에 통치권을 물려받은 이후 4차례(2013년 2월, 2016년 1월, 2016년 9월, 2017년 9월) 핵실험을 감행하였다. 미국에 대항하는 것 외에, 그의 또 다른 악몽은 그의 이복형인 김정남이 중국의 지원을 받아 통치권을 빼앗아 가지 않을까 하는 것이었다.

2013년 12월 김정은은 자기 고모의 남편, 즉 고모부이자 북한 정치의 2인자인 장성택을 처형하라고 지시했다. 장성택은 김정은을 김정남으로 대체하기 위해 중국과 협상을 했던 변절자로 밝혀졌다. 이어서 김정은은 2017년 2월 쿠알라룸푸르 국제공항에서 김정남을 암살하도록 명령을 내렸다.

북한이 아무리 잔인해도, 역사는 북한에 강력한 교훈을 준다. 외교의 실패는 고구려의 멸망을 초래했다. 아무리 나라가 강성해도 외교에서 신라가 우위를 차지했기 때문에 멸망했던 것이다. 사실 김정은은 신라 왕실의 혈통인데, 김일성은 신라 마지막 왕인 경순왕의 후손인 전주 김씨 가문 출신이다. 그는 고구려(무예숭상) 혈통뿐만 아니라 신라 혈통(외교우위)도 물려받았다.

김정은은 협상을 통해 트럼프의 비핵화 열망을 이용하였다. 김정은은 시간이 지날수록 중국이 자신에게 우호적이지 않다는 사실을 깨닫고, 트럼프와 빠르게 관계를 맺었다. 외부 시각에서 보면, 북한의 최고지도자가 트럼프의 압력에 길들여진 것 같지만, 실제로는 김정은이 트럼프를 이용해서 중국의 손아귀에서 벗어났다.

트럼프는 북한이 핵무기를 없애기를 원하지만, 김정은 또한 핵이 북한의 주요 영향력이라는 것을 깨달았다. 그래서 그는 트럼프에게 립서비스만 했다. 동시에 김정은은 미국과의 새로운 관계를 중국과의 관계 개선을 위해 사용했다. 그는 2018년 6월 12일 싱가포르에서 트럼프 대통령을 만나기 전에 처음으로 중국을 방문했다. 김정은은 베트남에서 트럼프 대통령과의 두 번째 만남을 위해서도 북한에서 열차를 타고 중국을 횡단해서 가는 편을 선택했다.

감성적이고 우유부단한 남한과는 판이하게 북한은 고립되어 있음에도 불구하고 고구려와 신라 유산의 결합으로 그 위치를 지켜냈다.

남미 39

2019년 남미 국가들에서 대규모 시위가 일어났다. 칠레에서는 800페소에서 830페소로 30페소에 달하는 지하철 승차권 가격 인상에 반대하는 시위가 벌어져 보안군과 충돌해 시민들 30명이 사망했다. 칠레는 2019년 11월 16~17일 예정됐던 아시아태평양 경제협력체(APEC) 정상회의를 취소하면서 30년 역사상 처음으로 정상회의를 취소한 나라가 됐다. 에콰도르에서는 8명의 목숨을 앗아간 연료 보조금 삭감에 반대하는 시위가 일어났고, 에콰도르 정부는 정책을 재고해야 했다.

일련의 시위는 우익 보수 지도자들(la derencha)이 펼친 경제 정책에 대한 반대로 일어났다. 남미에서 좌파(la izquierda)는 민족주의적이고 사회주의적인 경제정책을 구현한 사람들을, 우파는 신자유주의적 경제 정책에 치우친 사람들을 가리킨다.

신자유주의는 정부의 간섭에 맞서 자유시장, 민영화, 규제완화를 부추기는 경제모델이다. 1960년대 후반에 급증했고, 미국 시카고 대학의 밀턴 프리드먼, 프랭크 나이트, 게리 베커 등의 경제학자들이 주창했다. 그들의 경제 사상은 '시카고학파'라고 불린다.

신자유주의에서 '네오'라는 단어는 1929년부터 1939년까지 전세계를 휩쓴 대공황 이후 많은 신뢰를 받지 못했던 자유경제(자유주의적 경제)를 다시 시작하려는 경제학자들의 '새로운' 시도라는 의미를 담고 있다.

경제위기 동안 간섭하지 않기로 한 정부의 결정은 상황을 더욱 악화시켰다. 서구 국가들이 불경기의 나락에서 올라간 후, 자유주의 경제는 더 이상 실용적이지 못하고 케인즈주의적 접근(경제 활성화를 위해 정부의 간섭을 선호하는)과 사회주의적(경제평등을 확립하는) 경제 정책으로 대체되었다.

그러나 1960년대 후반과 1970년대 초반의 경제위기는 신자유주의 지지자들에 의해 자유주의 경제의 부활을 가져왔다. 케인즈주의적 정책과 사회주의적 정책에 따라 실시된 경제에 대한 정부의 간섭은 그 당시에 스태그플레이션(경제 생산의 정체와 인플레이션의 동반 발생)을 발생시켰다. 따라서 이러한 지지자들은 민영화, 규제완화, 경제자유, 긴축으로 구성된 마법의 공식을 생각해냈다. 긴축은 경비 절감과 세금 인상으로 이루어진다. 그러나 대부분의 경우 개인과 저소득층에게 세금이 부과되는 반면, 대기업들은 면세 혜택을 누린다. 긴축정책은 칠레와 에콰도르에서 시위 발생의 원인이 되었다.

냉전시대의 미 · 소 간 경쟁이 남미에서 신자유주의를 지배한 이유이기도 했다. 미국은 남아메리카를 포함한 서반구를 그들의 뒷마당으로 간주한다. 즉, 그들은 그 지역에서 다른 어떤 초강대국도 받아들일 수 없다. 이러한 상황은, 특히 친소련 사회주의와 공산주의 국가들이 들어서게 되면, 미국의 안보를 위협할 것이다. 따라서 1959년 혁명 이후 공산당이 쿠바를 점령했을 때, 미국은 쿠바의 지도자 피델 카스트로를 전복시키려 했으나 성공하지 못했다.

1970년 집권한 살바도르 아옌데 칠레 대통령도 친소련 성향의 사회주의자였다. 그래서 닉슨 정부는 아우구스토 피노체트 장군의 쿠데타를 지지했다. 아옌데가 몰락한 후, 피노체트는 시카고학파의 경제학자들을 경제 고문으로 고용했다.

신자유주의 경제 정책이 시행되었고, 물가상승률은 아옌데 정부 때의 600%에서 10%로 낮아졌다.

2000년대까지 칠레는 인간 개발 지수로 측정하면 이 지역에서 가장 발전된 국가 중 하나가 되었고, 경제 자유 지수로 측정하면 가장 자유로운 경제가 되었다. 그러나 빈부격차는 신자유주의에 대한 반발로 이어졌다.

이 밖에도, 남미에서 미국의 경제 및 정치 질서에 대한 가장 큰 도전은 1999년부터 2013년까지 베네수엘라의 대통령이었던 우고 차베스였다. 그는 볼리바르 혁명(La Revolución Bolívariana)을 일으켰다. 그것은 19세기 초 남미의 자유투사 시몬 볼리바르(Simón Bolívar)가 대(大) 콜롬비아(Gran Colombia. 베네수엘라, 콜롬비아, 에콰도르, 파나마)를 스페인 통치에서 해방시킨 것을 말한다.

차베스가 의미하는 것은 남미가 식민주의자와 제국주의자들로부터 다시 자유로워져야 한다는 것이다. 이번에는 스페인이 아니라 미국이었다. 니카라과, 쿠바와 함께 차베스는 볼리바르 동맹 또는 ALBA(Alianza Bolívariana para los Pueblos de Nuestra América, 아메리카를 위한 볼리바르 동맹)를 설립하여 이 지역의 미국의 패권에 도전하였다.

그는 불같은 열변을 통해 다른 남미 국가들에서 좌파 반(反)신자유주의 지도자들이 정권을 잡게 하였고, 미국에 대항하여 '봉기하라'라는 말로 남미 국민들의 사기를 북돋았다. 당시 그가 목소리를 크게 낼 수 있었던 것은 2010년대의 높은 유가 덕분이었으며, 그것은 베네수엘라가 내부 상황을 안정시키고 외부로 국력을 펼치기 위한 충분한 원동력을 제공하였다.

이에 따라 우파 정부가 줄줄이 무너졌다. 2009년까지 남미 10개국 중 9개국은 좌파 지도자들이 통치하였다: 브라질의 루이스 이나시우 룰라 다 시우바(2003년), 볼리비아의 에보 모랄레스(2006년), 페루의 알란 가르시아(2006년), 칠레의 미첼 바첼레트(2006년), 에콰도르의 라파엘 코레아(2007년), 아르헨티나의 크리스티나 페르난데스 데 키르치네르(2007), 파라과이의 페르난도 루고(2008), 우루과이의 타바레 바스케스 대통령(2005).

이 현상은 "분홍빛 물결(Marea Rosada)" 또는 "핑크 타이드(Pink Tide)"로 알려져 있다. 정치적 상징에서 빨간색은 공산주의나 사회주의와 같은 좌파 이념과 관련이 있다. 그러나 이 경우 신자유주의에 반대하는 남미 지도자들은 순수한 공산주의자나 사회주의자가 아니었다. 대신 그들은 공산주의나 사회주의에 비해 "더 온화한" 사회민주주의자와 민족주의자들이다.

분홍빛 물결의 영향을 받지 않은 유일한 나라는 콜롬비아인데, 이 나라는 이 지역에서 미국으로 가장 많이 기울어진 나라이며, 분홍빛 물결의 지도국인 베네수엘라와 적대관계에 있었던 나라이다.

그러나 아옌데의 경우처럼, 중국이나 러시아와 좋은 관계를 맺어 미국의 영향력을 막으려는 좌파 지도자들의 움직임이 미국을 골치 아프게 만들었다. 따라서 미국은 지역 정치 발전에 영향을 미치는 데 있어서 더욱 적극적인 역할을 하였다.

2013년 차베스가 사망하고 3년 후 카스트로가 그 뒤를 따르

자, 좌익 진영은 더 이상 카리스마 넘치는 지도자들이 없다는 것을 알게 되었다. 분홍빛 물결은 가라앉았고, 보수파의 물결인 '올라 콘제르바도라(Ola Conservadora, 보수 물결)'로 대체되었다.

여기에 '큰 형님'이 될 예정이었던 베네수엘라가 혼란에 빠졌다. 베네수엘라는 미국의 대미 제재와 2014~2015년 상품위기 이후, 경제위기에 휩쓸려 2016년부터 2019년 4월까지 물가상승률이 최고 53,798,500%까지 치솟았다. 그 상황은 대규모 이주 물결을 촉발시켰다.

차베스의 후계자인 니콜라스 마두로 대통령이 선거 조작 혐의와 함께 사태를 수습하지 못함에 따라, 35세의 야당 지도자 후안 과이도(Juan Guaidó)가 스스로 임시 대통령임을 선포하면서 마두로 대통령에 도전하였다.

미국이 과이도에 대한 지지를 선언했음에도, 마두로 대통령은 여전히 러시아와 중국의 도움을 받아 자신의 입장을 고수하고 있다.

냉전이 끝났음에도 불구하고, 지리적 근접성 때문에 미국의 이해관계는 여전히 남아 있었다. 따라서 남미 국민들이 미국의 패권에서 벗어나기는 쉽지 않다.

아프리카 40

로버트 무가베 전 짐바브웨 대통령은 2017년에 일어난 군사 쿠데타 이후 2년 만인 2019년에 사망하였다.

무가베는 경제 운용에 실패한 독재자로 더 유명하지만, 1980년 로디지아를 백인이 지배하는 정부로부터 해방시킨 짐바브웨의 자유투사였다.

무가베는 행정가라기보다는 투사였다. 사실, 만 명의 은데벨레족(Ndebeles)을 잔인하게 살해한 것은 그의 유산에 상처를 입혔다. 국민들이 초인플레이션에 시달리고 있을 때, 무가베와 그의 아내의 생활방식은, 특히 아내에게 정권을 넘겨주려고 군 출신 부통령을 경질하려고 했던 터무니없는 시도를 포함해서, 그를 몰락의 길로 내몰았다.

짐바브웨는 독립 후 안정되고 번영된 국가를 수립하지 못하는 아프리카 대륙 국가들의 축소판이다. 결과적으로 일어났던 일은 내전과 경제적 황폐화뿐이었다.

아프리카 국가들에서 일어나는 그러한 분쟁의 근원은 인위적인 국가 수립과 부족주의로 거슬러 올라갈 수 있다. 아프리카에는 2,000개의 언어가 있다. 지역 주민들의 염원이 반영되지 않는 국경 문제와 복합적으로 얽힌 정체성의 차이가 내전의 상시화로

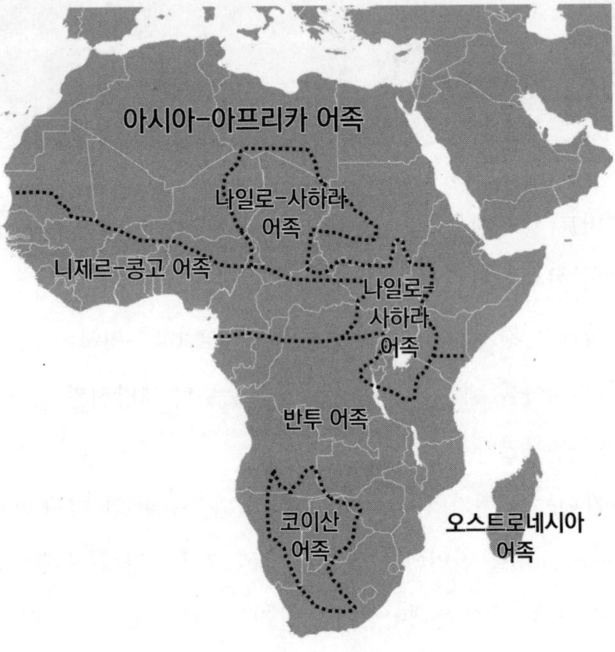

이어졌다.

아프리카 사람들은 대략 더 큰 민족 언어 그룹으로 분류할 수 있는데, 북쪽과 '아프리카의 뿔(북동아프리카)'에 있는 아시아-아프리카어족(아랍, 베르베르, 투아레그, 오모로, 암하라 포함), 중부아프리카와 나일강 상류의 나일로-사하라어족(語族), 서아프리카의 니제르-콩고어족, 반투어족(Bantu, 니제르-콩고의 하위 범주), 나미비아의 코이산어족(Khoi-San), 그리고 마다가스카르의 오스트로네시아어족이 있다.

유럽 식민주의자들이 새긴 국경은 민족 언어 집단 간의 상이한 정체성을 고려하지 않았다. 수단에서는 아랍-누비안족(아프리카-아시아)이 푸르족(Fur) 및 남수단족(나일로-사하라)과 같은 통치권 아래 분류되었다. 나이지리아에서도 이그보(Igbo), 요루바족(니제르-콩고)과 하우사-풀라니족(Hausa-Fulani, 아프리카-아시아)을 합치는 일이 똑같이 일어났다. 식민지 시대에는 유럽 열강이 안정자 역할을 하였지만, 유럽이 떠난 뒤 이들 국가는 하나의 국민국가라는 틀 아래 살기 위해 고군분투하였으며, 그 결과 내전과 내분이 일어났다.

그리고 그것은 단지 큰 틀에서 보았을 때의 민족적, 언어적 차이일 뿐이다: 우리는 아직 같은 민족 언어계열 속에 내재하고 있는 부족 간의 차이점에 대해서는 논의하지 않았다. 짐바브웨에서 쇼나족(Shona)*과 은데벨레족은 반투족이지만 서로 증오심(무가

* 짐바브웨 인구의 78%를 차지.

베는 쇼나족 출신)을 가지고 있다. 같은 부족들을 분리하는 국경선이 있는데, 예를 들어 '아프리카의 뿔', 즉 북동아프리카 지역의 에리트레아-에티오피아 국경은 티그레이족(Tigray)을 갈라놓았으며, 이는 결국 20년간의 전쟁으로 이어졌다. 게다가, 대부분의 아프리카인들에게 부족은 정체성의 기본 단위이며, 국가나 민족과 같은 상위 단위가 아니다. 인종 갈등은 남아프리카와 같이 일찍이 국가적 지위를 달성한 국가들에서만 가라앉았다.

종교적 차이가 수반되면 문제는 더욱 심각해진다. 나이지리아에서는 무슬림인 하우사-풀라니족이 기독교도인 이그보, 요루바족과 충돌해 극단주의 무장세력 보코하람(Boko Haram)이 등장할 수 있는 길을 열었다. 이와 같은 상황이 수단에서도 일어났다.

진보주의자들에게, 민주주의와 시장경제는 한 나라의 진로를 바꾸는 데 필요한 두 가지 핵심이다. 그러나 아프리카 국가들의 민주주의는 인종 간 갈등만 초래하였고, 나중에는 독재적 지도자가 정권을 장악하게 만들었다. 아프리카 국가들은 여전히 사회의 안정을 보장할 수 있는 국가 정체성을 형성하는 데 시간이 필요하다.

2018년에는 아프리카연합 54개국 중 44개국이 아프리카대륙자유무역협정(AfCFTA)에 서명해 아프리카대륙을 EU와 같은 경제블록으로 만드는 것을 구상했다. 그러나 아프리카 지역경제 패턴을 보면, 그것은 가까운 시일 내에 달성하기 어려운 일이 될 수 있다. 유럽의 20대 경제대국들은 서로 근접해 있어 자본과 기술의 이전이 용이하다. 반면에, 아프리카의 10대 경제대국은 서

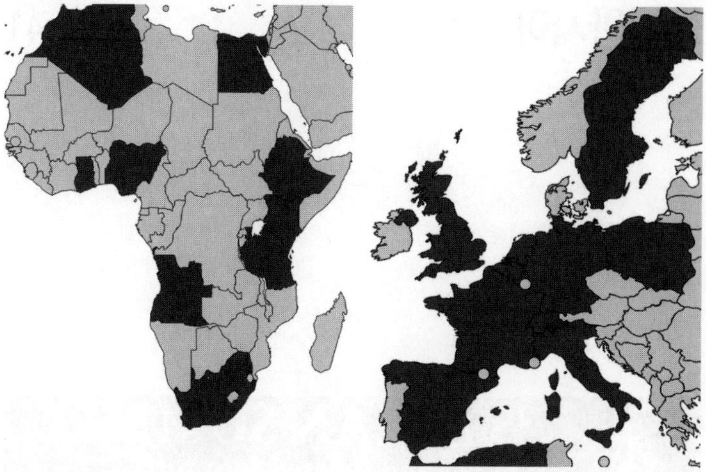

로 멀리 떨어져 있다.

그럼에도 불구하고, 오늘날 아프리카는 많이 변했다. 에티오피아의 긍정적인 사례(22장 참조) 외에, 1994년 투치족의 후투족 집단학살을 경험한 내전의 잿더미 속에 있던 르완다는 잿더미에서 일어나 현재 급속한 경제성장을 목격하고 있다. 수도 키갈리는 아프리카에서 가장 깨끗한 도시로, 2020년 영연방정상회의(CHOGM) 주최국이 될 예정이었다.*

역사상, 아프리카는 아시아와 유럽 국가들보다 늦게 발전하였다. 아프리카는 언젠가 일어날 것이지만, 아직은 더 많은 시간이 필요하다.

---

* 2020년 6월에 키갈리에서 열릴 예정이었으나 코로나19 대유행으로 연기되었으며, 새로 정해진 날짜는 2021년 6월 21일 주간이었으나 현재 미정.

동남아국가연합(ASEAN)도 유럽연합(EU)처럼 통합을 이룰 수 있을까?

많은 이들이 EU를 경제적 동반자 관계를 장려하기 위해 만든 국제기구로 보고 있지만, 이는 공통의 유럽 정체성에 바탕을 둔 지정학적 연합이다.

아세안은 처음에 지정학적 연합으로 설립되었다. 필리핀, 인도네시아, 말레이시아, 싱가포르, 태국 등 5개국은 1967년 아세안을 설립해 인도차이나의 공산주의 위협(베트남, 라오스, 캄보디아)에 맞서기 위해 힘을 합쳤다. 아세안은 1990년대에 베트남, 라오스, 캄보디아, 미얀마를 냉전 이후 비로소 인정하였다.

그러나 아세안은 미국과 러시아라는 잠재적인 두 적대국과의 균형을 맞추기 위해 팽창한 EU와는 달리 포괄적으로 확대되지 않았다. 아세안은 뚜렷한 정체성이나 목표가 없었다.

아세안 국가들이 동남아시아를 '평화, 자유 및 중립지대(ZOPFAN)'로 만들기를 희망했지만, 초강대국 간 경쟁은 자연의 법칙이다. 전략지역으로서 동남아시아는 외세의 영향에서 벗어날 수 없다. 강력한 정체성이 결여되면 아세안은 EU나 GCC와 달리 외세를 거부할 수 있는 지정학적 블록을 형성하지 못하게 될 것이다.

지리는 정체성에 영향을 미친다. 인도차이나반도(대륙 국가)와 말레이군도(해양 국가)로 분리된 지리적 특성 때문에 동남아시아는 범유럽이나 범아랍처럼 범동남아시아의 정체성을 확립한 적이 없었다.

그 외에, 지리는 현 시대에도 동남아시아 국가들의 외세에 대한 태도 차이에 여전히 영향을 미친다.

남중국해(南海九段線, Nine dash line)에 대한 중국의 주장은 동남아 국가들에게 가장 중대한 안보 문제인데, 사실 중국은 동남아 국가들에게 유일하게 명백하고 현존하는 위험이라고 해도 과언이 아니다. 그러나 하나의 블록으로서의 아세안은 서로의 이해관

계가 다르기 때문에 중국을 비난하는 데 있어서 함께 행동할 수는 없다. 대륙 국가들(미얀마 · 태국 · 라오스 · 캄보디아)이 이 문제에 관심이 없기 때문이다. 중국 남부의 산악지대에 의해 보호받고 있는 그들의 지리는 중국의 위협으로부터 피해 갈 수 있었다.

이것은 해양국가(말레이시아 · 브루나이 · 인도네시아 · 필리핀 · 베트남)가 독자적으로 중국과 맞서야 했다는 의미다. 따라서 미국, 일본 등 외세는 이러한 상황을 이용하여 베트남과 같은 국가들이 중국에 대한 균형을 맞추기 위한 조약에 가입하도록 유도하였다.

결론적으로, '평화, 자유 및 중립지대'는 강력한 지역 정체성의 부재로 인해 여전히 외국 열강들의 경쟁 지역이 되고 있다.

미얀마 42

2017년 8월 미얀마 아라칸에서 로힝야족과 관련된 인도주의적 위기가 발생하고 2년이 지나서, (감비아를 통해) 이슬람협력기구(OIC) 산하 이슬람 국가들은 로힝야족 대량학살 의혹으로 미얀마를 네덜란드 헤이그 국제사법재판소에 제소하였다.

아웅산 수치 여사는 국가고문(외무 장관직 겸직)의 자격으로, 감비아 측의 신청과 관련해 2019년 12월 10일부터 12일까지 진행된 국제사법재판소의 1차 공판에 출석하였다. 국제사법재판소는 수년이 걸릴 사건 진행을 기다리는 동안 로힝야족 보호를 위한

잠정조치 판결을 내린 적이 있다

수치 여사는 2017년 8월 아라칸에서 실시된 로힝야족 제거 작전에서, 미얀마를 방어하기 위한 노력으로, 미얀마 군대가 불균형적인 무력을 사용하였음을 인정하였다. 수치 여사는 아라칸에 있는 아라칸로힝야구원군(ARSA)을 제거하는 작전의 '진정한 의미'(버마어로 nae myay shin lin yeh)*를 설명하려고 하였다. 아르사족(Arsa)은 미얀마 정부가 테러 단체로 분류하고 있으며, 국제 언론이 묘사하고 있는 것과 같은 로힝야족에 대한 '인종청소'는 아니다.

비록 그녀의 사과가 국제 언론에 의해 비난을 받았고, 국제사법재판소는 이 사건에서 미얀마가 유죄라고 판결했지만, 미얀마에 있는 지지자들에게 수치 여사는 여전히 그들의 영웅이다.

로힝야족 문제는 새로운 것이 아니다. 라카인족(불교)과 로힝야족(무슬림) 사이의 갈등은 이미 2차 세계대전이 끝난 뒤부터 벌어졌다.

라카인족은 로힝야족을 인도 동부의 벵갈계 이민자(오늘날 방글라데시)라고 비난하고 있음에도 불구하고, 역사는 로힝야족이 1785년 버마(꼰바웅 왕조)에 의해 정복당하기 이전인 므락우(Mrauk U, 1429~1785) 시대에 이미 아라칸에 정착하였음을 보여주고 있다.

꼰바웅 왕국(Konbaung, 1752~1885)은 이웃 왕국들을 정복하기

---

* "피해 지역의 평화와 안정을 회복하기 위해 무기, 지뢰, 테러리스트들을 그 지역에서 제거한다"라는 의미를 담고 있다.

위해 출정했던 버마(Bamar)* 제국이 세웠다. 꼰바웅 왕국의 국경은 오늘날의 버마와 미얀마의 국경을 형성하였다. 영국 식민지 시절 국경의 크기가 줄어든 아삼(Assam)과 마니푸르(Manipur) 같은 영토는 영국령 인도로 확정되었다.

1948년 버마가 영국으로부터 독립한 후, 버마족은 그들의 정치적 지배권을 되찾았다. 1962년 쿠데타를 일으킨 네윈(Ne Win) 장군은 모든 비(非)버마 민족을 동화시키려는 '버마화 정책'을 도입했다. 이로 인해 카렌족, 몬족, 샨족, 카친족, 로힝야족 사이에 무장봉기가 일어났다.

네윈에게 라카인족은 필수적인 파트너이다. 그들 역시 버마족과 같은 불교 신자이기 때문이다. 그들의 마음을 사로잡기 위해, 버마는 라카인족의 자치적 지위를 인정했고 로힝야족은 라카인족으로 인정하지 않았다. 설상가상으로, 1982년 로힝야족에 대해서는 시민법에 따라 시민권을 박탈하였다. 로힝야족은 많은 무장 단체들을 설립했으나, 나중에 버마/미얀마 정부에 의해 대부분 토벌되었다. 비록 군사 통치가 2011년에 끝났지만, 그것이 로힝야족의 운명을 바꾸지는 않았다. 사실, 그들의 상황은 점점 악화되었다. 2008년 헌법은 미얀마 군부(Tatmadaw, 땃마도)가 미얀마 정치에서 중요한 권력을 갖도록 보장했다. 미얀마 군부는 또한 그들의 역할을 정당화하기 위해 버마-불교 민족주의에 의

* 버마족(Burman/Bamar)은 미얀마의 가장 큰 종족집단으로 전체인구의 68%를 차지하고 있다. 그들은 정치, 군사, 경제의 모든 영역에서 미얀마의 주류 세력을 이루고 있다.

존했다.

2012년에 테인 세인(Thein Sein) 대통령(땃마도 회원)은 극단주의 마바따(Ma Ba Tha, 민족종교 보호를 위한 애국연합) 운동* 및 969 운동을 주도한 아신 위라투(Ashin Wirathu) 스님을 석방했다.

---

* 미얀마 극우 불교도와 승려들의 반무슬림 운동.

아신은 불교도인 버마족이 로힝야족을 미워하고 공격하도록 강론하고 선동하였으며, 이것은 라카인족과 로힝야족 간의 갈등을 악화시켜 2012년 6월, 2013년 3월, 2016년 10월 세 차례 로힝야족에 대한 공격이 일어났다.

이에 대한 대응으로, 로힝야족은 반격을 하기 위해 아라칸로힝야구원군(ARSA)을 창설했고, 미얀마 정부에 의해 2017년 10월 25일 테러 단체로 분류되었다.

미얀마의 지리적 이점 때문에, 외국 강대국들은 미얀마를 비난하지 않기로 결정했다. 중국에게 있어 미얀마의 전략적 위치는 2대양 전략을 위해 필수적이다(31장 참조). 인도, 일본, 미국에게 있어 미얀마와의 관계는 중국의 영향력에 대한 균형을 맞추기 위해 중요하다. 이에 따라 미얀마에 대한 비난은 주로 언론과 자유 NGO에서 나왔는데, 위구르 사례에서 미국과 일본이 중국을 비판하는 데 적극적인 접근방식을 취한 것과는 거리가 멀다.

서구의 인권 운동가들로부터 자신에 대한 비난이 거세지고 있음에도 불구하고, 수치 여사는 정치적 생존을 위해 낮은 자세를 취하였다. 버마족은 수치 여사의 정당인 민주주의민족연맹(National League for Democracy) 지지자들의 대부분을 이루고 있다. 만일 수치 여사가 로힝야족을 옹호했다면 지지자들은 그녀를 배신자로 인식했을 것이고, 미얀마 군부는 그녀를 위협적인 존재로 보았을 것이다.

게다가, 수치 여사의 정치 목표는 소수민족의 권리를 위해 싸우는 것이 아니라 미얀마 군부를 전복시키는 것이다. 하지만 서구 언론은 그녀를 오해했고, 미얀마 국민들의 우상으로 만들어 놓았으며, 1991년에는 그녀에게 노벨평화상을 주었다. 35년 후, 서구는 그러한 것들이 그들 스스로가 만들어낸 환상의 거품이라는 것을 깨달았다.

필리핀 43

2019년 1월 21일 필리핀 남부 민다나오에서 2018년 7월 로드리고 두테르테 대통령이 통과시킨 '방사모로 조직법(BOL: Bangsamoro Organic Law)'에 대한 유권자의 동의 여부를 결정하는 국민투표가 실시되었다.

방사모로 조직법에 따라 필리핀 남부 무슬림들이 1996년 설립한 '무슬림 민다나오 자치구(ARMM)'를 대체할 방사모로 자치구가 만들어졌다. 그것은 5개의 영토(타위타위, 술루, 바실란, 라나오 델 수르, 마긴다나오)와 코타바토(Cotabato)시로 구성되어 있다.

무슬림 민다나오 자치구에 비해, 방사모로 조직법은 샤리아법의 시행과 같은 훨씬 더 많은 행정권을 방사모로 자치구에 주었다. 1970년대 이후 12만 명 이상의 목숨을 앗아간 민다나오섬 모로(Moro) 봉기의 해법으로 평가된다.

모로(Moro)는 스페인인들이 1560년대부터 1898년까지 스페인의 식민지였던 필리핀 남부의 이슬람교도를 가리키는 말이다. 이 이름은 무어(Moors)라는 단어에서 유래되었는데, 스페인(안달루시아)의 이슬람교도들에게 붙여진 이름이다.

오늘날 방사모로(Bangsamoro)는 민다나오(Mindanao)의 13개 이슬람 민족을 말하며, 주로 타우수그(Tausug), 마라나오(Maranao), 마긴다나오(Maguindanao), 사마(Sama), 바자우(Bajau)를 가리킨다. 그들의 인구는 6백만 명으로 추정되는데, 이는 필리핀 전체 인구의 6%이다.

1560년대에 스페인이 도착하기 전, 필리핀군도에서는 이슬람교가 지배적인 종교였다. 그뿐만 아니라 마닐라는 라자 술라이

만이라는 이슬람 통치자에 의해 통치되는 메이닐라(Maynila)로 알려져 있었다.

스페인 사람들이 도착한 후, 그들은 1556년부터 1598년까지 스페인의 통치자였던 펠리페 2세(필립 2세)의 이름을 따서 섬을 '라스 이슬라스 필리피나스(Las Islas Filipinas, 필립의 섬들)'라는 이름의 식민지로 통일했다. 펠리페라는 이름은 1898년 스페인 식민지가 끝난 후에도 남아 있다.

스페인은 술루 술탄국과 마긴다나오 술탄국 같은 민다나오에 있는 몇몇 이슬람 왕국을 제외한 나머지 현지인들을 기독교로 개종시켰다. 미국이 스페인을 물리치고 필리핀을 점령한 뒤에야 이 왕국들은 멸망했다.

1972년 누르 미수아리(Nur Misuari)가 가톨릭 신자들의 편을 드는 것으로 여겨졌던 중앙 정부로부터 방사모로(Bangsamoro)를 독립시키기 위해 '모로 민족해방전선(MNLF)'으로 알려진 무장단체를 창설하였다. 그로부터 얼마 지나지 않아, MNLF는 1976년 정부와 트리폴리 협약을 맺고 자치주 지위 획득 협상을 시작했다. 이 합의에 반대했던 이들은 '모로 이슬람해방전선(MILF)'이라는 새로운 단체를 만들어 투쟁을 계속하였다.

그 외에, MNLF-MILF 간의 분할은 술루(Tausug)와 마긴다나오의 차이와 관련이 있다. MNLF는 술루족 단체이고 MILF는 마긴다나오족 단체이다.

모로 자치구는 1996년 '무슬림 민다나오 자치구'로 수립되었으나, 실패한 것으로 간주되고 있다. 필리핀과 '모로 이슬람해방전선'의 계속되는 갈등은 아부 사야프(알카에다의 영향을 받은)와 같은 더 극단적인 집단이 출현하도록 문을 열어주었다.

평화 프로세스는 2012년 정부와 '모로 이슬람해방전선'이 방사모로 기본협정(2012년)을 체결하고, 이어서 방사모로 포괄협정(2014년)을 체결하면서 돌파구를 마련했다. 말레이시아는 두 합의를 이끌어내는 중재자 역할을 톡톡히 해내며 40년간의 갈등을 종식시켰다.

그러나 '모로 민족해방전선(MNLF)' 측에서 보았을 때, 이 협정은 '모로 이슬람해방전선(MILF)'의 편을 드는 것이었다. 2012년

10월 협정은 MNLF의 동맹인 술루 술탄국(자말룰 키람 3세)의 잔당들이 2013년 2월 라하드 다투(Lahad Datu)에서 말레이시아를 공격한 이유 중 하나였다. 2013년 9월 방사모로 공화국을 수립하려는 MNLF의 시도는 잠보앙가(Zamboanga)의 위기를 촉발시켜 수백 명의 사상자를 냈다.

모로 문제가 아직 끝나지 않은 가운데, IS에 충성의 맹세를 한 마우테(Maute)와 같은 새롭고 더 잔인한 집단이 부상하고 있었다. 마우테는 2017년 5월부터 10월까지 마라위시의 위기에 책임이 있었다. 이에 2016년 대통령이 된 로드리고 두테르테 대통령은 방사모로 협정 이행에 속도를 내었다. MNLF는 처음에는 거절했다가, 나중에는 최종적으로 '방사모로 조직법(BOL)'을 승인했다.

루손의 엘리트들은 BOL이 연방주의의 길을 닦을 것이라고 우려했다. 그러나 두테르테에게 연방주의는 민다나오에서의 그의 정치적 경험에 비추어 볼 때 민다나오에 적합하다. 게다가, 두테르테는 민다나오*에서 나온 첫 번째 대통령이다. 그의 어머니는 마라나오족(Maranao) 출신이다.

루손의 엘리트와 두테르테의 생각 차이는 필리핀이라는 명칭을 마할리카(Maharlika)로 바꾸자는 후자의 제안으로도 볼 수 있다. 필리핀은 식민주의자들이 그들의 왕인 펠리페 2세의 이름을 따서 만든 이름이다. 두테르테에 따르면, 마할리카는 오스트로네

* 필리핀 군도의 남단에 있는 민다나오섬은 필리핀의 3대 이슬람교 집단의 하나인 마라나오족이 오래전부터 거주해온 본거지이다.

시아어로 '말레이 혈통(Raza Malaya)'이라는 필리핀의 정체성을 표현하기에 더 적합하다.

방사모로와의 평화는 필리핀의 역사와 뿌리를 조화시키는 첫 걸음이다.

태국 44

2014년 쿠데타 이후 첫 태국 총선이 2019년 3월에 열렸다. 2018년 창당한 팔랑쁘라차랏당(Palang Pracharath Party)의 승리로 당 출신 총리 후보인 현 쁘라윳 짠오차(Prayut Chan-o-cha)도 자리를 지킬 수 있었다. 쁘라윳은 2014년 5월 잉락 친나왓 정부를 전복시킨 쿠데타 이후 총리가 되었다.

2001년 이후 처음으로 승리한 정당은 민주당도 아니고, 탁신파(타이락타이당과 그 분파) 정당도 아니었다. 두 정당은 경제 이데올로기 면에서 아주 멀리 떨어져 있다. 민주당은 신자유주의 경제정책을 지지하는 진보정당이고, 탁신주의자들과 그 분파는 포퓰리즘적이다.

서구에서 포퓰리즘이 화제가 되기 전, 탁신 친나왓은 2001년부터 2005년까지 집권 기간 동안 저소득층을 위해 농업 보조금과 무료 의약품을 지원함으로써 국민의 챔피언이 된 지 오래다.

태국의 지리상 3분의 2는 농업 지역[북부의 치앙마이 지역과 동부의 이산(Isan)]이다. 타이락타이당이 2001년과 2005년 총선에서 압승을 거둘 수 있었던 것은 농촌에서 농민들의 마음을 사로잡은 탁신의 포퓰리즘 정책 때문이다. 민주당은 태국 중부와 남부 주요 도시에서 중산층의 지지를 얻을 수 있을 뿐이었다.

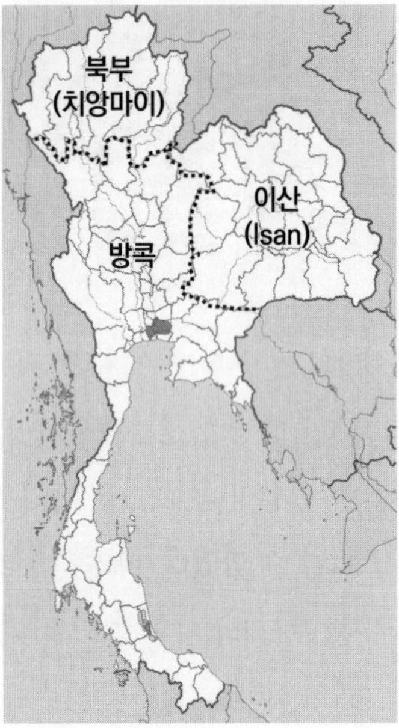

타이락타이당의 성공은 2005년 노란 셔츠 시위의 원인으로 볼 수 있다. 민주당, 왕당파, 그리고 재벌들은 탁신이 국민의 힘을 이용해 기존의 정치와 경제 구조를 뒤흔들고 싶어 하는 위협으로 인식했기 때문에 함께 섰다.

친탁신 단체는 이에 맞서 싸우기 위해 붉은 셔츠 시위를 벌이며 대응했다.

붉은 셔츠와 노란 셔츠의 충돌은 사회의 안정을 위협했고, 2006년 9월 태국 군부가 탁신 정부를 전복시키는 빌미가 되었다. 법원은 또한 2007년에 그의 당을 해산시켰다.

그러나 탁신주의자들은 거기서 끝나지 않았다. 타이락타이당 소속 의원들이 팔랑쁘라차촌당(Palang Prachachon Party, 민중권력당)으로 건너가 2007년 총선에서 승리하는 데 성공하였다. 그다음, 그들은 사막 순다바레즈(Samak Sundavarej)와 솜차이 웡사왓(Somchai Wongsawat)의 지도하에 정부를 구성하였다. 둘 다 탁신의 부하였고, 솜차이는 그의 처남이다.

탁신주의자들은 2008년 법원이 팔랑쁘라차촌당을 해산하고, 아피싯 웨차치와(Abhisit Vejjajiva)가 총리로 임명되면서 다시 한번 권좌에서 물러났다. 그럼에도 불구하고 탁신주의자들은 2011년 선거에서 다시 승리했다. 이번에 그들은 프어타이당을 창당했다. 탁신의 여동생 잉락 친나왓은 태국의 첫 여성 총리가 되었다.

2014년 선거에서 아피싯은 자신의 당선 가능성이 제로에 가깝다는 것을 알고 일찍부터 선거를 보이콧했다. 빨간 셔츠와 노란 셔츠의 충돌은 방콕에서 일어났다. 이에 따라 육군사령관이었던 쁘라윳 장군은 쿠데타를 일으켜 잉락 총리를 자리에서 몰아냈다. 잉락 총리는 2017년 법정에서 혐의를 피해 해외로 도망쳤다.

이번에는 태국 군사정부가 이전처럼 민주당에 정권을 돌려주지 않았다. 이것은 민주당과 군부의 분열을 초래했다. 진보와 포퓰리즘의 분열로 인한 정치적 불안정이 군부로 하여금 다른 대안을 생각하게 만들었다.

비평가들은 권위주의적이라고 평가했지만, 지난 5년 동안 쁘라윳 행정부는 평화와 안정을 되찾았다.

2년간(2013~2014) 경제가 위축된 후, 태국은 4년 연속 성장세를 보였다.

한편, 쁘라윳 정부는 나라이(Narai) 왕(1656~1688) 때 아유타야 역사를 배경으로 한 텔레비전 시리즈 〈부패 수니왓(Bhuppae Sunniwat)〉*을 방영하면서 타이의 정체성을 홍보하고 있다. 아울러, 아유타야 시대(1350~1767)의 전통의상도 장려하였다. 이 모든 것이 경제적 이념으로 인해 무너진 태국 사회를 다소 치유하였다.

외교정책 측면에서는 쁘라윳 정부가 미국과 중국의 관계에 균형을 맞추려 노력하고 있는데, 12년 만에 처음으로 미국을 방문한 태국 총리가 되었으며, 아피싯 행정부 시절 중단됐던 중국과의 고속철도 사업을 서두르고 있다. 태국은 2017년 중국에서 열린 브릭스(BRICS) 정상회의에 주최국의 초청으로 참석할 수 있는 영예를 안았다.

민감한 지리로 인해 태국이 양대 초강대국에 지나치게 의존하는 것은 현명하지 못하다.

외국 관측통들은 태국 정치에 대한 군사 개입이 나라를 더 독재적으로 만들 수 있다고 우려하지만, 과도한 민주주의로 국정

---

* 영어 타이틀 〈Love Destiny〉.

이 마비된 지 오래된 나라인 만큼 안정제로서 군부의 긍정적인 기여에는 다툼의 여지가 없다.

인도네시아 45

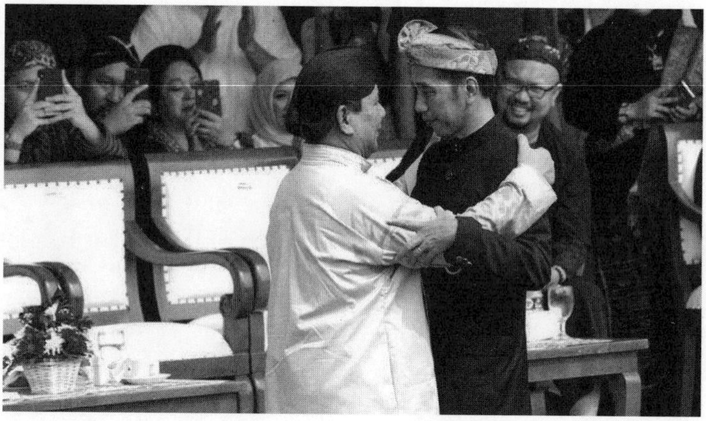

규모, 인구, 군사력, 경제 규모 면에서 인도네시아가 강대국이 될 가능성은 의심의 여지가 없다.

닛케이와 PwC*는 2050년까지 인도네시아가 중국, 미국, 인도에 이어 세계 4위의 경제대국이 될 것으로 예상하고 있다. 사실 인도네시아 경제는 일본보다 더 클 것이다. 오늘날 인도네시아는 중국, 일본, 인도, 그리고 한국에 이어 아시아에서 다섯 번째로

* 프라이스워터하우스 쿠퍼스(PwC: Pricewaterhouse Coopers): 글로벌 시장조사업체.

큰 경제대국이며, G20의 유일한 동남아시아 국가이다.

그럼에도 불구하고, 인도네시아가 직면한 가장 큰 도전은 17,000~18,000개의 섬으로 이루어진 지리이다. 인프라와 연결성의 부족은 섬들 간의 여행과 통신을 어렵게 만들고 있다. 경제발전을 둔화시키는 것 외에, 이런 상황이 지역주의의 토대를 마련한다.

지역주의는 2014년과 2019년 대선 결과에서 관찰할 수 있다. 조코위(Jokowi)와 프라보워 수비안토(Prabowo Subianto) 사이의 선거운동은 인도네시아가 둘로 갈라지는 것처럼 보였는데, 보수적인 이슬람교도들은 프라보워를 선호하였고, 진보와 세속주의자들은 조코위를 지지했다. 순다인들은 프라보워를 지지했고, 자바인들은 조코위를 지지했으며, 다약족(Dayak)* 은 조코위를 지지했고, 반면에 반자르족(Banjar)은 프라보워에게 투보하였다.

양극화된 사회를 통합하기 위해 조코위 대통령은 평화적인 접근법을 취했고, 경쟁자였던 프라보워를 국방장관에 임명했다. 그럼에도 불구하고 조코위는 이상주의자가 아니었다. 그는 수카르노(Sukarno) 대통령이 자신의 국방부 장관이었던 수하르토(Suharto) 중장에 의해 어떻게 물러나게 되었는지를 잘 알고 있었다. 그래서 그는 동지인 하디 티잔토(Hadi Tjahjanto)를 프라보워와 균형을 맞추기 위해 육군참모총장에 임명하였다.

그 외에도, 조코위가 내린 결정은 네덜란드동인도회사(VOC)와

---

* 인도네시아의 칼리만탄섬에 사는 부족 이름.

당시 바타비아(Vatavia)로 알려진 네덜란드령 동인도 시절 이후 인도네시아의 수도였던 자카르타를 대체하기 위해 동 칼리만탄으로 수도를 이전하기로 한 것이었다. 지역주의 문제를 극복해야 한다는 취지와 무관치 않다.

자카르타가 서부 자바에 위치하면서 개발이 자바섬에만 집중되었고, 자바 중심주의 현상이 나타났다. 거의 모든 국민이 자바에 이주해서 살고 거주하기를 원하고 있기 때문에, 인도네시아 전체 면적의 7%에 불과한 이 섬은 인도네시아 인구의 58%를 떠안아야 한다. 또한 인구의 58%가 인도네시아 GDP의 58%에 기여하였다.

사실, 가장 인구가 많은 인도네시아 도시 10곳 중 7곳이 자바(자카르타, 수라바야, 반둥, 버카시, 데폭, 세마랑, 탕그랑)에 속해 있으며, 그중 4곳은 "자보데따벡(Jabodetabek, 자카르타 · 보고르 · 데폭 · 탕그랑 · 버카시)" 또는 대(大)자카르타의 일부분이다.

자바 중심주의는 다른 인도네시아 지방들을 무시하게 만들었으며, 동시에 다른 주변 지역에 대한 통제 부족으로 이어졌다. 이

것은 아체, 동티모르(Timor-Leste), 파푸아, 그리고 남부 말루쿠에서 분리주의 운동이 번성할 수 있게 해주고 있다. 그들 모두는 주변 지역들이다.

동티모르의 분리주의자는 국가의 독립을 이끌었고, '자유아체 운동(GAM)'은 2004년 이후에야 겨우 끝이 났다. 남부 말루쿠와 파푸아의 분리주의자들은 살아서 준동하고 있다. 인도네시아가 더 이상의 이별을 원하지 않는다면, 파푸아 학생들에 대한 모욕 이후 파푸아에서 일어난 폭동에서 파푸아 문제가 가볍게 여겨질 수 없다는 것을 알아야 한다.

이에 따라 조코위는 파푸아 서쪽 끝(소롱, Sorong)과 파푸아 반대쪽 끝(머라우케, Merauke)을 연결하는 '파푸아 횡단 고속도로' 등 파푸아 개발에도 관심을 갖기 시작하였다. 수도를 칼리만탄으로 이전하면 경제 발전의 일부가 서인도네시아에서 파푸아를 아우르는 동인도네시아로 옮겨갈 수 있다. 이 모든 것은 인도네시아 지방의 통일성을 지키기 위해 (더 이상 수하르토 시대의 탄압을 통하지 않고) 파푸아인들의 마음을 얻기 위한 노력의 일환이다.

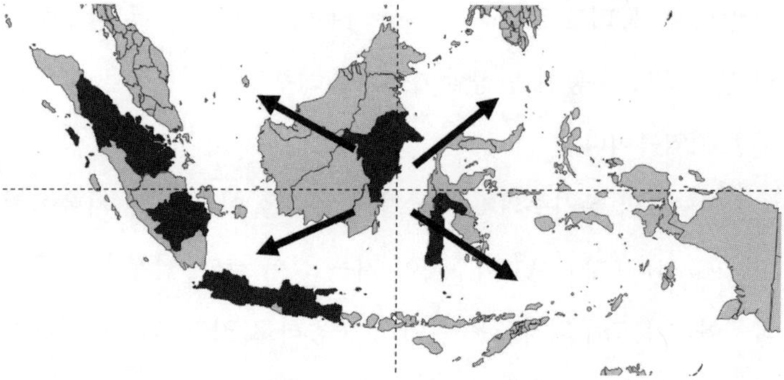

게다가, 인도네시아 중부에 있는 동칼리만탄의 위치는 그들의 힘을 밖으로 뻗치기에 좋은 곳이다. 그러나 이러한 움직임은 인도네시아가 사바(Sabah)와 사라왁(Sarawak)에 영향력을 행사할 수 있기 때문에, 말레이시아에 약간의 위험을 초래할 수 있다. 왜냐하면 두 주 모두 수카르노 시대에 대인도네시아의 일부로 간주되었기 때문이다. 이것이 수카르노가 한때 칼리만탄 중심부에 있는 팔랑카라야(Palangkaraya)를 수도로 만들 계획을 세운 이유 중 하나였다.

인도네시아가 아직도 대인도네시아 야심에 매달리고 있는지는 여전히 논쟁의 여지가 있다. 확실한 것은 인도네시아가 섬들 간의 연결성을 높이는 데 성공했다면, 인도네시아는 해양세력(탈라소크라시, thalassocracy)* 으로서의 마자파힛(1293~1527년)의 전성기를 되살리는 '신(新)마자파힛'이 될 것이라는 점이다.

* 탈라소크라시(Thalassocracy)는 해양세력, 텔루로크라시(Tellurocracy) 대륙세력을 말한다.

말레이시아 46

말레이시아인의 정체성의 위기는 물론, 이 세상에서의 말레이시아의 위치에 대한 혼동과 관련하여, 말레이시아인은 누구이며, 말레이시아는 무엇이 되어야 하는지를 확실히 하기 위해 말레이시아의 군주제를 다시 한번 살펴봐야 한다.

2019년 1월 24일 제16대 왕으로 즉위한 압둘라 국왕*은 1699년부터 1855년까지 조호르-리아우 술탄국을 통치했던 벤다하라 세리 마하라자 왕조 출신으로서, 파항주(州)의 술탄이다. 파항주의 술탄 외에 조호르주의 술탄과 테렝가누주의 술탄도 같은 왕조 출신이다.

앞서 있었던 스리비자야와 멜라카처럼, 조호르-리아우 술탄국은 말라야(Malaya)**를 아우르는 해양 왕국이자 동(東)수마트라의 일부였다. 비록 말라카시는 유럽인들의 수중에 있었지만, 술탄국은 여전히 리아우의 항구를 통해 동남아시아에서 해상 무역을 통제할 수 있었고, 오늘날의 나투나(Natuna) 해역까지 장악하였다.

하지만 텡쿠 후세인(Tengku Hussein)과 텡쿠 압둘 라만(Tengku Abdul Rahman)*** 간의 왕위 계승 경쟁은 영국이 동인도회사의 대표 선임에 개입할 수 있는 문을 열어놓았고, 스탬퍼드 래플스(Stamford Raffles)****는 텡쿠 후세인을 지지하였다. 반대로 네덜란드인들은 텡쿠 압둘 라만을 지지하였다. 영국의 목표는 당시 조호르-리아우 술탄의 지배하에 있는 싱가포르를 얻는 것이었고, 네덜란드 역시 리아우군도에 대한 지배권을 보장받기를 원했다. 영

---

* 전체 이름은 'Seri Paduka Baginda Yang di-Pertuan Agong XVI Al-Sultan Abdullah Ri'ayatuddin Al-Mustafa Billah'.

** MALAYA. 말레이시아의 대영제국 영연방 시절의 국호이다.

*** Tengku는 말레이시아 왕족에게 붙이는 존칭으로서, 세습된다. Tengku 외에도 Tuanku, Tunku, Raja, Syed/Sharifah 등등 여러 가지가 있다.

**** 영국령 싱가포르를 만든 장본인. '싱가포르 건국의 아버지'로 불리고 있다.

국과 네덜란드 간의 경쟁은 1824년 '영국-네덜란드 조약' 체결로 이어졌으며, 이 조약에 따라 그 해상왕국은 영국과 네덜란드의 세력권으로 분할되었다.

싱가포르 캄퐁글램(Kampong Glam)에서 통치한 조호르 술탄국은 영국 세력권 아래에 있었고, 다이크링가(Daik-Lingga)에서 통치한 리아우-링가 술탄국은 네덜란드 세력권 아래 있었다.

조호르 술탄국은 다시 분열되었고, 이번에는 테멩공(Temenggong) 술탄 왕조와 파항 술탄 왕조로 갈라졌다. 리아우-링가 술탄국은 1911년에 망하였고, 나투나섬과 함께 네덜란드령 동인도제도의 한 지방으로 되었다. 인도네시아공화국은 네덜란드의 통치로부터 독립한 후 그 영토를 이어받았다.

한편, 말라야는 도전적인 지리를 이어받은 영국의 영향력 아래 있던 주들로 구성되었다. 말라야는 말라카해협의 절반을 차지했지만, 더 이상 다툼의 여지도 없고, 필수 불가결하지도 않다. 대신 인도네시아는 나투나섬들을 장악하고 있어서 해상 전력 면에서도 유리하다.

여기에다가, 말라카해협에서 말레이시아가 가지고 있던 장점은 크라 이스투스(Kra Isthmus)에 있는 운하, 그리고 순다(Sunda)와 롬복(Lombok)해협에 있는 대체 항로에 의해 위험에 노출되어 있다. 남중국해 항로는 베트남과 보르네오를 통제하는 인도네시아에 의해 쉽게 봉쇄될 수 있다. 인도네시아와 베트남이 말레이시아에 봉쇄를 가할 이유가 없기 때문에 현재로서는 이를 상상하기 어려울 수 있다. 하지만 지정학에서는 어떠한 것도 불가능하지 않다. 말레이시아는 태국이나 인도네시아와 달리 다른 탈출구가 없다.

말라야(Malaya)의 지정학적 도전을 극복하는 길은 '대(大)말라야', 즉 말레이시아를 세우는 것이었다. 이웃 국가(수카르노 대통령 통치 시기의 인도네시아와 마카파갈 대통령 통치 시기의 필리핀)들이 위협을 느끼고 '말레이시아 타도 캠페인(Ganyang Malaysia campaign)'을 통해 이 계획을 막으려고 했던 것은 시대를 앞선 지정학적 실험이었다.

말라야, 사바, 사라왁이 더 큰 지정학적 연합(말레이시아)에 가입함으로써 말라야는 남중국해의 남서쪽을 넘어 사바와 사라왁의 바다를 통해 그 중심부에 도달할 수 있었다.

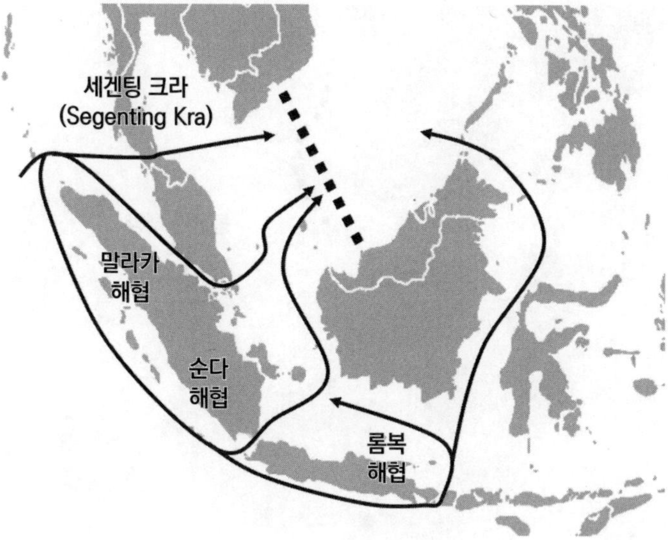

"말레이시아: 동남아시아의 주요 지역"이라는 그의 기사에서 툰쿠 압둘 라만(Tunku Abdul Rahman)*은 말레이시아를 관문 국가로 묘사했다. 말레이시아 연방은 말레이시아가 동남아 해상 관문의 수호자 역할을 할 수 있게 만들어주었다.

그것 외에도, 오늘날 많은 사람에게 알려지지 않았지만 툰쿠가 언급한 한 가지 사실은, 동남아시아에서 말레이시아가 동남아시아 대륙의 일부와 동남아시아 해양의 일부를 포함하는 유일한 국가라는 것이다. 더 흥미로운 것은, 말레이시아가 두 지역 사이의 다리라는 점이다. 이는 말레이시아를 간접적으로 동남아시아의 중심 국가로 만들었다.

---

* 말레이시아 초대 총리.

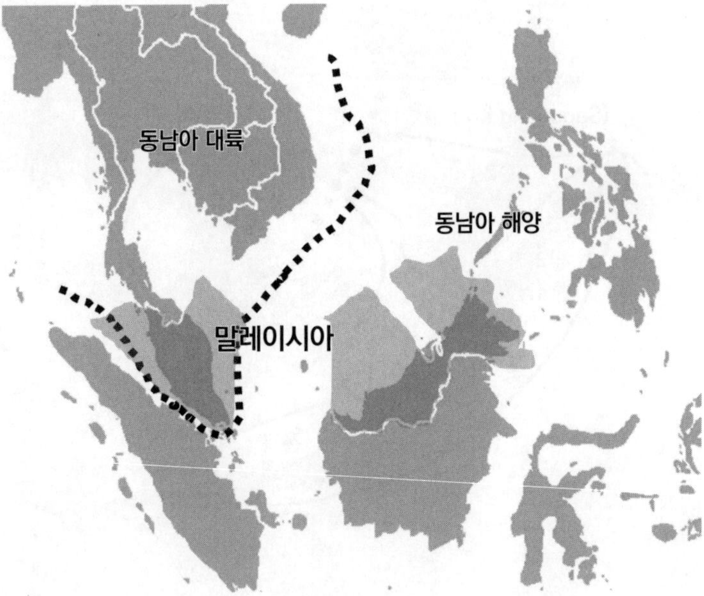

이 지정학적 연합을 보존하기 위해서는 강력한 정체성이 필요하다. 그렇다면 말레이시아인의 정체성은 무엇일까?

이슬람 국가로서 말레이시아? '말레이-이슬람'이 핵심 정체성이어야 한다는 것은 부인할 수 없는 사실이지만, 다문화 패권주의로 인해 이 정체성이 더 이상 정치적으로 정확하지 않게 되었다. 또한, 이슬람 정체성은 말레이시아의 이익에 크게 기여하지도 못하는 이슬람 세계의 지정학에 말레이시아를 옭아매게 할 위험이 있다. 우리가 움마(ummah, 이슬람 공동체)의 문제로 인식한 말레이-이슬람 관련 문제도 있지만, 그중 일부 문제는 중동국가 간 권력놀이에 불과하다.

이 사실은 이슬람의 대의를 위해 싸우는 것을 멈추라는 의미가 아니고, 중동에서 일어나는 많은 분쟁이 그들만의 맥락을 가지고 있다는 사실을 깨달아야 한다는 것이다. 터키와 이집트, 터키와 사우디, 사우디와 이란 사이의 적대관계는 말레이시아가 개입한다고 해서 해결되지 않을 수백 년 동안에 걸친 그들의 역사로 거슬러 올라간다.

말레이시아가 해야 할 일은 이슬람의 가치를 말레이시아의 틀에 따라 채택하는 것이다. 즉, 다른 나라의 모델이 되는 것이다. 이렇게 함으로써 말레이시아는 모로(Moro), 로힝야(Rohingya), 파타니(Patani)* 등 국내와 더 가까운 움마 문제에 집중할 수 있다.

'동아시아' 동반자 관계, 중국이나 인도에 끌리는 '아시아 태평양' 등 범아시아적 정체성은 현지 중국 · 인도적 정체성만 강화해 말레이-이슬람의 정체성을 위협할 수 있다.

따라서 말레이시아의 국가 정체성은 공통의 지리인 오스트로네시아 땅에 기초해야 한다. 게다가 "말레이시아"라는 이름 자체는 오스트로네시아어족의 이름을 반영한다. 1963년 말레이시아 국가가 설립되기 전에는 필리핀, 보르네오, 인도제도(Indian isles, 인도네시아)를 포함하는 지역을 가리키는 말로 "말레이시아"라는 용어를 사용하였다. 그것이 많은 사람이 깨닫지 못하는 말레이시아, 사바, 사라왁 사이의 공통적인 정체성이다. 오스트로네시아 정체성은 말레이-이슬람 정체성보다 더 포괄적이지만, 말레

---

* 제국주의 시절 영국은 태국과 방콕 조약을 통해 오늘날 태국의 최남동부에 있는 파타니 지역을 태국에 넘겨주었다. 이 지역은 태국어가 아닌 말레이어를 쓰고, 무슬림이 대부분인 지역이었다.

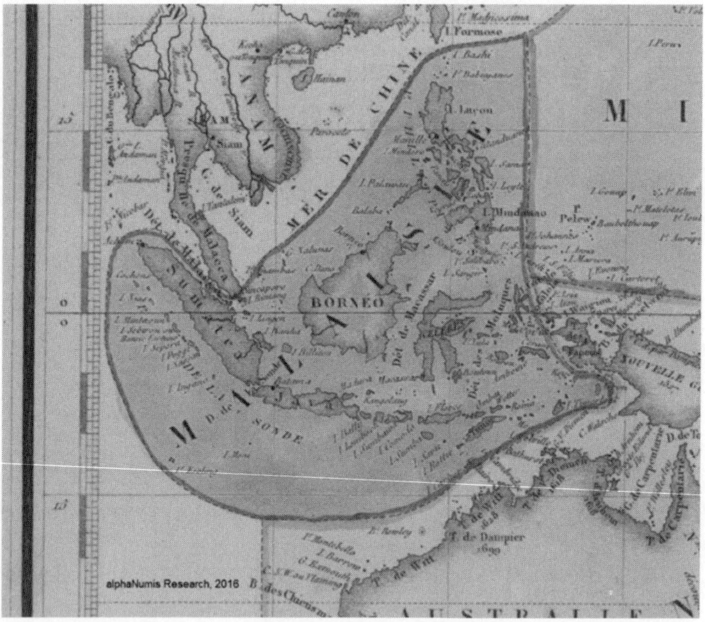

이시아적인 말레이시아 정체성(Malaysian Malaysia identity)보다는 배타적이다.

이 정체성은 말레이시아가 동남아 국가 간 소프트파워 프로젝트를 시작할 수 있는 밑거름이 될 수도 있다. 통일된 아세안 단일 블록은 비현실적이지만 브루나이, 필리핀, 인도네시아, 말레이시아, 싱가포르의 연합은 이룰 수 있는 일이다. 통일된 말레이시아를 보고 싶다는 호세 리잘(Jose Rizal)*의 꿈은 이루어질 것이다.

미국, 러시아, 중국, 터키, 일본 등 오늘날 모든 강대국들이 다

---

* 호세 리잘(Jose Rizal, 1861~1896)은 필리핀 독립운동의 국민적 영웅이며, 말레이시아 민족의 자랑인 인물이다.

시 뿌리를 찾고자 하고 있다: 미국은 "미국을 다시 위대하게", 러시아는 "슬라브-동방정교회", 터키는 "이슬람 정신", 인도네시아는 "신(新)마자파힛". 그러므로 말레이시아 역시 현재 역사에 묻혀 있는 말레이시아의 뿌리로 되돌아가서, 세계에 말레이시아의 정체성을 홍보해야 할 것이다.

우주정치학(Astropolitics) 47

2019년 12월 20일 트럼프 대통령은 미 우주군을 육 · 해 · 공군, 해병대, 해안 경비대에 이어 제6군사 지부로 설치하자는 법안에 서명했다.

마이크 펜스 부통령이 2018년 8월 발표한 「1972년 마지막으로 달에 착륙한 뒤 2024년 이전에 미국은 달에 '다시 돌아올 것이다'」라고 밝힌 데 따른 후속 조치다. 그럼에도 불구하고, 이번 임무는 단순히 사진을 찍는 것이 아니라, 먼저 달에 그리고 나중에는 화성에 영구적인 군사기지를 설치하는 것이다.

이번에는 미국 혼자만이 아니다. 에마뉘엘 마크롱 프랑스 대통령이 2019년 7월 14일 프랑스 국경일에 프랑스 고유의 우주사령부를 창설하겠다는 계획을 밝혔다.

국제정치에는 '지정학' 말고도 지정학의 연장선인 '우주정치학'이 있다. 만약 지정학이 지구 표면의 지배에 관한 것이라면, 우주정치학은 우주 정복에 관한 것이다.

그것은 새로운 현상이 아니다. 냉전시기에 우리들은 미국과 소련이 우주 경쟁에 관여하는 것을 보았다. 서로가 우주를 탐험한 첫 번째 국가가 되기를 원했다. 소련은 최초의 인공위성(스푸트니크)을 만들었고, 최초의 우주인 유리 가가린을 배출하였으며, 미국은 달에 성공적으로 착륙했다.

1983년 로널드 레이건 대통령은 '전략방위계획(Strategic Defense Initiative)'이라고 불리는 우주 미사일 방어 시스템을 발사했고, 1985년 우주사령부를 창설하였다.

민주당은 이를 비웃으며 레이건이 〈스타워즈〉를 너무 많이 봤다고 말했지만 소련은 이를 심각한 위협으로 인식하고 우주탐사 예산을 늘려 대응하다가 몰락하였다.

조지 W. 부시는 2002년에 미국 우주사령부를 폐지했다. 그는 그것이 자원 낭비이며 테러와의 전쟁이 스타워즈보다 더 시급한 문제라고 생각했다. 그 이면에는, 미국과 중국-러시아의 신냉전

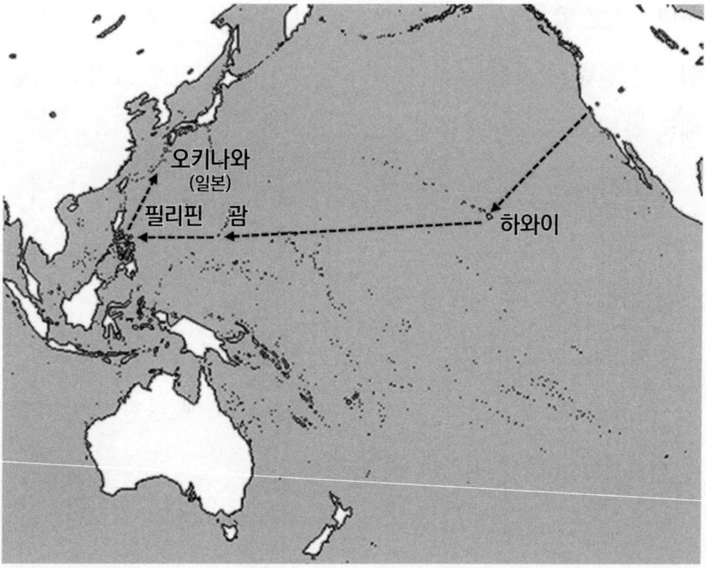

은 새로운 우주경쟁의 환경 변화를 보여주고 있다. 중국은 2013년 달에 로봇을 착륙시킨 세 번째 국가가 됐고, 러시아는 2015년 우주사령부를 창설했다. 따라서 트럼프는 우주 공간에서 러시아와 중국이 미국을 대신하지 않도록 할 필요가 있었다.

여기에 인도 등 역내 강대국들이 2019년 3월 위성 요격 미사일을 발사하며 우주력(space power)을 과시하려 했다. 인도네시아가 서파푸아의 비악(Biak)에 첫 우주공항 건설을 발표하면서, 뒤처지고 싶지 않다는 속내를 드러내었다. 이로써 인도네시아는 일본, 중국, 인도, 이스라엘, 이란, 북한에 이어 위성 발사가 가능한 일곱 번째 아시아 국가가 되었다.

새로운 우주경쟁이 냉전시대의 경쟁과 차별화되는 것은 우주 공간에 영구기지를 구축하려고 하는 것이다. 화성에 사람들을

보내는 것을 꿈꾸는 일론 머스크의 스페이스X와 같은 민간 벤처 기업을 고려하면, 그 목표는 현실과 멀지 않았다.

미국이 하와이, 괌 등 태평양에 있는 섬을 유라시아를 지배하기 위한 디딤돌로 보는 것만큼, 영구기지는 우주물체를 디딤돌로 만들어 우주공간을 통제하는 역할을 한다.

달 이후의 다음 행선지는 화성과 가니메데(Ganymede, 목성의 행성), 케레스(Ceres, 소행성대),* 칼리스토(Calisto), 타이탄**이다. 이 계획은 1961년 댄드리지 코울(Dandridge Cole)***에 의해 발표되었고, 일론 머스크에 의해 다시 한번 언급되었다.

아마도 미래에는 스타워즈가 더 이상 공상 과학이 되지 않을 것이다. 인류는 만족해본 적이 없다. 인류는 지구의 통치자가 되었고, 이제는 우주의 주인이 되고 싶어 한다.

---

* 1801년 최초로 발견된 소행성.

** 토성의 82개 위성 중 가장 큰 위성.

*** 미국의 항공학자이자 미래학자.

사이버 정치학 48

우주공간 이외에 사이버 세계도 강대국들 간의 경쟁에서 벗어나지 않는다.

신냉전의 맥락에서, 미국은 오랫동안 적대국인 러시아와 중국이 자국과 유럽에 있는 동맹국들을 상대로 사이버 전쟁을 일으킨다고 비난해왔다. 그것 외에도 민주당 정치인들이 보기에 트럼프는 2016년 선거에서 러시아의 도움과 가짜뉴스 유포로 승리했다. 그들은 두 사람의 관계가 좋아 트럼프가 블라디미르 푸틴 러시아 대통령의 꼭두각시라고 의심하였다.

이에 따라 2018년 4월 마크 저커버그는 의회에 출석해 러시아가 페이스북을 이용해 선거에 '개입'한 경위에 대해 증언했다. 그러나 지금까지 조사에서는 이 문제에 대한 어떠한 증거도 밝히지 못했다.

사이버 공포증(중국과 러시아에 대한 변형된 공포증)은 2019년 주목을 받은 페이스(face)앱의 사례에서도 확인할 수 있다. 사용자는 엔터테인먼트 목적으로 얼굴을 편집한다. 그럼에도 언론과 정치권은 창업자 야로슬라프 곤차로프(Yaroslav Goncharov)의 이름을 보고 모든 이들에게 조심하라고 일깨워주고, 페이스앱이 조사받길 바라고 있다.

일부는 이 사진들이 인공지능의 영상 합성, 조작 기술(deepfake)을 제작하고, 대중을 혼란스럽게 하는 데 사용될 수 있다고 주장했다. 그 비난은 개인의 얼굴에 있는 주름과 반점은 미국에 대한 사이버 공격에서 러시아 기술을 향상시키기 위한 자료로 사용될 수 있다고 밝혔다.

이에 대해 곤차로프는 애플리케이션이 데이터 유지를 위해 아마존 웹서비스의 클라우드와 구글 클라우드(Google Cloud)를 사용했다고 말하였다.

따라서 두 회사 모두 미국인이기 때문에 러시아 정부가 페이스앱의 데이터를 사용할 수 있다고 하는 문제는 결코 발생하지 않는다.

그럼에도 불구하고, 빅데이터는 미국을 포함한 모든 정부가 인구통계학 및 사회의 주요한 양상을 이해하는 데 도움이 된다. 따라서 미국 정치권과 언론의 우려가 근거가 없는 것은 아니다.

사이버 스파이 위험에 대한 우려로, 트럼프는 국가 안보라는 이유를 들어 화웨이의 미국 접근을 차단하였다.

화웨이는 에릭슨(스웨덴), 노키아(핀란드), 삼성(한국)보다 앞선 통신망 장비 최대 생산국이다. 또한 5G 기술의 선구자이기도 하다. 여기에다 2020년까지 5G 네트워크 인프라를 제공하기 위해 여러 나라가 협력하고 있다.

다만 런정페이 화웨이 창업자의 의심스러운 배경은 미국 등 국가들이 화웨이를 차단하도록 이끌었다. 런씨는 1987년 화웨이를 설립하기 전까지 중국 군사기술연구소에서 근무했다. 런은 1989년부터 2002년까지 중국의 지도자였던 장쩌민과도 친분이 두터웠다. 이에 미국은 화웨이의 5G를 트로이의 목마라고 비난했고, 겉으로는 5G 서버처럼 보이지만 사실은 중국을 위한 데이터와 기밀을 수집하고 있다고 주장하고 있다.

2019년을 기점으로 미국 · 호주 · 뉴질랜드 · 일본 · 대만 등 중국의 적으로 볼 수 있는 국가들이 화웨이를 차단했다. 미국, 호주, 뉴질랜드, 영국, 캐나다는 파이브 아이즈(Five Eyes)라고 알려진 첩보 협정의 동맹국들이다. 그러나 영국과 캐나다는 여전히 화웨이를 막기 위한 미국의 조치를 따르기를 거부하였다.

국가 안보와는 별도로, 사이버 정치는 개인의 자유와 안전과 연결되어 있다. 중국에서는 정부가 지상에서 사람들을 조사할 수 있는 대량 감시 카메라 네트워크인 스카이넷(Skynet)*을 이용한 실험을 실시하고 있다.

얼굴 인식 능력을 통해 당국은 개인의 신분을 감지할 수 있다. 현금 없는 거래는 사회 신용 시스템이 개인의 행동과 움직임을 추적할 수 있도록 정부에 의해 장려되고 있다.

이와 같은 상황 발전에는 장점과 단점이 있다. 긍정적인 측면으로는, 테러 활동을 근절하는 것이 더 쉬워진다. 즉, 용의자들은 테러 공격을 개시하기 전에 구금될 수 있다. 이것이 최근 중국에서 테러 공격이 좀처럼 일어나지 않는 이유이다.

반면에 조지 오웰의 소설 『1984』에서 묘사된 것처럼, 중국인들은 마치 빅 브라더의 감시 아래 사는 것처럼 사생활을 잃는다는 단점이 있다. 현대 자유주의의 맥락에서 자유는 공공영역과 민간영역의 차이를 고려한다. 어떤 사람에게 더 이상 비밀이 없으면, 그에게는 더 이상 사생활이 없다. 이러한 상황은 미래주의자들이 많이 두려워하는 전체주의 통치를 가능하게 한다.

---

* 2015년부터 실시하고 있는 실시간 영상 감시 시스템.

증오 정치학 49

2019년 3월 15일, 세계는 뉴질랜드 크라이스트처치에서 일어난 총격 사건으로 충격을 받았다. 브렌턴 타란트(Brenton Tarrant)는 알누르(Al-Noor) 모스크와 린우드(Linwood) 이슬람센터에서 금요일 기도를 행하던 신도들을 향해 총격을 가해 51명의 목숨을 앗아갔다.

타란트의 행동은 2011년 68명의 목숨을 앗아간 우투야 소재 노동자청년동맹(AUF) 여름캠프를 공격해 세계를 충격에 빠뜨렸던 아네르스 베링 브레이비크(Anders Behring Breivik)*와 닮은 점이 많다.

둘 다 극우 테러리스트들이다. 타란트는 신나치주의 그룹인 '열네 마디(14개의 단어, Fourteen Words)'**의 멤버이다. 열네 마디는 '우리는 우리 민족의 존립과 백인 아이들의 미래를 확보해야 한다'***는 슬로건을 가리킨다.

네오나치는 1933년부터 1945년까지 독일의 공식 이념인 나치즘을 되살리려 시도했고, 이는 유대인 대학살로 이어졌다. 나치즘 추종자들에게는 게르만 민족이나 아리안족이 중요한 종족이다. 동시에, 유대인과 슬라브인과 같은 다른 인종들은 비열하며 아리아인의 생존을 위협한다는 이유로 말살되어야 한다.

나치즘은 히틀러의 죽음과 2차 세계대전에서 독일군이 패배한 이후 잠잠해졌다. 그럼에도 불구하고 아리안족이나 백인(백인 우월주의)을 찬양하는 것은 신나치주의의 형태로 부활하고 있다.

나치와 마찬가지로, 타란트는 기독교화가 되기 이전에 이교도 유럽의 상징과 신화를 좋아했다(기독교는 유럽인을 약화시키기 위한 유대인의 창조물로 간주된다). 그중에는 타란트가 난동을 부리기 몇 시간 전 인터넷에 올린 '위대한 교체(The Great Replacement)'****의 첫

---

* 2011년 7월 22일 노르웨이 오슬로와 우퇴위아섬에서 77명의 사망자를 발생시킨 사상 최악의 테러 범인.

** Fourteen Words(열네 단어)는 백인 우월주의자들이 즐겨 사용하는 14개의 단어로 구성된 슬로건을 뜻함.

*** "We must secure the existence of our people and a future for white children."

**** 타란트가 작성한 74쪽짜리 성명서.

페이지를 장식한 '검은 태양'도 포함돼 있다.

타란트는 또한 기독교 이전에 북유럽 신화에서 천국을 가리키는 "발할라(Valhalla)에서 모두 보자"라고 쓰인 글을 남겼다.

그러나 신나치는 실제 나치즘이 아니다. 후자는 전쟁을 통해 다른 나라를 공격했지만, 전자는 백인들의 생존을 위협하는 이민자들을 공격하는 데 주력했다. 공격 목표가 된 대부분의 이민자들은 이슬람교도들이다.

'위대한 교체(The Great Replacement)'에서 타란트는 이슬람 이민자들을 침략자로 규정하며, 자신이 백인들에 대한 침묵하는 대량학살을 막아야 한다고 말했다. 그 제목은 프랑스 작가 르노 카뮈(Renaud Camus)의 이론을 가리킨다. 카뮈에게 있어 중동과 북아프리카에서 온 무슬림 이민은 유럽 정체성을 파괴하려는 '글로벌리스트'인 엘리트들의 '음모'이다. 이 단체들이 볼 때, 이슬람 이민자들은 언젠가 이슬람 사원을 짓고, 샤리아법을 시행하고, 정치적 권력을 쥐면서 유럽을 '이슬람화'할 것이다.

비록 이것이 터무니없게 들리지만, 그것은 광신도들에게 영감을 준다. 극단주의자들은 그들의 명분이 국가와 종교를 위한 십자군이라고 추종자들을 속였다. 이러한 증오는 그들에게 유럽 문명의 적들을 소탕해야 한다는 목적의식을 부여한다. 그 외에도, 타란트가 사용한 총에 쓰인 단어들이 몇 가지 단서를 드러냈다: "빈(Vienna) 1683"은 기독교 유럽군대가 오스만 투르크군을 격파한 빈 전투를 의미하며, "투르(Tours) 732"는 732년에 우마이야 아랍인들을 상대로 승리를 거둔 프랑크 왕 샤를 마르텔의 이름이 총 위에 쓰여 있었다.

증오정치는 대개 우파 포퓰리즘과 관련이 있는데, 우파 포퓰리즘은 정체성을 지키려는 공동의 목표를 공유하고 이민에 대항한다. 그러나 백인 우월주의자들을 비난하는 데 있어, 민족주의의 실현과 이민자 관리에 대한 관심은 별개의 것이기 때문에 그들을 '인종주의'와 '파시즘'의 눈으로 보아서는 안 된다.

환경 정치학 50

2019년 환경 및 생태학적 문제가 다시 한번 언론에 대서특필 되었다. 매년 동남아 지역을 강타했던 연무(煙霧) 문제* 외에도 2019년 8월 브라질 아마존 산불과 4개월 후에 일어난 호주 산불은 지구온난화와 기후변화 위협을 국민에게 일깨워준 것으로 보

* 동남아 지역의 연무(haze)는 오랜 기간 동안 해결되지 않은 초국경 환경 오염으로 남아 있다.

인다. 해수면의 증가는 인도네시아가 수도를 자카르타에서 칼리만탄으로 이전하는 이유 중 하나였다.

그 외에도, 그레타 툰베리(Greta Thunberg)의 등장은 환경 문제에 대한 사람들의 관심을 끌었다. 16세의 툰베리는 2018년 기후에 충분히 신경 쓰지 않는 것으로 비쳤던 스웨덴 정부에 대한 반대 목소리를 내기 위해 학교 시위(수업을 생략)를 주도하면서, 단번에 유명인사가 된 스웨덴의 환경운동가이다.

툰베리의 행동은 전 세계 10대들이 뒤를 따랐고, 2019년에는 더 많은 기후변화 시위로 이어졌다. 그녀의 감정적인 연설은 유엔 무대에서 기후 변화를 극복하지 못한 세계 지도자들을 비난했다. 그녀의 거듭된 "어떻게 감히(How dare you)" 발언은 그녀를 환경운동의 아이콘으로 만들었으며, 게다가 2019년 타임지의 올해의 인물로 선정되기도 했다.

그녀는 개인적으로 자신의 대의에 전념할 뿐만 아니라, 부모님에게 이산화탄소가 없는 생활방식을 실천하도록 이의를 제기했다. 유럽에서 유명한 오페라 가수인 그녀의 어머니는 온실가스 배출에 기여하는 항공여행을 할 수 없었고, 이에 따라 해외 콘서트에 참석할 수 없어 은퇴해야 했다. 툰베리는 뉴욕에서 열린 유엔 총회에 참석하기 위해 15일 동안 탄소 배출 없는 요트 '말리지아 2호(Malizia II)'를 탔다.

모순되는 것은 한 환경운동가의 부담이 전 세계 정부가 직면한 문제만큼 무겁지 않다는 것이다. 사실 지구 온난화와 기후 변화 문제는 국가 간의 국제 정치와 분리될 수 없다. 환경 문제를 해결하기 위해서는 국제협력이 필수적이고, 국가 간 공동 조치가 필요하며, 이는 국제정치를 포함한다.

오늘날 국가 간 생태정치의 가장 쟁점이 되는 것은 (기후변화 문제를 부정하는 사람들을 제외한) 인식 부족 때문이 아니라, 책임 배분 문제 때문에 발생한다.

유엔은 일찍이 1992년에 유엔기후변화협약(UNFCCC)을 제정하면서 환경문제를 의제로 삼았는데, 이 협정은 기후변화 원인으로 온실가스를 안정화할 필요가 있다고 지목했다. 그럼에도 불구하고, 초강대국 간의 상대적인 이해득실에 대한 문제는 이 의제를 구현하기 어렵게 만든다. 공교롭게도 오늘날 초강대국인 미국과 중국은 온실가스 배출국 중 하나이다.

미국은 교토의정서가 중국을 포함한 개발도상국들을 예외로 해주었기 때문에 온실가스 배출을 제한하기 위한 교토의정서 비준을 거부하였다. 2015년 파리협정이 성공한 것은 오바마 행정부 들어 중국과 미국 사이에 이해가 있었기 때문이다. 다만 중국을 향한 대립이 더 심했던 트럼프 행정부는 협정에서 미국을 탈퇴시켰다.

그 외에 농업과 산업화에 주력하는 개발도상국 입장에서는 온실가스를 더 많이 배출하고 있어, 환경에 대한 그들의 공약이 부담스럽다. 환경보호론자들은 종종 스웨덴과 같은 선진국 출신이다. 이들 국가는 농업 발전과 산업화 단계를 거쳤으며, 지금은 탄소 없는 서비스 분야로 옮겨가고 있다.

그러나 이러한 사실이 환경 문제가 경제나 지정학보다 더 중요하지 않다는 것을 의미하지는 않는다. 반면에 대부분의 환경보호론자들은, 개별 국가들의 지정학적 의제에 무의식적으로 기여하는 높은 도덕적인 토대 위에 서 있다는 것 외에, 해결책을 제시하지 못하는 이상주의자들일 뿐이다. 이들은 환경문제로 개발도상국을 억압하고 있는 국가들 출신이다.

이상주의가 현실주의와 만날 때만이 인류 사이의 벽이 무너져 상호 신뢰와 통합이 이루어질 수 있다.

저자 인터뷰

아이만 작가님, 한국어판 책 제목 『지리로 보는 세계정세』의 출판을 축하드립니다. 전권과 비교했을 때 내용 면에서 어떤 차이가 있나요?

『벽이 없는 세계 I』은 일반 독자들에게 현실정치, 힘의 균형, 마키아벨리즘, 마니교(Manichaeism), 게임이론 등 권력정치의 기본 개념들을 소개하였습니다. 『벽이 없는 세계 II』(한국어판 『벽이 없는 세계』)는 중심부, 주변부, 유라시아 장기판, 완충지대, 영향권 등의 지정학적 개념에 초점을 맞추고 있습니다.

『지리로 보는 세계정세』는 정체성 정치, 신민족주의, 지역감정, 그리고 국민국가 건설의 역사에 더 초점을 두었습니다. 따라서 이 3부작은 힘, 지리, 그리고 정체성으로 완성됩니다.

지도자들 사이에서 전제정치(Caesarism)의 출현에 대한 당신의 생각은 어떻습니까?

전제정치는 민주주의 그 자체에서 나왔습니다. 민주주의 초기에는 국민이 청렴하고 진실하며 법치를 잘 지키는 지도자를 선출하였습니다. 그러나 시간이 지나면서, 끊임없는 막다른 골목과 같은 민주주의와 관련된 많은 문제들이 국민들 사이에 혼란과 불확실성을 초래하게 됩니다. 다음으로, 민주주의가 일정 수준에 도달했을 때, 국민들은 과정보다 결과를 우선시하는 강력한 지도자와 메시아의 카리스마를 가진 지도자를 원하게 됩니다. 도널드 트럼프는 엘리트들에 대항해서 '체제 파괴'와 '국민들의 챔피언'이 되겠다는 수사를 사용하였는데, 이는 전제정치의 한 사례입니다. 트럼프는 오바마 행정부 시절의 혼란과 혼동으로 국민들이 민주주의와 권력의 한계에 대한 신뢰를 잃었기 때문에 지지를 얻었습니다.

우익 포퓰리즘이 한 나라의 정권을 계속 장악하고, 세계의 지정학이나 지리경제학의 흐름을 바꿀 수 있을 것이라고 보십니까?

미국의 대통령을 포함해서 우익 포퓰리스트들이 이미 세계에서 가장 강력한 정치적 위치를 차지하고 있습니다. 우리 모두 그것이 자유주의적 국제질서를 뒤흔드는 지정학에 대한 영향과 자유무역이 보호무역주의 정책에 자리를 내준 지리경제학에 대한 영향을 통해서 잘 알 수 있습니다.

도널드 트럼프 미국 대통령에 대해 소셜 미디어나 예전의 저서에서 많이 언급하셨더군요. 다음 대선에서 트럼프가 이길 수 있을까요?

그가 재선될 가능성은 큽니다. 하지만 지금부터 2020년 11월까지 유권자들의 인식에 영향을 미칠 수 있는 어떤 일이든지 일어날 수 있습니다. 지난 2016년 대선에서도 그해 3월까지는 누구도 트럼프가 승리할 것으로 기대할 수 없었지요.

우파 포퓰리즘이 말레이시아에서 발판을 찾을 수 있을 것인가요, 그렇게 된다면 그 강도는 어느 정도일까요?

서구 학계와 언론이 규정한 우파 포퓰리즘은 반세계화와 반이민 정책을 선호하는 민족주의를 말합니다. 오늘날 일어나고 있는 말레이-이슬람 민족주의자들(Muafakat Nasional)*의 부상 현상에서는 두 가지 요인이 발견되지 않습니다. 말레이시아에서 민족주의가 부상하는 것은 지역적 맥락이며, 이는 말레이시아-무슬림의 권리가 잠식되고 자유주의 의제(agenda)가 증가하는 것에 대한 반작용입니다. 인도네시아와는 달리, 우파 포퓰리즘은 아직 말레이시아에 영향을 미치지 못했다고 할 수 있습니다. 인도네시아에서는 우파 포퓰리즘이 항상 존재했었고, 그린드라당(Partai Gerindra)이 이를 옹호했었지요.

우파 포퓰리즘은 끊임없이 돌아가는 바퀴처럼 유행일 뿐인가요? 미래의 세계 사회는 새로운 이데올로기를 받아들일 것인가요, 아니면 다시 예전의 이데올로기로 돌아갈 것인가요?

우파 포퓰리즘은 항상 존재해왔지만, 2010년 중반의 글로벌 경제위기와 이민위기는 우파 포퓰리즘이 지배적 이념으로 발돋움

---

* The National Concord(말레이어: Muafakat Nasional, 약어: MN): 당시 여당이었던 파카탄 하라판(Pakatan Harapan) 연합에 맞서 말레이시아 이슬람당과 말레이 연합 국가기구 사이에 형성된 말레이시아의 정치 연합.

할 수 있는 여지를 주었습니다. 30년 동안 우세를 유지할 수 있는 이데올로기가 없기 때문에, 각국이 보호무역주의 정책과 이민을 막는다고 해서 자신들이 가지고 있는 사회경제적 문제가 해결되지 않는다는 사실을 깨닫고 나면 파도는 가라앉을 것입니다.

『벽이 없는 세계』 시리즈에 대한 글을 계속 쓰실 계획이신가요? 아니면 다른 주제에 대한 계획이 있으십니까?

이 시리즈는 계속될 것입니다. 많은 말레이시아인이 이념 없이 정치활동을 하고 있고 이념에 대한 이해에 혼란에 빠져 있기 때문에, 정치이념에 관한 책을 내는 것이 나의 소원입니다.

2020년에 대한 당신의 희망과 목표는 무엇인가요?

세계가 평화롭게 지내는 것이고, 나의 책이 매진되는 것입니다.

참고문헌

1. 베를린 장벽 붕괴 이후 30년

Eatwell, R., & Goodwin, M. 2018. *National Populism: The Revolt Against Liberal Democracy*. London, UK: Pelican.

Mearsheimer, J. J. 2018. *Great Delusion: Liberal Dreams and International Relations*. New Haven, US: Yale University Press.

Mudde, C., & Kaltwasser, C. R. 2017. *Populism: A Very Short Introduction*. Oxford, UK: Oxford University Press.

2. 권력

Donnelly, J. 2000. *Realism and International Relations*. Cambridge, UK: Cambridge University Press.

Lai, D. 2011. *The United States and China in Power Transition*. Carlisle: Strategic Studies Institute, U.S. Army War College.

Mearsheimer, J. J. 2001. *The Tragedy of Great Powers Politics*. New York, US: W.W. Norton & Company.

3. 지리

Black, J. 2016. *Geopolitics and the Quest for Dominance*. Bloomington, US: Indiana University Press.

Cohen, S. B. 2015. *Geopolitics: The Geography of International Relations*. (Third ed.). Lanham, US: Rowman & Lifflefield.

Kelly, P. 2016. *Classical Geopolitics: A New Analytical Model*. Stanford, US: Stanford University Press

4. 정체성

Alesina, A., Easterly, W., & Matuszeski, J. 2011. ARTIFICIAL STATES. *Journal of the European Economic Association*. 9(2), 246-277. https://doi.org/10.1111/j.1542-4774.2010.01009.x

Fukuyama, F. 1992. *The End of History and the Last Man*. New York, US: FreePress.

Fukuyama, F. 2018. Identity: *The Demand for Dignity and the Politics of Resentment*. New York, US: Farrar, Straus and Giroux.

5. 미국

Dueck, C. 2019. *Age of Iron: On Conservative Nationalism*. Oxford, UK: Oxford University Press.

Herbert, J., McCrisken, T., & Wroe, A. 2019. *The Ordinary Presidency of Donald J. Trump*. New York, US: Palgrave Macmillan.

6. 멕시코

Denvir, D. 2020. *All-American Nativism: How the Bipartisan War on Immigrants Explains Politics as We Know It*. New York, US: Verso Books.

Kan, P. R. 2012. Cartels at War: *Mexico's Drug-fueled Violence and the Threat to U.S National Security*. Washington, D.C.: Potomac Books.

Longmire, S. 2011. Cartel: *The Coming Invasion of Mexico's Drug Wars*. New York, US: Palgrave Macmillan.

7. 유럽

FitzGibbon, J., Leruth, B., & Startin, N. 2017. *Euroscepticism as a Transnational and Pan-European Phenomenon: The Emergence of a New Sphere of Opposition*. Abingdon, UK: Routledge.

Johnson, L. R. 2011. *Central Europe: Enemies, Neighbors, Friends*. (Third ed.). Oxford, UK: Oxford University Press.

8. 영국

Black, J. 2018. *English Nationalism: A Short History*. London, UK: C. Hurst & Co.

Gifford, C. 2017. *The Making of Eurosceptic Britain: Identity and Economic in a Post-Imperial State*. Hampshire, UK: Asghate.

Wellings, B. 2019. *English Nationalism, Brexit and the Anglosphere: Wider Still and Wider*. Manchester, UK: Manchester University Press.

9. 스코틀랜드와 북아일랜드

Nairn, T. 2003. *The Break-up of Britain: Crisis and Neo-nationalism*. (Expanded, Third ed.). Altona, Bloomberg: Common Ground Publishing.

Pittock, M. 1999. *Celtic Identity and the British Image*. Manchester, UK: Manchester University Press.

Sangster, A. 2019. *The Roots of Nationalism in European History*. Cambridge, UK: Cambridge Scholar Publishing.

10. 스페인

Gillespie, R., & Gray, C. 2015. *Contesting Spain? The Dynamics of Nationalist Movements in Catalonia and the Basque Country* (1st ed.). Abingdon, UK: Routledge.

Humlebæk, C. 2015. *Spain: Inventing the Nation*. London, UK: Bloomsbury Academic.

11. 이탈리아

Bull, A. C., & Gilbert, M. 2001. *The Lega Nord and the Politics of Secession in Italy* (2001st ed.). London, UK: Palgrave Macmillan.

Mangiameli, S. 2014. *Italian Regionalism: Between Unitary Traditions and*

Federal Processes: Investigating Italy's Form of State (2004th ed.). New York, US: Springer Publishing.

12. 러시아

Bolt, P. J., & Cross, S. N. 2018. *China, Russia, and Twenty-First Century Global Geopolitics*. Oxford, UK: Oxford University Press.

De la Pedraja, R. 2018. *The Russian Military Resurgence: Post-Soivet Decline and Rebuilding*, 1992-2018. Jefferson, US: McFarland & Company.

13. 우크라이나

Kalb, M. 2015. *Imperial Gamble: Putin, Ukraine, and the New Cold War*. Washington, D.C.: Brookings Institution Press.

Hillis, F. 2013. *Children of Rus': Right-Bank Ukraine and the Invention of a Russian Nation*. Ithaca, US: Cornell University Press.

Petro, N. 2017. *Ukraine in Crisis* (1st ed.). Abingdon, UK: Routledge.

14. 중동

Fieldhouse, D. K. 2006. *Western Imperialism in the Middle East, 1914-1958*. Oxford, UK: Oxford University Press.

Teitelbaum, J. 2001. *The Rise and Fall of the Hashemite Kingdom of Arabia*. London, UK: C. Hurst & Co.

15. 이스라엘

Karsh, E. 2002. *The Arab-Israeli Conflict: The Palestine War 1948* (First Edition). Zaltbommel, Netherlands: Van Haren Publishing.

Masalha, N. 2007. *The Bible and Zionism: Invented Traditions, Archaeology and Post-Colonialism in Palestine-Israel* (First Edition). London, UK: Zed Books.

Shindler, C. 2008. *A History of Modern Israel*. Cambridge, UK: Cambridge University Press.

16. 이집트

Hamilton, B. 2000. *The Leper King and His Heirs: Baldwin IV and the Crusader Kingdom of Jerusalem*. Cambridge, UK: Cambridge University Press.

Khalifah, O. 2017. *Nasser in the Egyptian Imaginary*. Edinburgh, Scotland: Edinburgh University Press.

17. 사우디아라비아

Abdulrhman A. H. 2012. *So History Doesn't Forget: Alliances Behavior in Foreign Policy of the Kingdom of Saudi Arabia, 1979-1990*. Bloomington, Indiana: AuthorHouseUK.

Al-Rasheed, M. 2002. *A History of Saudi Arabia*. Cambridge, UK: Cambridge University Press.

Safran, N. 1988. Saudi Arabia: *The Ceaseless Quest for Security*. Ithaca, US: Cornell University Press.

18. 이란

Halliday, F. 2005. *The Middle East in International Relations: Power, Politics and Ideology*. Cambridge, UK: Cambridge University Press.

Newman, A. J. 2006. *Safavid Iran: Rebirth of a Persian Empire*. London, UK: I.B. Tauris.

Ward, S. R. 2009. *Immortal: A Military History of Iran and Its Armed Forces* (Reprint ed.). Washington D.C.: Georgetown University Press.

19. 터키

Elhusseini, F. 2018. *The Arab Spring Effect on Turkey's Role, Decision-Making and Foreign Policy*. Newcastle upon Tyne, UK: Cambridge Scholars Publishing.

Feroz, A. 2003. *Turkey: The Quest for Identity*. London, UK: Oneworld Publications.

20. 리비아

Ahmed, A. 2013. *The Thistle and the Drone: How America's War on Terror Became a Global War on Tribal Islam*. Washington, D.C.: Brookings Institution

Press.

Hopwood, D. 2018. *Islam's Renewal: Reform or Revolt?* London, UK: Palgrave Macmillan.

21. 수단

Copnall, J. 2014. *A Poisonous Thorn in Our Hearts: Sudan and South Sudan's Bitter and Incomplete Divorce*. London, UK: C. Hurst & Co.

Warburg, G. 2003. *Islam, Sectarianism and Politics in Sudan Since the Mahdiyya*. London, UK: C. Hurst & Co.

22. 북동아프리카

Ylonen, A., & Záořík, J. 2017. *The Horn of Africa since the 1960s: Local and International Politics Intertwined* (1st ed.). Abingdon, UK: Routledge.

23. 예멘

Fadaee, S. 2016. *Understanding Southern Social Movements* (1st ed.). Abingdon, UK: Routledge.

Heinze, Marie-Christine. 2018. *Yemen and the Search for Stability: Power, Politics and Society after the Arab Spring*. London, UK: I.B. Tauris.

24. 시리아

Phillips, C. 2016. *The Battle for Syria: International Rivalry in the New Middle East*. New Haven, US: Yale University Press.

Pierret, T. 2013. *Religion and State in Syria: The Sunni Ulama from Coup to Revolution*. Cambridge: Cambridge University Press.

25. 쿠르디스탄

Ihsan, M. 2017. *Nation Building in Kurdistan: Memory, Genocide and Human Rights*. Abingdon, UK: Routledge.

Phillips, D. L. 2017. *The Kurdish Spring: A New Map of the Middle East*. Abingdon, UK: Routledge.

26. 레바논

Geukjian, O. 2017. *Lebanon after the Syrian Withdrawal: External Intervention, Power-Sharing and Political Instability*. Abingdon, UK: Routledge.

Rabil, R. G. 2011. *Religion, National Identity, and Confessional Politics in Lebanon: The Challenge of Islamism*. London, UK: Palgrave Macmillan.

27. 이라크

Hurst, S. 2009. *The United States and Iraq Since 1979: Hegemony, Oil and War*. Edinburgh, UK: Edinburgh University Press.

Marr, P. & Al-Marashi, I. 2019. *The Modern History of Iraq* (Fourth ed.). Abingdon, UK: Routledge.

Sayej, C. M. 2018. *Patriotic Ayatollahs: Nationalism in Post-Saddam Iraq*. Ithaca, US: Cornell University Press.

28. 오만

Landen, R. G. 1967. *Oman Since 1856: Disruptive Modernization in a Traditional Arab Society*. Princeton, US: Princeton University Press.

Skeet, I. 1992. *Oman: Politics and Development*. London, UK: Palgrave Macmillan.

29. 아프가니스탄

Crews, R. D., & Tarzi, A. (Eds.). 2008. *The Taliban and the Crisis of Afghanistan*. Cambridge: Harvard University Press.

Rubin, B. R. 2013. *Afghanistan from the Cold War through the War on Terror*. Oxford, UK: Oxford University Press.

30. 인도와 파키스탄

Cohen, S. P. 2013. *Shooting for a Century: The India-Pakistan Conundrum*. Washington, D.C.: Brookings Institution Press.

Haines, D. 2017. *Rivers Divided: Indus Basin Waters in the Making of India and Pakistan*. Oxford, UK: Oxford University Press.

31. 중국

Carrico, K. 2017. *The Great Han: Race, Nationalism, and Tradition in China Today*. Oakland, US: University of California Press.

Esherick, J. W., & Wei, C.X. G. 2014. *China: How the Empire Fell*. Abingdon, UK: Routledge.

Holmes, J. R., & Yoshihara, T. 2008. *Chinese Naval Strategy in the 21st Century: The Turn to Mahan*. Abingdon, UK: Routledge.

32. 신장

Clarke, M. E. 2011. *Xinjiang and China's Rise in Central Asia -A History*. Abingdon, UK: Routledge.

Ercilasun, G. K., & Ercilasun, K. 2018. *The Uyghur Community: Diaspora, Identity and Geopolitics* (1st ed. 2018 ed). New York, US: Palgrave Macmillan.

Warikoo, K. 2016. *Xinjiang -China's Northwest Frontier* (1st ed.). Abingdon, UK: Routledge.

33. 홍콩

Lam, W., & Cooper, L. 2017. *Citizenship, Identity and Social Movements in the New Hong Kong: Localism after the Umbrella Movement*. Abingdon, UK: Routledge.

34. 대만

Ngo, T. W., & Wang, H. 2011. *Politics of Difference in Taiwan* (1st ed.). Abingdon, UK: Routledge.

35. 일본

Akimoto, D. 2018. *The Abe Doctrine: Japan's Proactive Pacifism and Security Strategy*. London, UK: Palgrave Macmillan.

Kolmaš M. 2018. *National Identity and Japanese Revisionism: Abe Shinzō's Vision of a Beautiful Japan and Its Limits*. Abingdon, UK: Routledge.

36. 인도-태평양

Doyle, T., & Dennis R. 2019. *The Rise and Return of the Indo-Pacific*. Oxford, UK: Oxford University Press.

Heydarian, R. J. 2019. *The Indo-Pacific: Trump, China, and the New Struggle for Global Mastery*. London, UK: Palgrave Macmillan.

37. 한국

Kim, S. S. 2006. *The Two Koreas and the Great Powers*. Cambridge, UK: Cambridge University Press.

Lee, C. J. 2006. *A Troubled Peace: U.S. Policy and the Two Koreas*. Baltimore, US: The Johns Hopkins University Press.

38. 북한

Pardo, R. P. 2019. *North Korea—S Relations: From Kim Jong Il to Kim Jong Un*. Oxford, UK: Routledge.

Smith, H. 2015. *North Korea: Markets and Military Rule*. Cambridge, UK: Cambridge University Press.

39. 남미

Ellner, S. 2019. *Latin America's Pink Tide: Breakthroughs and Shortcomings*. Lanham, US: Rowman & Littlefield.

Gott, R. 2005. *Hugo Chávez and the Bolivarian Revolution*. New York, US: Verso Books.

40. 아프리카

Mwakikagile, G. 2009. *Africa After Independence: Realities of Nationhood* (Third ed.). Dar es Salaam, Tanzania: New Africa Press.

41. 동남아시아

Narine, S. 2002. *Explaining ASEAN: Regionalism in Southeast Asia*. Boulder, US: Lynne Riener Publishers.

42. 미얀마

Wade, F. 2017. *Myanmar's Enemy Within: Buddhist Violence and the Making of A Muslim 'Other'*. London, UK: Zed Books.

43. 필리핀

Hutchcroft, P. 2018. *Mindanao: The Long Journey to Peace and Prosperity*. Singapore, Singapore: World Scientific.

44. 태국

Mizuno, K. & Phongpaichit, P. (Eds). 2009. *Populism in Asia*. Singapore, Singapore: NUS Press.

45. 인도네시아

Bresnan, J. 2005. *Indonesia: The Great Transition*. Lanham, US: Rowman & Littlefield.

46. 말레이시아

Tunku A. R. 1965. 'Malaysia: Key area in Southeast Asia'. *Foreign Affairs*, 43(4), 659-670.

47. 우주 정치학(Astropolitics)

Dolman, E. C. 2002. *Astropolitics: Classical Geopolitics in the Space Age*. London, UK: Frank Cass.

48. 사이버 정치학

Choucri, N. 2012. *Cyberpolitics in International Relations*. Cambridge, Massachusetts: The MIT Press.

49. 증오 정치학

Goodrick-Clarke, N. 2003. *Black Sun: Aryan Cults, Esoteric Nazism, and the Politics of Identity*. New York, US: New York University Press.

50. 환경 정치학

Kutney, G. 2014. *Carbon Politics and the Failure of the Kyoto Protocol.* Abingdon, UK: Routledge.